Uni-Taschenbücher 267

UTB

Eine Arbeitsgemeinschaft der Verlage

Birkhäuser Verlag Basel und Stuttgart
Wilhelm Fink Verlag München
Gustav Fischer Verlag Stuttgart
Francke Verlag München
Paul Haupt Verlag Bern und Stuttgart
Dr. Alfred Hüthig Verlag Heidelberg
J. C. B. Mohr (Paul Siebeck) Tübingen
Quelle & Meyer Heidelberg
Ernst Reinhardt Verlag München und Basel
F. K. Schattauer Verlag Stuttgart-New York
Ferdinand Schöningh Verlag Paderborn
Dr. Dietrich Steinkopff Verlag Darmstadt
Eugen Ulmer Verlag Stuttgart
Vandenhoeck & Ruprecht in Göttingen und Zürich
Verlag Dokumentation München-Pullach
Westdeutscher Verlag/Leske Verlag Opladen

Georg Fohrer · Hans Werner Hoffmann · Friedrich Huber
Ludwig Markert · Gunther Wanke

Exegese des Alten Testaments

Einführung in die Methodik

Quelle & Meyer Heidelberg

ISBN 3-494-02024-8

Printed in Germany.
Satz und Duck: Georg Appl, Wemding
Einbandgestaltung: Alfred Krugmann, Stuttgart
Gebunden bei der Großbuchbinderei Sigloch, Stuttgart

Vorwort

Dieses Buch bietet eine Einführung in die exegetischen Methoden. Auf der einen Seite soll es dem Studenten ein Lehrbuch sein, auf der anderen Seite einen weiterführenden Beitrag zur neueren Methodendiskussion liefern. Besonderes Gewicht wurde auf eine genaue Differenzierung und gleichzeitig notwendige Integration der einzelnen exegetischen Fragestellungen gelegt. Moderne Linguistik und Sprachtheorie leisteten dabei wertvolle Hilfe. Im Verlauf der Arbeit an diesem Buch stellte sich heraus, daß mancherlei neu durchdacht und bestimmt werden mußte.

Des weiteren ist das Buch ein Versuch, aus dem Zusammenwirken mehrerer Mitarbeiter ein möglichst einheitliches Gesamtwerk entstehen zu lassen. Jeder Mitarbeiter hat zwei oder mehr Paragraphen selbständig erarbeitet und entworfen. Diese Entwürfe waren in gemeinsamer Diskussion aller Mitarbeiter der ständigen Kontrolle und Korrektur unterworfen. Dadurch sind die einzelnen Paragraphen das Ergebnis sowohl der Bemühungen eines einzelnen als auch das Ergebnis der gemeinsamen Arbeit.

Hauptverantwortlich für die einzelnen Paragraphen sind: G. Fohrer für § 2 und 9, H. W. Hoffmann für § 3 und 10, F. Huber für § 5 und 8, L. Markert für § 4 und 7, G. Wanke für § 1, 6 und 11

Erlangen, im Juli 1973 Die Verfasser

Inhaltsverzeichnis

1. Kapitel: Einführung und Grundlegung

§ 1 Notwendigkeit und Ziel der Exegese des Alten Testaments

1. Die Frage nach der Notwendigkeit und dem Ziel einer Exegese des Alten Testaments kann von der Tatsache ausgehen, daß das Alte Testament in den christlichen Kirchen als Teil des Kanons heiliger Schriften anerkannt ist. Es gilt zusammen mit dem Neuen Testament als die das Leben und die Lehre der Kirche bestimmende Norm[1]. Außerdem muß in diesem Zusammenhang berücksichtigt werden, daß das Alte Testament dem Judentum normative Grundlage seiner Religion ist. Es sind also wenigstens zwei heute bedeutende Gruppierungen von Menschen, die dem Alten Testament eine Geltung beimessen, wie sie nur wenig anderer Literatur in gleicher Weise zukommt. Eine Beachtung des Alten Testaments wird darum auch dort notwendig sein, wo diese Gruppierungen Einfluß auf Gesellschaft nehmen.

Diese Geltung des Alten Testaments bringt es notwendig mit sich, daß jede Äußerung, die den Anspruch erhebt, christlich oder jüdisch zu sein, an den heiligen Schriften gemessen wird, bzw. umgekehrt, daß aus den heiligen Schriften von den einzelnen christlichen und jüdischen Gemeinschaften Lehren und Regeln erhoben werden, deren Verbindlichkeit für das einzelne Glied der Gemeinschaft außer Frage stehen sollte.

Neben diesem Umgang mit dem Alten Testament, der vorwiegend dogmatisch-lehrhafter Abzweckung dient, lassen sich ohne Schwierigkeiten noch weitere Formen des Umgangs mit diesem Buch feststellen, die von nicht zu unterschätzender Bedeutung sind. Tag für Tag und Sonntag für Sonntag werden Texte der heiligen Schriften den Predigten und dem Religionsunterricht zugrunde gelegt, und Tag für Tag findet sich die Bibel in den Händen unzähliger einzelner Menschen, die sich der Autorität und dem Anspruch der Schriften aussetzen.

Bei diesen und anderen nicht genannten Formen des Umgangs mit

---

[1] S. u.a. Tridentinum sessio IV (H. Denzinger–A. Schönmetzer, Enchiridion Symbolorum Definitionum et Declarationum de Rebus Fidei et Morum, 1967[34], 784f.); Confessio Helvetica posterior Art. I; Confessio Augustana Vorrede und Beschluß; Konkordienformel Epitome 1.

den heiligen Schriften handelt es sich aber immer um interpretierenden, auslegenden Umgang mit den Texten. Und solange es Gemeinschaften gibt, die sich auf diese Texte als heilige Schriften beziehen, gibt es Interpretation, gibt es Auslegung des Alten Testaments. So vielfältig aber das Bild der Gruppen und einzelnen erscheint, die interpretierend mit dem Alten Testament umgehen, so vielfältig sind auch die Ergebnisse ihrer Auslegung.

2. Bei näherer Betrachtung der eben aufgeführten Fakten fällt auf, daß dem autoritativen Charakter der heiligen Schriften bzw. ihrer normativen Geltung – unter anderem in den christlichen Kirchen – diese Vielfalt der Auslegungen nicht entspricht. Man erwartet von der verbindlichen und grundlegenden Norm einer Gemeinschaft vielmehr Eindeutigkeit und Klarheit, die sich dann auch in möglichen Anwendungen niederschlagen, nicht aber Unklarheit, Uneindeutigkeit oder gar Widersprüchlichkeit. Daß diese Diskrepanz, dieses Auseinanderfallen von Forderung und Ergebnis dennoch allenthalben zu beobachten ist und auch bewußt in Kauf genommen wird, muß unter anderem in der besonderen Eigenart dieser heiligen Schriften (darunter das Alte Testament) begründet liegen – einer Eigenart, die Auslegung notwendig zur Folge hat und Vielfältigkeit der Auslegungsergebnisse nach sich zieht.

Das Alte Testament ist eine Sammlung von Schriften verschiedener Autoren; das erklärt schon einiges. Das Alte Testament ist aber vor allem eine Sammlung von Schriften, die in einer fernen Vergangenheit entstanden sind, einem längst untergegangenen Kulturbereich entstammen und in Sprachen verfaßt sind, die heute so nicht mehr gesprochen werden. Ein unmittelbares Verstehen dieser Schriften ist daher fast nicht mehr möglich. Behalten solche Schriften dennoch Geltung in einer Gemeinschaft, die die Sprache der Schriften nicht mehr spricht und die einem anderen kulturellen und geistigen Horizont verhaftet ist, so wird Auslegung notwendig.

Zumeist ist der erste Schritt solcher Auslegung bereits die Übersetzung in andere Sprachen. Denn: Sprachen erleben im Vollzug der Umweltgestaltung und Weltbemächtigung, den sie ihrerseits erst ermöglichen, selbst einen Wandel. Sie sind also, obwohl umweltbestimmend, umweltabhängig. Sie erschließen zwar Umwelt, sind aber erst voll verstehbar, wenn alle Faktoren bekannt sind, die Rede bestimmen. Ergeben sich daraus Schwierigkeiten schon für die Verständigung zwischen Zeitgenossen, so gilt dies um so mehr für ein Verstehen fremder Sprachen und des sich in ihnen ausdrückenden Menschen und seiner

Umwelt. Darum ist schon die einfache Übertragung eines Textes aus einer Sprache in eine andere nur mehr sehr eingeschränkt möglich. Erst recht braucht dann Übersetzung Auslegung, ja ist zumeist selbst schon Auslegung.

Die Bedeutung dieser Auslegung wird erst in ihrem ganzen Ausmaß erfaßt, wenn man sich bewußt macht, daß – von verschwindenden Ausnahmen abgesehen – in den Händen der Christen sich nicht mehr die Schriften des Alten und Neuen Testaments, sondern Auslegungen derselben befinden. Jeder, der also Übersetzungen benutzt, sollte wissen, daß hier bereits Auslegung stattgefunden hat. Er sollte auch wissen, daß diese Übersetzung durch einen sprachlichen Vorgang entstanden ist, der darauf abzielt, die Welt der alten Texte mit der Welt des Lesers zu vermitteln. Er sollte weiter wissen, daß dieser Vermittlungsvorgang nie abgeschlossen sein kann, weil mit der Wandelbarkeit der Sprache und Umwelt dessen, der das Alte Testament liest, als veränderndem Faktor gerechnet werden muß.

Auslegung ist also nie fertig, nie vollkommen, nie abgeschlossen – dennoch notwendig, weil sie auf Verstehen zielt und Verstehen ermöglicht, wenn überhaupt verstanden werden will. Dort allerdings, wo man nur mehr sich selbst bestätigt sehen will, ist Auslegung des Alten Testaments überflüssig geworden. Es wird zwar – und nicht nur gelegentlich – der Wortlaut des Alten Testaments zur Autorisierung von Selbstverständnissen herangezogen; ein legitimer Umgang mit dem Alten Testament liegt dann allerdings auch nach kirchlicher Lehre nicht mehr vor, wenngleich kirchliche Lehre nicht selten auf dem genannten Wege autorisiert wird.

3. Es ist deutlich geworden, daß überall, wo ein Verstehen von Texten der Vergangenheit ernsthaft angestrebt wird, Auslegung notwendig ist; und es ist weiter deutlich geworden, daß Auslegung nie vollständig, nie abgeschlossen, nie endgültig sein kann. Dennoch wäre es nicht vertretbar, bei dieser Feststellung einfach stehenzubleiben und die Auslegungsergebnisse von vornherein der Willkür zu überlassen. Sieht man allein in den kirchlichen Bereich, so ließe sich von ihm aus schon eine Reihe von Gründen angeben, die einer nur subjektiven und willkürlichen Auslegung der Schriften entgegenstehen: so unter anderem die normative Geltung der kanonischen Schriften oder die Notwendigkeit einer Vermittlung der christlichen Verkündigung in einer nichtchristlichen Umwelt.

Ist darüber hinaus im kirchlichen Raum die Absicht vorhanden, das Alte Testament in seinen je besonderen Aussagen zur Sprache zu bringen, so ist eine Auslegung gefordert, die alle Faktoren berücksichtigt, die die Eigenart und Besonderheit der alttestamentlichen Schriften erhellen können, und die alles Material heranzieht, das zum besseren Verstehen des Alten Testaments beiträgt; und es ist eine Auslegung gefordert, die – so gut es geht – nicht durch Dogmen und Lehrsätze von vornherein festgelegt ist.

Auslegung muß daher – soll sie nicht nur den Zielen esoterischer Zirkel dienen – in ihrer Methodik mitteilbar und nachvollziehbar sowie in ihren Ergebnissen überprüfbar sein, d.h. sie darf nicht subjektive, sondern muß intersubjektive Auslegung sein. Sie wird sich als solche wissenschaftlicher Methodik bedienen und an den Erkenntnissen derjenigen Fachgebiete teilhaben, die in irgendeiner Weise einen Beitrag zum Verstehen von Texten der Vergangenheit leisten. Eine Auslegung, die diesen Forderungen entspricht, ist darum natürlich noch immer nicht vollkommen und endgültig, aber sie sollte doch den Interpretationsspielraum wesentlich einengen und Ergebnisse liefern, auf welche sich nicht nur einige wenige, sondern die Mehrzahl der Beteiligten einlassen könnten.

Auslegung ist also, sofern sie das Alte Testament in seiner Eigenart ernst nimmt, historische Wissenschaft. Und sie ist, sofern sie die Forderung nach Intersubjektivität akzeptiert, kritische Wissenschaft. Dies und was im folgenden Abschnitt noch gesagt wird, ist gemeint, wenn von historisch-kritischer Auslegung, von Exegese, gesprochen wird.

4. Was kann so betriebene Auslegung des Alten Testaments bzw. der heiligen Schriften insgesamt leisten? Sie ist jedenfalls Voraussetzung jeden Verstehens des Alten Testaments, das nicht von vornherein den auszulegenden Texten bestimmte Aussagen unterschieben will. Und sie zielt auf ein Verstehen, das sich – soweit das irgend möglich ist – auch seine eigenen Bedingungen und Voraussetzungen bewußt gemacht hat, um überhaupt eine Distanzierung zum untersuchten Gegenstand zu erreichen und mit ihm in einen Dialog eintreten zu können.

Historisch-kritische Exegese will also die je eigenen Aussagen des Alten Testaments zur Geltung bringen. Vollzieht sich dieser Vorgang innerhalb der christlichen Kirche, so ist damit eine Kritik der christlichen Dogmen und der christlichen Tradition verbunden, soweit sich diese auf die heiligen Schriften als grundlegende Norm berufen. Die in den kanonisierten Schriften gründende christliche Tradition und Lehre muß ihre Autorität ja ständig neu von diesen Schriften selbst in Frage stellen lassen. So ist Exegese dort, wo sie die Schriften des Kanons zur Sprache bringen will, am traditions- und autoritätskritischen Prozeß unmittelbar beteiligt. Um sich aber selbst nicht zur einzigen Autorität und Norm christlicher Lehre zu erheben, ist es nötig, daß Exegese für Kritik, Änderung und Anregung offen bleibt; nur so wird sie im oben geforderten Sinne, nämlich intersubjektiv, betrieben.

Exegese des Alten Testaments hat in alledem den Vorzug, daß sie nicht allein im kirchlichen, sondern auch im jüdischen Raum und nicht zuletzt im Bereich der orientalistischen Wissenschaft betrieben wird – in Bereichen, die inzwischen gelernt haben, aufeinander zu hören, und deren regen Austausch an Erkenntnissen und Fragestellungen man nicht aufs Spiel setzen sollte. Es ginge damit nicht nur viel vom Reichtum alttestamentlicher Aussagen für die christlichen Kirchen verloren, sondern es wäre damit auch ein Rückzug in die Selbstgenügsamkeit, in ein freiwillig gewähltes Ghetto, verbunden.

Auslegung des Alten Testaments geschieht immer, wo überhaupt ein Verstehen der Schriften beabsichtigt ist. Wissenschaftliche Auslegung des Alten Testaments, Exegese, ist notwendig, wenn Auslegung nachvollziehbar, verstehbar gemacht werden soll und wenn ihre Ergebnisse vermittelt werden sollen. Damit ist gleichzeitig etwas über das Ziel gesagt: Ziel der Auslegung ist als erstes immer Verstehen. Verstehen aber in der Weise des engagierten Nachvollziehens schließt immer Kritik ein. So wird auch Kritik zu einem weiteren Ziel der Exegese des Alten Testaments und wird immer dort zur Geltung kommen, wo das Alte Testament als Autorität und Norm in Anspruch genommen wird. Dabei sollte dieser kritische Vorgang zu einem neuen und besseren Verstehen der Texte und der auf sie gründenden Tradition führen.

§ 2 Fragestellungen aus dem Text

Daß Auslegung des Alten Testaments in Form der Exegese notwendig ist und daß sie zum Verstehen alttestamentlicher Texte als ihrem Ziel führt, ergibt sich – hat man das Alte Testament erst einmal in die Hand genommen – für den aufmerksamen Leser aus den Texten selbst. Diese legen sogleich bestimmte Fragestellungen nahe, die sich aus ihren Eigenarten und aus ihren sich dem Leser aufdrängenden Schwierigkeiten ergeben. Dies soll im folgenden an einem Textkomplex gezeigt werden; dazu wird als allgemein bekannter Text Gen 1–3 herangezogen.

1. Bereits der Versuch einer *Übersetzung* des Textes kann auf Schwierigkeiten stoßen, die sich erst mit Hilfe einer eingehenden exegetischen Analyse beheben lassen. Die Schwierigkeiten können in syntaktischen

Möglichkeiten, in der genauen Erfassung der Bedeutungsspanne hebräischer Wörter mitsamt ihren möglichen Ober- und Untertönen oder in der Wiedergabe mittels Ausdrücken der Sprache des Übersetzers begründet sein.

Wer die ersten Sätze der Bibel zu übersetzen sucht, trifft sogleich auf derartige Schwierigkeiten. Die herkömmliche Übersetzung von Gen 1,1–2 lautet nach der Zürcher Bibel: „Im Anfang schuf Gott den Himmel und die Erde. Die Erde war aber wüst und öde, und Finsternis lag auf der Urflut, und der Geist Gottes schwebte über den Wassern.“ Der erste Satz läßt sich als einleitende Zusammenfassung des Ganzen, der zweite Satz als Beschreibung des Zustandes verstehen, in den das Schaffen Gottes eingriff. Daran schließt v. 3 mit dem ersten Befehl Gottes als Beginn der Schöpfung an. Jedoch läßt die hebräische Syntax auch andere Möglichkeiten zu: Ist v. 1 überhaupt ein Hauptsatz oder ein Nebensatz, und zwar ein untergeordneter Temporalsatz? Liegt, falls das letztere zutreffen sollte, der Hauptsatz in v. 2 oder v. 3 vor? Der Text könnte also auch lauten: „Zu Anfang des Schaffens Gottes (als Gott schuf) den Himmel und die Erde, war die Erde ...“; „Im Anfang, als Gott den Himmel und die Erde schuf – die Erde aber war wüst und öde ... –, da sprach Gott ...“; „Als Gott begann, den Himmel und die Erde zu schaffen ..., da sprach Gott ...“ So stößt der Leser auf verschiedene syntaktische Möglichkeiten, die ihn zu einer Exegese nötigen.

Gleichfalls ist die Bedeutung und Wiedergabe der einzelnen Wörter sorgsam zu erwägen. Darf man das Wort *re'šit* mit „Anfang“ im Sinne eines Zeitbegriffs übersetzen? Vielleicht bezeichnet es eher den Ausgangspunkt für alles weitere Geschehen, das im Anschluß an die Schöpfung erzählt wird, oder das erste Geschehen in der zeitlichen Reihenfolge. Wenn eine der beiden letzten Möglichkeiten wahrscheinlich zu machen ist, folgt daraus eine deutliche Abgrenzung zur Kosmologie.

Was besagt das Verb *bara'* „schaffen“? Soll es eine theologische Aussage über die Schöpfertätigkeit Gottes machen, z. B. die Schöpfung aus dem Nichts oder die Schöpfung durch das gebietende Wort? Geht der Übersetzer den Fragen nach und berücksichtigt vielleicht noch die Fülle von Untersuchungen zu und die Vielfalt von Meinungen über das Verb, so stellt er fest, daß immer Jahwe und niemals ein anderer Gott oder ein Mensch das Subjekt des Verbs ist und daß dieses niemals eine Angabe darüber mit sich führt, woraus Gott schafft. Ferner lassen sich im Alten Testament zwei Schwerpunkte für den Gebrauch des Verbs erkennen: in Jes 40–55 und in dem Erzählungsstrang, zu dem Gen

1,1 gehört. Dabei wird das Verb vom Schaffen Gottes am Anfang und von seinem Wirken in der Geschichte gebraucht. Man kann fragen, ob es das Schaffen von etwas Neuem und Unerhörtem meint oder ob es die Besonderheit des Schaffens Gottes gegenüber allem menschlichen Wirken ausdrücken soll. Schließlich muß die Möglichkeit erwogen werden, ob *bara'* ursprünglich ein konkretes Schaffen ähnlich wie *'aśā* „machen" und *jaṣăr* „bilden" bezeichnet hat. Kann man der mehrfach geäußerten Annahme trauen, daß die Grundbedeutung „schneiden, abschneiden" war und die Schöpfung als ein Trennen beschreibt? Oder kann man von der altsüdarabischen Bedeutung „bauen" oder möglicherweise „gebären"[2] ausgehen? Am Ende steht der Leser verwirrt vor den mannigfachen Fragen, die ein einzelnes Verb aufgibt.

Man wird mit Sicherheit sagen können, daß die Gottesbezeichnung *'älohîm* in Gen 1,1 als reiner Singular zu verstehen ist und daß die pluralische Bedeutung „Götter" an dieser Stelle ausscheidet. Doch was schwingt im Gebrauch des Wortes mit? Muß man die ältere Verwendung für den Gott Israels und Jakobs (Ex 5,1; Jes 2,3; Ps 46) heranziehen? Oder meint die Erzählung, da sie erst in einer jüngeren Zeit formuliert worden ist, Gott schlechthin, den einzigen, den es überhaupt gibt, ohne einschränkende Bezogenheit[3]? Ist es also Gott schlechthin, der Himmel und Erde geschaffen hat – der eine, der zugleich der Gott des Volkes Israel ist, auf das die weiteren Erzählungen hinzielen oder auf das sie sich beziehen?

Dieser Gott schuf „den Himmel und die Erde". Der Leser muß sich fragen, was damit gemeint sein kann. Wird auch in diesem Fall wie sonst im Alten Orient und im Alten Testament eine Ganzheit mit Hilfe von zwei polaren Begriffen anstatt mit einem einzigen Wort bezeichnet? Dann hätte die Sprache für das mit den polaren Begriffen gemeinte Ganze keinen Ausdruck geprägt, wie er im griechischen Kosmos, im lateinischen Universum oder im deutschen All vorliegt. Umschreiben die polaren Begriffe „Himmel und Erde" dieses Ganze?

Versucht man, alle angeschnittenen Fragen zu berücksichtigen, so lautet eine mögliche Übersetzung von Gen 1,1, die den Vers als Hauptsatz versteht: „Als Ausgangspunkt, als erstes, schuf in der ihm eigenen Weise der eine Gott, der Gott Israels, das geordnete All, den Kosmos." Diese Übersetzung ist schon ein Ergebnis exegetischer Arbeit, zu der der Text genötigt hat, bedarf jedoch weiterer exegetischer Erörterung,

---

[2] W. Leslau, Lexique soqotri, 1938.
[3] L. Köhler, Theologie des Alten Testaments, 1966⁴, 18.21.

weil der Zusammenhang mit den folgenden Sätzen zu klären ist und weil die sich aus dem Ganzen der Erzählung ergebenden formalen und inhaltlichen Fragen zu berücksichtigen sind. Ähnlich verhält es sich mit den meisten Sätzen von Gen 1–3.

2. Nicht in allen Fällen kann sich der Leser nach diesem ersten Schritt der Übersetzung sogleich den literarischen, formalen und inhaltlichen Fragen zuwenden. Vielmehr stößt er öfters auf Unklarheiten und Ungereimtheiten des *hebräischen Textes;* sollte er sie nicht selbst bemerken, so weist ihn der textkritische Apparat der Biblia Hebraica darauf hin. Kaum ein Textabschnitt des Alten Testaments ist von Beschädigungen oder Änderungen ganz verschont geblieben, auch Gen 1 nicht.

So ist die Stellung des Ausführungsberichts „und es geschah so" am Ende von v. 7 fraglich, weil er sonst nie zwischen Scheidung und Benennung steht, sondern zum Schöfungsbefehl gehört (v. 3.9. 11.15.24.30). 𝔊 hat ihn denn auch am Ende von v. 6 nach dem Befehl, zu dem er gehört. Es fragt sich, ob man 𝔊 nicht trotz ihrer stilistisch harmonisierenden Tendenz folgen muß.

In v. 9 lautet der Befehl Gottes nach 𝔐, daß das Wasser unterhalb des Himmels sich „an einem Ort" sammeln soll. 𝔊 liest statt dessen *synagoge,* was dem hebräischen *miqwǟ* „Ansammlung" in v. 10 entsprechen könnte (obwohl 𝔊 dort ein anderes Wort verwendet). Kann man daraufhin eine Änderung des hebräischen Textes erwägen? Oder sieht man nicht besser davon ab, weil das Zahlwort „eins" in v. 9 sich eher mit „Ort" als mit „Ansammlung" verbinden läßt und weil „Ort" in v. 9 zum Vorgang des Schöpfungswerkes gehört, „Ansammlung" in v. 10 dagegen das Ergebnis bezeichnet und die Verschiedenheit der Ausdrücke also beabsichtigt sein dürfte?

V. 11 erwähnt „junges Grün", „Pflanzen" und „Fruchtbäume". Dabei weisen ɯ u. a. vor „Fruchtbäume" ein „und" auf. Dies könnte nebensächlich erscheinen, ist jedoch für das Verständnis des ganzen Satzes nicht unwichtig. Wenn drei Arbeiten aufgezählt werden sollen, ist eine Aneinanderreihung ohne „und" möglich. Wenn dagegen „junges Grün" als Oberbegriff genannt ist, der danach in „Pflanzen" und „Fruchtbäume" untergliedert wird, ist der Text besser mit „und" zu lesen. Wenn der Leser diese Auffassung durch v. 29 bestätigt findet, zeigt ihm dies, daß bei textkritischen Überlegungen unter Umständen die inhaltliche Aussage und der weitere Textzusammenhang berücksichtigt werden müssen.

Nach v. 26 sollen die Menschen, die Gott machen will, über die Tiere herrschen. Im hebräischen Text werden die Fische, die Vögel, das Vieh und das Gewürm aufgezählt (v. 28 nennt vereinfachend die Fische, die Vögel und das Lebendige, das sich auf der Erde regt); dazwischen wird die „ganze Erde" erwähnt. Doch v. 24 und 25 führen auch die wilden Tiere an, die in v. 28 einbegriffen sind. Kann oder muß man deswegen in v. 26 mit **S** das Wort *ḥäjjät* vor „Erde" einfügen, so daß sich der Ausdruck für „wilde Tiere" ergibt? Wie kann, wenn dies zutrifft, das Wegfallen des Wortes im hebräischen Text erklärt werden? Beruht es auf dem Versehen eines Schreibers, oder hat einer das Beherrschen der Erde aus dem göttlichen Segen von v. 28 vermißt und es durch Weglassen von *ḥäjjät* in v. 26 hergestellt?

In allen Fällen zeigt sich, daß der Bestand des hebräischen Textes den Leser oft vor Fragen stellt, die er klären muß, um eine sichere Grundlage für die Auslegung des Textes zu erhalten.

3. Zu den *literarischen Fragen*, die der Textkomplex Gen 1–3 aufgibt, gehört zunächst die Abgrenzung der Erzählungseinheiten. Dabei könnte der Leser einfach der Kapiteleinteilung der Bibel folgen. Aber trifft diese wirklich zu? Einige Beobachtungen führen zu anderen Möglichkeiten. Wie 1,1 eine einleitende Zusammenfassung bildet, so scheint 2,4a eine abschließende Bemerkung zu sein, die einer Unterschrift ähnlich ist, nach der 2,4b ganz neu einsetzt. Läßt sich also der Umfang der ersten Erzählung auf 1,1–2,4a festlegen und von 2,4b an eine zweite Erzählung annehmen, die bis zum Schluß von Kap. 3 reichen kann? Geht der Leser versuchsweise von dieser Abgrenzung aus, so macht er vielleicht die Beobachtung, daß die beiden Erzählungen bemerkenswerte Unterschiede in der Darstellung der Schöpfung aufweisen; folgende sind besonders auffällig:

Gottesbezeichnung: Gott – Jahwe (Gott),
Urzustand als Chaosmeer – als Steppe,
Gliederung in sieben Tage – unmittelbare Aufeinanderfolge,
Schöpfungsfolge Pflanze-Tier-Mensch – Mensch-Pflanze-Tier,
Schöpfung von Menschen – eines *'adam,*
Schöpfung von Mann und Frau gleichzeitig – nacheinander.

Betrachtet der Leser danach die Erzählungen je für sich, so ergeben sich neue Fragen. Bildet die erste Erzählung in 1,1–2,4a eine in sich geschlossene Einheit oder kann sie in zwei Schichten, Versionen oder Berichte aufgegliedert werden? Die Frage stellt sich einmal angesichts des Widerspruchs zwischen den acht Schöpfungswerken und den sechs Schöpfungstagen, der auf eine Zusammenarbeitung von zwei ursprünglichen Erzählungen mit zusammen acht Schöpfungswerken zurückgeführt werden könnte, und ferner angesichts des auffälligen Nebeneinanders von zwei Arten des göttlichen Schaffens durch das „Machen" und das „Sprechen", das auf der Vereinigung eines Tatberichts und eines Befehlsberichts beruhen könnte. Der Leser steht damit vor einer schwierigen Frage, die von der Exegese unterschiedlich beantwortet worden ist. Bei weiterem Nachforschen kann er feststellen, daß das Problem heute gewöhnlich auf anderem Wege als durch die Scheidung in zwei Quellen gelöst wird (s. u. Abschnitt 6). Wahrscheinlich ist dies richtig, doch die eigene Nachprüfung und Entscheidung wird dem Leser nicht erspart.

Anders als in der ersten Erzählung verhält es sich vielleicht in Gen 2–3. Auf jeden Fall stellen sich dem Leser neue Fragen: Worauf beruht das Nebeneinander der zwei Bäume im Gottesgarten – des Baumes der Erkenntnis des Guten und Bösen und des Baumes des Lebens? Warum darf der Mensch nur vom Erkenntnisbaum nicht essen, warum ißt er nicht – absichtlich oder aus Zufall – vom Lebensbaum, obwohl er dann doch ewig lebte und sogar vom Erkenntnisbaum essen könnte, ohne sterben zu müssen, und warum fürchtet Jahwe erst nach der Übertretung des Verbots, daß der Mensch vom Lebensbaum essen könnte? Warum soll der gefallene Mensch sich einerseits mit Mühsal vom Acker ernähren und andererseits das „Kraut des Feldes" essen, weil der Acker nur Dornen und Disteln tragen wird? Warum wird abschließend zweimal vom Fortschicken bzw. Vertreiben des Menschen aus dem Garten geredet? Man kann versuchen, solche Unstimmigkeiten und Wiederholungen als allmählich erfolgten Zuwachs zur Erzählung im Verlaufe ihrer Entstehung und weiteren Überlieferung zu erklären. Aber es fragt sich, ob diese Erklärung ausreicht und man nicht besser von der Haupterzählung die Reste einer zweiten Quelle abzuheben hat.

Des weiteren fällt der Abschnitt über die Paradiesströme in 2,10–14 auf. Es handelt sich um eine geographische Notiz, eine Aufzählung, die sich von der umgebenden Erzählung deutlich unterscheidet und einer anderen Traditionslinie als sie angehört. Kann man sie deswegen noch als einen Bestandteil der Erzählung betrachten? Hat der Haupterzähler sie eingefügt oder bildet sie erst den späteren Zusatz eines gelehrten Schreibers? Auch diese literarische Frage muß erwogen und unter Umständen mittels eines Vergleichs mit anderen Geschichten desselben Erzählers entschieden werden.

4. Diesen ersten literarischen Problemen wird der Leser weitere Erwägungen anschließen müssen. Es stellen sich ihm doch die Fragen nach dem *formalen Aufbau*, der *stilistischen und syntaktischen Eigenart*,

der Besonderheit des *Wortschatzes* und der möglichen *rhythmischen Struktur* der Texte.

Muß sich dem Leser nicht die Erkenntnis aufdrängen, daß die Darstellung der Schöpfungswerke in Gen 1,1–2,4a ein gleichbleibendes Schema befolgt[4]? Dann stellt sich die Frage: Soll durch diese Form ausgedrückt werden, daß es der immer gleiche Vorgang ist und daß das Wesentliche in allen Schöpfungswerken gleichbleibt? Das Schema weist fünf Bestandteile auf:

Einleitung: Und Gott sprach (v. 3.6.9.11.14.20.24.26),
Befehl: Es sei(en), es sammle sich (v. 3.6.9.11.14f.20.24.[26]),
Vollzug: Und es geschah so (v. 3.7.9.11.15.24.30),
Beurteilung: Und Gott sah an ... es war gut (v. 4.10.12.18.25.31),
Einordnung: Und es ward Abend ... (v. 5.8.13.19.23.31).

Darüber hinaus läßt sich eine konkrete, vielgestaltige und doch sich mehrfach wiederholende Ausdrucksweise beobachten, die in verschiedener Weise auf die Schöpfungswerke verteilt ist:

Gott schied (v. 4.7.[9]),
Gott nannte (v. 5.8.10),
Gott machte (v. 7.16.25),
Gott setzte (v. 17),
Gott schuf (v. 21.27),
Gott segnete (v. 22.28).

Aus der Verteilung auf die einzelnen Schöpfungswerke und einem Vergleich mit dem Aufbauschema der Darstellung lassen sich vielleicht weitere Schlüsse ziehen.

Die Erzählung in Gen 2,4b–3,24 weist dagegen kein solches Aufbauschema und keine vergleichbare Ausdrucksweise auf. Doch zeigt wenigstens Kap. 3 ein strukturelles Schema, in dem eine Bewegung in verschiedener Richtung verläuft:

3,1–7 Verführung und Fall: Schlange → Frau → Mann,
3,8–13 Entdeckung: Mann → Frau → Schlange,
3,14–19 Fluchworte: Schlange → Frau → Mann.

Außerdem muß sich der Leser fragen, ob die Fluchworte in 3,14–19 nicht poetisch geformt sind und rhythmisch gehaltene Sprüche darstellen. Ist dies der Fall, so erhebt sich wie bei anderen Erzählungen, die ebenfalls geformte Sprüche enthalten, die Frage, ob die Sprüche älteres, ursprünglich eigenständiges Gut darstellen, das schon in einem frühen Werdestadium in die Erzählung aufgenommen worden ist; dann aber muß sowohl nach dem ursprünglichen als auch nach dem jetzigen Sinn gefragt werden. Doch dies weist über die formalen Erwägungen hinaus

---

[4] Vgl. C. Westermann, Genesis (BK), Lfg.2 1967, 117ff.

in neue Fragenbereiche, die sich also teilweise aus der beobachteten Form als weitere exegetische Aufgabe ergeben.

Zuvor muß sich der Leser jedoch noch darüber klar werden, um welche Erzählungsart es sich in den beiden Textkomplexen von Gen 1–3 handelt. Sind es Geschichtsberichte? Liegen Erzählungen mit einzelnen mythischen Motiven oder reine Mythen vor? Kann man zwischen aufzählenden und erzählenden Texten unterscheiden und zudem Mischformen annehmen? Kann man zwei Erzählungen von der Schöpfung und eine weitere Erzählung von Schuld und Strafe voneinander abheben? Oder treffen die an anderen Erzählungen gewonnenen Definitionen von Sage und Legende auch für Gen 1–3 zu? Die Sachlage wird für den Leser noch verwickelter, wenn er altorientalische Darstellungen von gleicher oder ähnlicher Thematik kennt und sie formal mit Gen 1–3 vergleicht. Nur eine eingehende exegetische Analyse wird ihm weiterhelfen und ihm einen Weg aus der Wirrnis weisen können.

5. Mehr als an den literarischen und formalen wird der Leser an den *inhaltlichen Fragen* interessiert sein, auf die schon einige Bemerkungen vorausgewiesen haben. Denn der hauptsächliche Grund, aus dem der Leser sich mit dem Text befaßt, dürfte vor allem im Verstehenwollen seines Inhalts liegen. Darum wird er nach den vorangegangenen Schritten nunmehr versuchen, aufgrund der Einsichten, die sich ergeben haben, die Aussage des Textes zunächst vorläufig zu erfassen und sie sodann mittels der Einzelinterpretation so genau und umfassend wie möglich herauszuarbeiten.

Zur Vorbereitung dessen gehören sowohl die Aufnahme der Fragen nach der syntaktischen Gliederung der Sätze und der Bedeutung der verwendeten Ausdrücke, nach dem sich durch Textkorrekturen ändernden Sinn und nach den für den Inhalt folgereichen literarischen und formalen Erkenntnissen als auch nach dem Sinnzusammenhang der Einzelaussagen, die ja nicht als solche beabsichtigt sind, sondern ein größeres Ganzes bilden. Das Ziel dieses Bemühens wird für den Leser darin liegen, einen Überblick über den Inhalt von Gen 1–3 im ganzen wie im einzelnen zu gewinnen.

Dabei wird er auf mannigfache inhaltliche Fragen stoßen. Unterscheiden sich die beiden Schöpfungserzählungen voneinander dadurch, daß es in Gen 1 um die Schöpfung des Ganzen – auch der ganzen Menschheit – und in Gen 2 um die Schöpfung eines einzelnen, nämlich des *'adam,* geht? Oder liegen nur unterschiedliche Zuordnungen und Dimensionen auf verschiedenen theologischen Denkstufen vor, da Gen 2 doch auch die Schöpfung der Pflanzen- und Tierwelt erzählt? Was besagt es, daß innerhalb des Schöpfungsthemas der Entstehungsgedanke in dem Satz „Die Erde bringe hervor ..." anklingt? Welche der Haupttypen des Schöpfungsvorgangs, die die Religionsgeschichte kennt – Schöpfung durch Geburt oder Geburtenfolge, aufgrund eines Kampfes oder Sieges, als Anfertigen, Machen oder Bilden, durch ein Sprechen oder Befehlen –, sind verwendet worden? Was folgt daraus für die inhaltlichen Aussagen der alttestamentlichen Erzählung?

Gen 1,1–2,4a schreibt Gott dem Schöpfer mehrere verschiedene Tätigkeiten zu, wie sich bei der Erörterung der formalen Fragen gezeigt hat. Wichtiger als die Frage danach, woher dies rührt, ist die Frage, wozu es dient. Wird es dazu benutzt, um das Gegliedertsein der Welt in der Folge der Schöpfungswerke auszudrücken? Dann würde von der Welt als solcher unterschieden, was auf und in der Welt ist, und dabei wiederum das Lebendige von der leblosen Kreatur; die Gliederung ließe ein Gefälle erkennen, insofern alles, was Gott schuf, eine Bestimmung hat, die Bestimmung alles Geschaffenen aber auf den Menschen zielt, den Gott sich zu seinem Gegenüber schuf, und die Schöpfung den Menschen in die Geschichte hinüberweist[5]. Was bedeutet in diesem Zusammenhang das Siebentageschema? Nähert der Erzähler dadurch das Schöpfungsgeschehen der Geschichte an, weil auch die Schöpfung als sich erstreckende und begrenzte Zeit betrachtet wird? Drückt es aus, daß es das gleiche Gotteswirken und das Wirken des gleichen Gottes ist, das die Geschichte wie die Schöpfung wirkt? Ist die Schöpfung wie die Geschichte auf ein Ziel gerichtet, das bei der Schöpfung nicht im letzten Schöpfungswerk, dem Menschen, läge, sondern in dem, was die Beschreibung des siebten Tages andeutet[6]? Oder liegen Ziel und Höhepunkt der Darstellung doch in der Schöpfung der Menschen, auf die letzten Endes alles hinführt und die nach der Schöpfung der Welt und Umwelt sozusagen die Spitze einer Pyramide bilden, während in Gen 2,4b–25 der Mensch am Anfang und im Vordergrund des Schöpfungshandelns steht und um ihn herum alles andere sozusagen in konzentrischen Kreisen angeordnet wird?

Noch größer wird der Kreis der Fragen, wenn der Leser versucht, die Motive und Traditionen voneinander zu trennen, die in Gen 1–3 als älteres, vorgegebenes Gut begegnen, und wenn er ihre Herkunft erforscht. Verhält es sich nicht so, daß die Erzähler in einer vorgegebenen Traditionskette stehen, die zeitlich und räumlich weit über Israel

[5] C. Westermann a.a.O. (Anm. 4) 123.
[6] C. Westermann a.a.O. (Anm. 4) 125.

hinausreicht, und daß sie gleichzeitig das, was sie erzählen, selbstverständlich auf der Grundlage und im Rahmen des alttestamentlichen Glaubens darlegen wollen? Wie weit reichen die Vielfalt und Vielschichtigkeit der vorgegebenen Motive und Traditionen in ihre Darstellung hinein, welche Stellung nehmen sie darin ein, welche Rolle spielen sie darin? Manches scheint auf eine Verwandtschaft mit altorientalischen Mythen hinzuweisen: so in 1,1–2,4a Finsternis und Wasser als Merkmale des ursprünglich chaotischen Zustandes der Welt, die Entstehung des Kosmos durch Spaltung der Urflut, der Aufbau der geordneten Welt und das Sieben-Tage-Werk; in 2,4b–3,24 der aus Erde geschaffene Mensch, die eigenartige Verbindung des Bildens der Frau aus der Rippe mit ihrer Bezeichnung „Mutter des Lebendigen", die Lebensspeise, die Verführung des Mannes durch die Frau, der von Himmelswesen bewachte heilige Hain und das Nichterlangen der Gottgleichheit. Vielleicht wird der Leser schließlich auf das sumerische Epos von Atrachasis, dem „überaus Weisen", geführt, das mit der Schöpfung des Menschen beginnt und ähnlich wie die alttestamentliche Urgeschichte fortfährt, so daß nicht nur einzelne Erzählungen, sondern auch Aufbau und Reihenfolge der Urgeschichte seinem Vorbild entsprechen. Damit trifft der Leser auf weitreichende Zusammenhänge, die für Verstehen und Interpretation von Gen 1–3 alles andere als belanglos sind und berücksichtigt werden müssen.

Daraus folgt ein letzter inhaltlicher Fragenbereich: In welcher Weise haben die Erzähler die vorgegebenen Motive und Traditionen verwendet und zu welchem Zweck? Es handelt sich dabei um das Miteinander von aufgenommener Tradition, umgestaltender Interpretation und darin zutage tretender Intention seitens der Erzähler. Haben diese die Traditionen um ihrer selbst willen aufgegriffen, oder ist es geschehen, weil sie mit ihrer Hilfe auf dem Wege über ihre Umgestaltung eine bestimmte Aussage machen wollten? Und kann der Leser diese Aussage als das Entscheidende auf dem Weg über die erfolgte Interpretation der Traditionen erkennen?

6. Endlich steht der Leser vor Fragen des *Überlieferungs- und* des *Redaktionsvorgangs.* Wenn die bei den literarischen Überlegungen zu Gen 1,1–2,4a beobachteten Unstimmigkeiten sich nicht aus der Zusammenfügung von mehreren Quellen erklären lassen, dann stellt sich die Frage, ob sie nicht aus vorliterarischen Stadien des Textes stammen. Allein aufgrund der Vorgeschichte seiner Motive und Traditionen kann man nicht mehr davon ausgehen, daß der Text in einem einmaligen Vorgang in der jetzt vorliegenden Art formuliert worden ist. Vielmehr

ist anzunehmen, daß er in einem umfassenderen Vorgang des Überlieferns entstanden ist, in dem die schriftliche Fassung nur das letzte Stadium darstellt, dem eine lange und verzweigte israelitische und vor- oder außerisraelitische Vorgeschichte vorangeht. Es fragt sich, wie weit dieser Vorgang rekonstruiert werden kann und welche Folgerungen sich daraus für das Verstehen des Textes ergeben.

Ähnlich verhält es sich, wenn der Leser bemerkt, daß die beiden großen Erzählungen in Gen 1–3 nicht isolierte Einzelgeschichten bilden, sondern Glieder von größeren Erzählungssträngen sind, die von der Schöpfung der Welt bis zur Landnahme der Israeliten in Palästina reichen. Welche Stelle nehmen sie im ganzen dieser umfassenden Darstellungen ein, welche Rolle spielen sie in diesem Kontext?

Eine völlig andere Frage, die an das Ende des gesamten Überlieferungsvorgangs führt, stellt sich, falls sich die Spannungen in Gen 2,4b–3,24 darauf zurückführen lassen, daß die Haupterzählung durch Bruchstücke einer zweiten Erzählung erweitert und ergänzt worden ist. In diesem Falle trifft der Leser auf den Vorgang einer Redaktion, die bewußt und absichtlich vorgenommen worden ist. Läßt sich noch erkennen, warum und wozu man so verfahren ist? Vor allem: Kann und darf der Leser für sein Verstehen und seine Interpretation des Textes hinter den redaktionellen Vorgang zurückgehen und sich mit den Erzählungen in ihrer ursprünglichen schriftlichen Fassung beschäftigen oder muß er vom Ergebnis des Redaktionsvorgangs ausgehen? Je nach der getroffenen Entscheidung wird das Ergebnis der Exegese unterschiedlich sein. Die gleichen Fragen stellen sich hinsichtlich der Verbindung und Aufeinanderfolge der beiden Erzählungen in Gen 1–3. Auch sie gehören in den großen und bunten Zusammenhang der Fragestellungen, die sich dem aufmerksamen Leser aus dem alttestamentlichen Text ergeben. Es versteht sich nahezu von selbst, daß sie nur im Rahmen einer wissenschaftlichen Exegese mittels Methoden, die der jeweiligen Fragestellung angemessen sind, behandelt werden können.

§ 3 Verlauf der Exegese

Nachdem in § 1 die Notwendigkeit und das Ziel alttestamentlicher Exegese dargelegt und begründet wurden, hat § 2 eine Reihe von Fragestellungen aufgeworfen, denen nachgegangen werden muß, um einen Text auf Eindeutigkeit hin einzuengen, d. h. ihn möglichst so zu verstehen, wie ihn der Verfasser von seinen Hörern oder Lesern verstanden wissen konnte und wollte[7]. Diese und weitere Fragestellungen können aber, sollen sie jener Aufgabe gerecht werden, nicht in beliebiger Reihenfolge an den Text herangetragen werden, sondern bilden ein methodisches Gebäude einzelner Stufen mit notwendigen Vor- und Nachordnungen. Im folgenden sei dies genauer ausgeführt.

1. Grundlegende Voraussetzung allen exegetischen Bemühens ist die *Textkritik*, die aus den verschiedenen hebräischen Textüberlieferungen sowie den alten Übersetzungen denjenigen Wortlaut zu erheben sucht, der dem ursprünglichen am nächsten kommt. Für die Beurteilung der einzelnen Überlieferungen und Übersetzungen gibt dabei die *Textgeschichte* wichtige Hinweise.

Ist solchermaßen eine gesicherte Textgrundlage erhoben, muß als nächster Schritt die sachgemäße Abgrenzung des zu exegesierenden Abschnittes geprüft und eventuell entsprechend korrigiert werden. Überkommene Einteilungen erweisen sich nicht immer als zutreffend und haben darum nur als Ausgangspunkt für die endgültige Bestimmung von Beginn und Ende einer Texteinheit Bedeutung. Neben dieser Aufgabe fällt der *Literarkritik* weiterhin zu, den Text auf Einheitlichkeit bzw. Uneinheitlichkeit hin zu prüfen und ihn im Falle der Uneinheitlichkeit in seine verschiedenen Schichten zu zerlegen, deren Zusammenwachsen als Ergebnis eines redaktionellen Prozesses zu verstehen ist: Die sprachliche Handlung eines Verfassers wurde nach ihrer Niederschrift durch andere und spätere Hände literarisch bearbeitet, sei es, daß ein bis dahin selbständig umlaufender und inhaltlich abgerundeter Text in sie eingearbeitet wurde, oder sei es, daß sie um eigens für sie geschaffene Zusätze erweitert wurde. Für diese redaktionellen Vorgänge kommen verschiedene Beweggründe in Frage, von der Verknüpfung parallel umlaufender Erzählungen zu einer neuen Einheit angefangen über dogmatische Korrekturen bis hin zu aktualisierenden und erklärenden Zusätzen. Durch Verknüpfung mit anderen Texten oder durch andere Zusätze hat die ursprüngliche Aussage eines Textes jedenfalls Veränderungen erfahren, die sie im Extremfall bis hin zu ihrer Verkehrung ins Gegenteil verschoben haben können. Einen unmittelbaren Zugang zur ursprünglichen Aussage gibt es dann jedenfalls nicht mehr; erst die literarkritische Scheidung eröffnet den Weg zu dem, was der Verfasser des untersuchten Textes sagen wollte. Umgekehrt kann aber auch das Anliegen eines Bearbeiters erst dann deutlich hervortreten, wenn seine Eingriffe von dem von ihm Vorgefundenen abge-

[7] Vgl. dazu § 10, III.

hoben sind. Eine Exegese, an deren Anfang nicht eine exakte literarkritische Untersuchung des Textes steht, kann nicht erwarten, die Aussage des Verfassers des Textes noch eines seiner Bearbeiter richtig zu erfassen. Alle weiteren methodischen Schritte müssen immer deutlich auf eine der literarkritisch erhobenen Stufen bezogen sein, sei es die Verfasserstufe oder eine der gewonnenen Bearbeiterstufen; im Falle einer späteren Verknüpfung von zwei ursprünglich selbständigen und inhaltlich abgerundeten Texten sind zwei parallel liegende Verfasserstufen zu unterscheiden, deren eine freilich durch den Verknüpfungsvorgang meist nur noch fragmentarisch erhalten ist.

Da es sich bei dem zu untersuchenden Text um eine oder im Falle notwendiger literarkritischer Sonderung um mehrere sprachliche Handlungen handelt, die fixiert vorliegen, ist als nächster Schritt dieser grundlegenden Tatsache in einer *sprachlichen Analyse* Rechnung zu tragen. Sie erfolgt unter den Aspekten von Ausdruck und Bedeutung auf der Laut-, Wort- und Satzebene und umfaßt eine syntaktisch-stilistische, eine phonemisch-phonetische, eine semantische und eine Strukturanalyse und fragt schließlich nach Ziel und Horizont der sprachlichen Handlung(en). Hieraus ergeben sich erste Hinweise auf die Funktion eines Textes sowie auf die mit ihm verfolgte Absicht. Darüber hinaus führen die Beobachtungen der sprachlichen Analyse bereits auf größere Zusammenhänge literarischer oder sozio-kultureller Art hin, denen der Text einzuordnen ist und aus denen heraus er verstanden werden muß.

In der alttestamentlichen Exegese wurde der sprachlichen Analyse bisher meist viel zu geringe Beachtung geschenkt; häufig glaubte man sie unter der Hand und damit in methodisch nicht nachprüfbarer Weise erledigen zu können. Demgegenüber muß die Notwendigkeit der exakten sprachlichen Untersuchung, die die Erkenntnisse der modernen Sprachwissenschaft aufnimmt, stark betont werden. Ihre Ergebnisse stellen wichtiges und vor allem auch methodisch gesichertes Material für die weiteren exegetischen Schritte bereit.

So baut die nun anzuschließende Frage nach geprägtem Gut, das über die bereits in der sprachlichen Analyse erhobenen geprägten Wendungen und Formeln hinausgeht, auf jenen Beobachtungen auf. Geprägtes Gut in einem Text erhellt den Hintergrund, vor dem jener zu verstehen ist; ihm eignet eine bestimmte Aussagemöglichkeit, deren sich der jeweilige Verfasser bediente. Die Fragestellung ist also für das Verständnis eines Textes unerläßlich. Sie stellt sich in doppelter Weise: einmal in Sicht auf die vornehmlich auf der Ausdrucksseite geprägten

Strukturen, zum andern auf geprägtes Gut hinsichtlich der Bedeutungsseite.

Der ersteren Gruppe ist in der *Formen- und Gattungskritik* nachzugehen. Der Vergleich strukturell ähnlicher, aber literarisch unabhängiger Formen läßt bestimmte Gattungen erkennen, deren sich die Verfasser alttestamentlicher Texte bedienten. Diese Gattungen wurzeln alle in einem bestimmten Lebensbereich, der bei ihrer Verwendung anklang, selbst wenn die Gattung in einer anderen als der ihr eigenen Funktion Verwendung fand, was des öfteren zu beobachten ist. Als Pendant zur Formen- und Gattungskritik auf der Bedeutungsseite ist die *Motiv- und Traditionskritik* zu betrachten. Sie fragt nach aufgenommenen Motiven, geprägten Themen, geprägten Zügen und Traditionen, wobei auch hier wie entsprechend bei den Gattungen die spezielle Funktion jener Größen in der zu untersuchenden Texteinheit besondere Beachtung verdient.

Geprägtes Gut hat zudem eine Geschichte, in deren Verlauf es Wandlungen durchgemacht haben kann, die Schlüsse auf bestimmte Veränderungen in der Einstellung zulassen und besonders dann große Bedeutung für den Exegeten gewinnen, wenn der Verfasser der untersuchten Texteinheit für eine solche Abwandlung in Frage kommt.

Nachdem die literarkritisch gesonderte Texteinheit auf das sie bestimmende geprägte Gut in der eben dargelegten Weise untersucht ist, ist auch nach der möglichen Vorgeschichte jener Einheit selbst zu fragen. Das ist Aufgabe der *Überlieferungskritik und -geschichte.* Es gilt, soweit wie möglich hinter die vorliegende endgültige Fassung jener Einheit zurückzugehen und vor allem die Wandlungen im Laufe der Überlieferung zu erfassen, die auf Eigenheiten und besondere Interessen in den einzelnen Überlieferungsstufen bis hin zur endgültigen schriftlichen Niederlegung hinweisen.

Von der Überlieferungskritik zu unterscheiden ist die *Kompositions- und Redaktionskritik,* die im allgemeinen[8] von der literarkritisch gesonderten Einheit ausgeht und nach ihrem weiteren literarischen Schicksal nach ihrer endgültigen schriftlichen Niederlegung fragt. Es wird gleichsam der Prozeß der literarkritischen Abgrenzung und Sonderung umgekehrt und ausgehend von den dort unterschiedenen Schichten eines Textes deren Zusammenwachsen verfolgt sowie darüber hinaus auch der Verbindung zu größeren Komplexen wie Sammlungen

---

[8] Eine Ausnahme wird in § 9 diskutiert.

und Kompositionen nachgegangen, natürlich nicht ohne nach den Beweggründen solcher Bearbeitungen zu fragen.

Zweckmäßigerweise folgt nun erst nach diesen Untersuchungen die *Zeit- und Verfasserfrage,* weil sie dann nicht nur die literarkritisch gesonderte Einheit, sondern auch die überlieferungskritisch wie kompositions- und redaktionskritisch erfaßten Stadien berücksichtigen kann.

In der *Einzelauslegung* und in der *zusammenfassenden Exegese* laufen die bisherigen Ergebnisse der einzelnen methodischen Schritte brennpunktartig zusammen, indem eine abschließende und umfassende Interpretation des untersuchten Textes versucht wird. Die Einzelauslegung legt dabei, versweise vorgehend, Einzelheiten des Textes dar, die für sein Verständnis maßgebend sind. Anschließend wird dann in der zusammenfassenden Exegese der Versuch unternommen, den Inhalt des Textes sowie die mit ihm verfolgte Intention, also das, was sein Verfasser mit ihm beabsichtigt hat, zu erfassen und darzustellen, wobei natürlich wie bei allen voraufgehenden Schritten die literarkritisch gesonderten Schichten streng zu unterscheiden sind.

Damit ist der eigentliche exegetische Teil beendet. Die im vorliegenden Band sich noch anschließende *theologische Kritik,* die nach dem Reden von Gott im Alten Testament fragt, nimmt die für den Theologen wichtigste Fragestellung auf und versucht Material für eine systematisch-theologische Weiterbearbeitung zur Verfügung zu stellen.

2. Die einzelnen methodischen Schritte, die den Verlauf einer Exegese bestimmen und zu denen durchaus noch neue Fragestellungen hinzutreten können, sind integrierende Bestandteile des Bemühens um Klarheit und Eindeutigkeit der Interpretation alttestamentlicher Texte. Die Abfolge der Schritte ist von der Sache her bestimmt und kann darum nicht beliebig verändert werden; in Anknüpfung an die Ausführungen in Abschnitt 1 ist hierzu auf folgendes hinzuweisen:

Um die Aussage eines alttestamentlichen Verfassers zu verstehen, muß sie zunächst in ihrem äußeren Umfang und in ihrer Textgestalt gesichert sein. Zwei geschichtliche Vorgänge sind hierzu durchsichtig und gleichsam rückgängig zu machen, nämlich einmal kompositionelle und redaktionelle Bearbeitungen jener Aussage, zum andern die Überlieferung des Textes mit den möglichen Veränderungen, die sich textkritisch erfassen lassen. Die Reihenfolge, in der jene beiden Vorgänge eben genannt wurden, gibt zugleich ihre zeitliche Schichtung an, so daß vom Standort des Exegeten aus zunächst die textkritische Untersuchung eines vorläufig abgegrenzten Abschnittes zu leisten ist, bevor er in der Literarkritik die schon mehrfach erwähnten Bearbeitungen ins Auge faßt und die ursprüngliche Aussage des Verfassers in ihrem Umfang festzulegen sucht.

Die Fragestellungen der sprachlichen Analyse, der Formen- und Gattungskritik sowie der Motiv- und Traditionskritik, die gegenüber der Text- und Literarkritik zu einem zweiten Komplex von exegetischen Methoden zusammengefaßt werden können, wenden sich unter verschiedenen Gesichtspunkten der Aussage des Verfassers oder Bearbeiters selbst zu und setzen darum voraus, daß deren Gestalt und Umfang geklärt sind. Die bisweilen zu beobachtende Vorordnung der Gattungskritik (oft unzutreffend „Formgeschichte" genannt) vor die Literarkritik ist aus diesem Grunde methodisch nicht haltbar und gibt zu Fehlinterpretationen Anlaß[9]. Die Formen- und Gattungskritik sowie die Motiv- und Traditionskritik bauen ihrerseits auf den Ergebnissen der sprachlichen Analyse auf, so daß letztere ihren Ort vor jenen Fragestellungen nach geprägtem Gut hat.

Einen weiteren, dritten Methodenkomplex bilden die Überlieferungskritik, die Kompositions- und Redaktionskritik sowie die Zeit- und Verfasserfrage. Bei der sprachlichen Analyse, der Formen- und Gattungskritik und der Motiv- und Traditionskritik ist das Objekt der Untersuchung jeweils der literarkritisch abgegrenzte und gesonderte Text, im dritten Fragenkomplex hingegen ist es seine Geschichte. Dieser Umstand sowie die Tatsache, daß zur Bearbeitung des dritten Komplexes jedenfalls die Ergebnisse der sprachlichen Analyse vorliegen müssen, begründen die Vorordnung des zweiten Methodenkomplexes vor den dritten.

Die Stellung der Einzelauslegung und der zusammenfassenden Exegese im Gebäude der exegetischen Stufen ist durch die Ausführungen im Abschnitt 1 hinreichend begründet, ebenso der Ort der theologischen Kritik.

Die Überbetonung und Fehleinschätzung einer exegetischen Methode wie etwa bei der erwähnten Vorordnung der Gattungskritik vor die Literarkritik ist z. T. wohl im Zusammenhang mit der zeitlichen Abfolge der „Entdeckung" der einzelnen Fragestellungen zu sehen: So folgte die gattungskritische Methode forschungsgeschichtlich auf die Literarkritik und verdrängte als die große Neuentdeckung letztere häufig zu Unrecht von dem ihr zustehenden Ort. Demgegenüber kann nur nochmals mit Nachdruck auf die notwendige Integration aller ex-

[9] Vgl. die kritische Auseinandersetzung von W. RICHTER, Exegese als Literaturwissenschaft. Entwurf einer alttestamentlichen Literaturtheorie und Methodologie, 1971, 45 Anm. 48.

egetischen Fragestellungen hingewiesen werden. Integration bedeutet freilich etwas anderes als Methodenmischung, vor der sich der Exeget gleichfalls zu hüten hat, um zu sicheren und nachprüfbaren Ergebnissen zu gelangen.

3. Die notwendige Differenzierung und Abfolge der einzelnen exegetischen Schritte bedeutet nicht, daß die auf einer Stufe gewonnenen Ergebnisse nicht durch Erkenntnisse aufgrund nachfolgender methodischer Schritte modifiziert oder gar umgestoßen werden, natürlich aber auch eine weitere Bestätigung erhalten können. So sind z.B. die in der sprachlichen Analyse zu behandelnden Fragen des Rhythmus und des Metrums durchaus für die literarkritischen Überlegungen relevant. In der Überlieferungskritik kann eventuell weiteres vorgegebenes Gut ermittelt werden, woraus möglicherweise traditionskritische Konsequenzen zu ziehen sind. Auch kann z.B. die Überlieferungs- oder Kompositions- und Redaktionskritik zur Korrektur literarkritischer Entscheidungen veranlassen. Am Beispiel Gen 6,1–4 seien derartige Vorgänge verdeutlicht:

Die mögliche literarkritische Entscheidung, Gen 6,3 von Gen 6,1–2.4 zu sondern[10], da v. 3 als störender Einschub zwischen v. 2 und v. 4 erscheint, verlangt eigentlich eine redaktionskritische Betrachtung, die unter Einbeziehung der Zeit- und Verfasserfrage den Vorgang der Einfügung von v. 3 erhellen und in seiner Motivation offenlegen soll. Die kompositionskritische Beobachtung jedoch, daß 6,1–2.4 der Quellenschicht N zugewiesen werden dürfte (auch hier ist die Zeit- und Verfasserfrage bereits berücksichtigt), deren spezifischer Erzählrhythmus (Aufbäumen und Rückschlag)[11] nun aber gerade in der vermeintlichen Erweiterung v. 3 begegnet, läßt ernsthafte Zweifel daran aufkommen, daß v. 3 innerhalb von v. 1–2.4 das Ergebnis eines redaktionellen Vorganges ist, und verweist darum das Problem unter Revision der literarkritischen Entscheidung an die Überlieferungskritik. Sie mag zu folgendem Ergebnis kommen: In einem älteren Stadium der Erzählung fand sich v. 4 „gleich hinter v. 2 und nicht erst hinter dem Strafwort, wo er jetzt nur wie eine archäologische Notiz, wie eine allgemeine Zeitangabe fast außerhalb des Erzählungszusammenhanges steht." Die „Giganten waren doch natürlich die Abkömmlinge aus der Verbindung der Himmlischen mit Menschenweibern; ja das ursprüngliche Anliegen dieser Geschichte war geradezu dieses, die Herkunft der Heroen aus solchen Ehen ätiologisch zu begründen."[12] Dieses überlieferungskritisch zu erfassende ältere Stadium der Erzählung ist durch v. 3 „entmythologisiert" worden und liegt bei N in letzterer Gestalt vor.

---

[10] Vgl. z.B. O. Eissfeldt, Hexateuch-Synopse, 1962², z. St.

[11] Vgl. (E. Sellin–)G. Fohrer, Einleitung in das Alte Testament, 1969¹¹, 178.

[12] G. von Rad, Das erste Buch Mose. Genesis (ATD), 1972⁹, 85. G. von Rad nimmt allerdings keine dritte alte Quellenschicht (N) an und weist Gen 6,1–4 daher der jahwistischen Quellenschicht (J) zu.

Dieses Beispiel liefert zugleich eine Begründung dafür, warum in den folgenden Darlegungen die Überlieferungskritik, die Kompositions- und Redaktionskritik sowie die Zeit- und Verfasserfrage in einem Paragraphen behandelt werden: Bei aller notwendigen Differenzierung hängen diese Fragestellungen besonders eng zusammen, weil sie ein Objekt durch je verschiedene Bereiche seiner Geschichte verfolgen.

2. Kapitel: Methoden

§ 4 Textkritik

Der heute vorliegende hebräische (und aramäische: Esr 4,6–6,18; Dan 2,4b–7,28) Text des Alten Testaments ist im Verlaufe seiner Überlieferung vielfachen Veränderungen unterlegen, die von fehlerhafter Wiedergabe bis zu dogmatischen Korrekturen reichen. Übersetzungen vermehren noch die verwirrende Vielfalt der Lesarten und erschweren damit zunächst das Bemühen des Exegeten, eine sichere Grundlage für die Auslegung des Alten Testaments zu erhalten[13].

Dieser Tatbestand hat in der exegetischen Wissenschaft zur Einführung der Methode der Textkritik geführt, die zum Ziel hat, mit Hilfe der uns vorliegenden Textgestalten im Vergleich jeweils den Text zu rekonstruieren, der dem ursprünglichen am nächsten kommt. Die damit gegebene Aufgabenstellung der Textkritik läßt es sinnvoll erscheinen, zunächst die Geschichte des Textes, allerdings nur überblicksweise[14], darzustellen, um aus ihr Maßstäbe für die Methodik der textkritischen Arbeit zu gewinnen, und erst dann in einem zweiten Abschnitt diese selbst zu entwickeln.

I. Abriß einer Textgeschichte

1. Überlieferung in der Ursprache

a) *Masoretische Textgestalt* (𝔐)[15]. Der alttestamentliche hebräische Text in der Form, wie er sich heute in den Druckausgaben findet, stammt erst aus dem 9./10. Jh. n. Chr. Er ist in dieser Gestalt das Ergeb-

[13] Vgl. § 2,2.

[14] In diesem Zusammenhang ist keine ausführliche Darstellung oder gar Diskussion der Textgeschichte möglich, statt dessen wird auf die einschlägige Literatur verwiesen. Vgl. u.a. E. Würthwein, Der Text des Alten Testaments. Eine Einführung in die Biblia Hebraica, 1973^4; M. Noth, Die Welt des Alten Testaments. Einführung in die Grenzgebiete der Alttestamentlichen Wissenschaft, 1962^4, 267ff.; (E. Sellin–)G. Fohrer, Einleitung in das Alte Testament, 1969^{11}, 538ff.

[15] In Klammern sind jeweils die Sigla der Biblia Hebraica (BH) angegeben. Bei Übereinstimmung der beiden im Gebrauch befindlichen Ausgaben BHS

nis einer jahrhundertelangen Überlieferungsgeschichte, die hier nur in ihren wichtigsten Daten nachgezeichnet werden kann.

Für das 2. Jh. v. Chr. lassen sich – sieht man von Vulgärrezensionen ab – drei Hauptrezensionen[16] des hebräischen Textes erschließen: eine Vorstufe des späteren Standardtextes, eine der Vorlage der Septuaginta und eine der samaritanischen Textform ähnliche Rezension. Spätestens seit dem 1. Jh. v. Chr. bemühte man sich, diese Vielfalt der Textformen durch einen verbindlichen Einheitstext zu ersetzen. Nach der Zerstörung Jerusalems 70 n. Chr. gelang es, vor allem im Zusammenhang mit der Abgrenzung des Judentums zu den Christen, den Konsonantentext weitgehend festzulegen. Etwa um 100 n. Chr. war diese Grundform von 𝔐, von einigen orthographischen und dialekthaften Varianten[17] abgesehen, im wesentlichen fixiert.

Der weitere Verlauf der Geschichte des alttestamentlichen Textes ist zunächst durch die Tätigkeit der „Schreiber" (Tip soph u. a.) bestimmt, die einerseits nach strengen Regeln und mit größter Sorgfalt die alten Buchrollen abschrieben, andererseits durch Textuntersuchungen und -vergleiche die künftige Einheitsform des Textes mitvorbereiteten.

Um etwa 500 n. Chr. begannen die sogenannten Masoreten, die „Überlieferer", nach denen später der endgültig festgelegte und gesicherte Text „masoretisch" genannt wird, mit ihrer eine neue Periode der Textgeschichte einleitenden Arbeit. Es sind vor allem zwei Gruppen zu unterscheiden, die wieder in sich in „Schulen" und „Familien" gegliedert waren: die Masoreten des Westens in Palästina (Hauptsitz Tiberias; Haupttätigkeit 8./9. Jh.) und die Masoreten des Ostens in

---

(Biblia Hebraica Stuttgartensia, 1968 ff.) und BHK (Biblia Hebraica, ed. R. Kittel, 1929/37) wird nur das gemeinsame Siglum aufgeführt. Sonst ist die Reihenfolge BHS/BHK gewählt.

[16] Der Terminus „Rezension" bezeichnet eine Textform, die das Ergebnis eines Auswahlprozesses darstellt. Ziel dieser Auswahl ist es, den ursprünglichen Wortlaut des Textes herzustellen. In der Mehrzahl der Fälle erfolgt sie durch einen (wertenden) Vergleich der verschiedenen Überlieferungen *einer*, z. B. der masoretischen, Textgestalt. Nur in manchen Fällen hat sich der Auswahlprozeß ohne eigentlichen Vergleich vollzogen; so sind die Vulgärrezensionen einfach das Ergebnis der Textüberlieferung in bestimmten Bevölkerungskreisen.

[17] Abweichende Lesarten innerhalb der Überlieferung *einer* Textform (z. B. unterschiedliche Lesarten innerhalb der masoretischen Überlieferung) werden als „Varianten", in der Überlieferung *verschiedener* Textformen (z. B. der masoretischen und der Septuaginta-Überlieferung) als „Versionen" bezeichnet. Der Terminus „abweichende/unterschiedliche Lesart" trifft beide Sachverhalte.

Babylonien (Zentren Sura, Nehardea und Pumbedita; 3./9. Jh.).

Durch ihre Tätigkeit erhielt der Text endgültig die Qualität eines Standardtextes. In der Randmasora, masora parva und magna (Mp; Mm/Mp; Mm, Mas, M), und der Schlußmasora am Ende eines Buches bzw. des Alten Testaments, masora finalis, legten sie ihre Bemerkungen zu dem Konsonantentext nieder, um ihn vor Veränderungen zu schützen. In zwei Traktaten, Sepher Tora und Sopherim, sind die Regeln überliefert, die für seine Herstellung gelten.

Auch die Vokalisation des Textes begann allmählich (6./7. Jh.), nachdem bis dahin die Aussprache nur mündlich überliefert bzw. durch matres lectionis angedeutet war. Es ergab sich in Palästina und in Babylonien trotz gegenseitiger Beeinflussung eine unterschiedliche Entwicklung. Sie führte erst im Laufe des 9./10. Jh. zu der allgemeinen Anerkennung des westlichen, d. h. tiberischen Punktationssystems, das unter den Masoretenfamilien ben Ascher und ben Naphtali alle anderen Systeme völlig verdrängte.

Damit war die Geschichte des „masoretischen" Textes noch nicht beendet. Die Textform der Familie ben Ascher wurde zwar durch die Autorität des Maimonides im 12. Jh. zuungunsten der geringfügig abweichenden Textform der Familie ben Naphtali anerkannt, aber im 14. Jh. bildete sich eine Art Mischtext, der textus receptus. Er liegt den Bibeldrucken bis zur 2. Auflage der Biblia Hebraica zugrunde. Die 3. Auflage (BHK) geht hinter ihn zurück, indem sie die im Leningrader Kodex B 19^{A} (L) vorliegende Abschrift der hebräischen Bibel aus dem Jahre 1008 benützt. Eine noch etwas ältere Handschrift, der ben-Ascher-Kodex (10. Jh.) aus der Synagoge in Aleppo, wurde dazu nicht zur Verfügung gestellt[18].

b) *Qumran-Handschriften*[19] (𝔔/-). Seit 1947 wurden in der Nähe von Qumran und an anderen Stellen der Wüste Juda Schriftrollen und Fragmente entdeckt, die aus dem 2. Jh. v. Chr. bis 1. Jh. n. Chr. stammen. Auch wenn ihre Publikation und damit ihre Auswertung noch

---

[18] Diese wertvolle Handschrift war nach antijüdischen Ausschreitungen im Jahre 1947 für einige Zeit verschollen. Später konnte sie zu etwa drei Viertel sichergestellt werden. Sie soll Grundlage einer kritischen Ausgabe der hebräischen Bibel werden, die die Hebräische Universität in Jerusalem vorbereitet.

[19] Die umfangreiche Literatur zu den Qumrantexten kann hier nicht aufgeführt werden. Übersichten bieten Chr. Burchard, Bibliographie zu den Handschriften vom Toten Meer, (I) 1957 (1959); II 1965, und die fortlaufende Bibliographie in Revue de Qumran. Vgl. auch die Angaben in den Einleitungswerken, z. B. (E. Sellin–)G. Fohrer a. a. O. (Anm. 14) § 78.

längere Zeit beanspruchen wird, so ist doch schon heute ihre große Bedeutung auch für die textkritische Arbeit erkennbar.

Eine Übersicht über die bisher veröffentlichten Texte[20] legt ihre Einteilung in vier Gruppen nahe: 1. alttestamentliche Bücher, 2. Kommentare zu ihnen, 3. deutero- und nichtkanonische Bücher und 4. spezielle Schriften der Qumrangemeinschaft. In unserem Zusammenhang sind die beiden ersten Gruppen von Belang.

Es finden sich hebräische Handschriften von allen alttestamentlichen Büchern (außer Esther), besonders häufig von Deuteronomium, Jesaja, Zwölfprophetenbuch und Psalter. Manche ähneln in ihrer Textform dem Samaritanus, andere stehen anscheinend der hebräischen Vorlage der Septuaginta näher als der Vorstufe des masoretischen Textes. Die Bibelrolle mit der größten Bedeutung ist eine vollständig erhaltene Jesajahandschrift, die in einem Vulgärtext – abgesehen von ca. 4500 orthographischen Abweichungen – etwa 1400 von 𝔐 unterschiedliche Lesarten aufweist. Auf der einen Seite bestätigt sie im wesentlichen 𝔐 und zeigt damit eine einzigartige Kontinuität der Textüberlieferung über 1000 Jahre hinweg auf. Auf der anderen Seite weicht ihr Text in mehreren Fällen von 𝔐 ab und stimmt mit Lesarten alter Übersetzungen überein, die damit den ursprünglichen Text bewahrt haben dürften. Sogar Konjekturen (Textänderungen aufgrund exegetischer Überlegungen) wurden durch die Qumran-Handschriften bestätigt.

So sind die Qumran-Funde von textgeschichtlich unschätzbarem Wert: Als die bisher ältesten uns erhaltenen Handschriften mit hebräischem alttestamentlichen Text[21] geben sie Einblick in die vormasoretische Geschichte des hebräischen Textes. Sie bezeugen indirekt die für das 2. Jh. v. Chr. angenommenen drei Hauptrezensionen. Ihre textkritische Bewertung ist im Einzelfall zu prüfen, ihre Sonderlesarten verdienen aber auf jeden Fall Beachtung.

---

[20] Zur Kennzeichnung der einzelnen Schriftrollen bzw. Fragmente: 𝔔 gibt die Gesamtheit des Handschriftenbefundes der Gegend von *chirbet qumrān* an. Die arabische Zahl vor dem Buchstaben bezeichnet die Höhle, in der das betreffende Stück gefunden wurde; dahinter wird mit einem Siglum der Inhalt der Handschrift angedeutet. Hochgestellte kleine Indexbuchstaben unterscheiden Handschriften derselben Höhle mit dem gleichen Inhalt. Beispiel: $2QEx^a$ = die in der „zweiten“ Höhle der Gegend von *chirbet qumrān* gefundene Handschrift des Buches Exodus, und zwar die erste der drei in dieser Höhle aufgetauchten Exodus-Handschriften.

[21] Papyrus Nash – mit Dekalog (teils nach Ex 20,2ff., teils nach Dtn 5,6ff.) und Sch^{e}ma (Dtn 6,4f.) – wird unterschiedlich datiert (2. Jh. v. Chr./2. Jh. n. Chr.) und kann unberücksichtigt bleiben.

c) *Samaritanischer Pentateuch* (⅏). Als sich die samaritanische Gemeinde im 4. Jh. v. Chr. von Jerusalem trennte, behielt sie die Tora, die fünf Bücher Moses, als heilige Schrift bei. Diese vormasoretische samaritanische Textform des hebräischen Pentateuchs weist etwa 6000 Abweichungen von 𝔐 auf, die zum größten Teil orthographischer oder stilistischer Art sind. Sieht man von dogmatisch bedingten Änderungen ab, so stimmen allerdings noch immer 1600 Abweichungen mit der Septuaginta gegenüber 𝔐 überein. ⅏ ist somit ein sehr zu beachtender Zeuge für eine von 𝔐 unabhängige Rezension des hebräischen Pentateuchs.

2. *Übersetzungen*

Übersetzung ist in der Regel bereits Auslegung, umweltabhängige Deutung[22]. Diese Erkenntnis weist auf die Vermittlungsfunktion des Übersetzers hin und verbietet eine naive unkritische Verwendung der Übersetzungen in der textkritischen Arbeit. Trotz dieses Vorbehalts besitzen sie für die Textkritik große Bedeutung, da sie häufig einen ursprünglicheren als den heute vorliegenden hebräischen Standardtext zu rekonstruieren helfen.

Die Handschriften der Übersetzungen sind häufig älter als die der Überlieferung in hebräischer Sprache. Sie haben ihre je eigene Geschichte, deren Kenntnis für die textkritische Arbeit wichtig und im Einzelfall zu prüfen ist.

a) *Semitische Übersetzungen des Alten Testaments.*

α) *Targum* (𝔗). In nachexilischer Zeit verlor das Hebräische seine Bedeutung als Umgangssprache und wurde durch das Aramäische, eine der offiziellen Staatssprachen des Perserreiches, ersetzt. Daraus ergab sich bald die Notwendigkeit, den hebräischen Bibeltext bei der Verlesung im Gottesdienst ins allgemein verständliche Aramäisch zu übertragen. Diese „Übersetzung" (*targum*) erfolgte zunächst jeweils im mündlichen Vortrag, doch wurden im Laufe der Zeit die inzwischen entstandenen mündlichen „Übersetzungstraditionen" schriftlich fixiert.

Diese Targume, verschiedenen Ursprungs und aus verschiedenen Perioden, sind also freie aramäische Übertragungen und Paraphrasen des hebräischen Textes mit vielen erklärenden Zusätzen. Zur Textkritik

---

22 Vgl. § 1,2.

können sie daher nur mit besonderer kritischer Aufmerksamkeit herangezogen werden.

β) *Peschitta* (𝔖). Diese „einfache" Übersetzung, vielleicht im Unterschied zur Hexapla[23] so genannt, ist die syrische Version des Alten Testaments. Ihre komplizierte Textgeschichte ist erst teilweise erforscht, so daß einstweilen nur eine vorläufige Bewertung ihres textkritischen Ranges möglich ist. Jedenfalls ist sie das Werk mehrerer (jüdischer oder/und christlicher) Übersetzer und wahrscheinlich im Laufe einer längeren Zeitspanne allmählich entstanden. Die einzelnen Bücher sind in verschiedener Weise von Targumen und der Septuaginta abhängig. Während es sich bei Hiob und dem Hohenlied um wörtliche, bei Jesaja, den Kleinen Propheten und Psalmen um freie Übersetzungen handelt, sind Pentateuch, Ezechiel und Sprüche eher Targume und die erst später hinzugefügte Chronik eine Paraphrase. Die in der Peschitta feststellbaren Übereinstimmungen mit der Septuaginta lassen auf deren Einwirkung schließen, vielleicht auf eine Revision anhand der Septuaginta durch die syrische Kirche. So ergibt sich für die textkritische Arbeit ein im Einzelfall zu prüfender, im allgemeinen aber wichtiger Textzeuge.

b) *Septuaginta und ihre Tochterübersetzungen.*

α) *Septuaginta* (𝔊). Ursprung und frühe Geschichte der Septuaginta sind umstritten. Sie ist jedenfalls durch das praktische Bedürfnis des griechischsprachigen Judentums entstanden, den hebräischen Text des Alten Testaments zu verstehen. Zunächst wurde von mehreren Übersetzern (der Tradition nach von „siebzig", *septuaginta*) um die Mitte des 3. Jh. v. Chr. in Alexandria die Tora ins Griechische übertragen; um 200 v. Chr. lag die Übersetzung der „Propheten" der hebräischen Sammlung und im 1. Jh. v. Chr. diejenige der meisten anderen Bücher vor. Als ganzes ist die Septuaginta somit eine Sammlung von Übersetzungen der einzelnen Bücher des Alten Testaments, die den Geist des hellenistischen Judentums der ägyptischen Diaspora widerspiegelt[24].

Für die Christen wurde die Septuaginta die maßgebende Textform des Alten Testaments. Dieser Entwicklung in der alten Kirche korrespondierte unter den Juden ihre zunehmende Ablehnung. Nachdem im Judentum die Autorität des hebräischen Textes anerkannt war, ver-

---

[23] Diese Ausgabe des Alten Testaments durch Origenes (230/240 n. Chr.) stellt in sechs Kolumnen folgende Texte nebeneinander: den hebräischen Text, den hebräischen Text in griechischer Umschrift, Aquila, Symmachus, Septuaginta und Theodotion.

[24] Vgl. (E. Sellin–)G. Fohrer a.a.O. (Anm. 14) 559.

lor die Septuaginta dort völlig ihre Geltung und wurde schließlich durch neue Übersetzungen (Aquila, Theodotion, Symmachus) ersetzt.

Für die textkritische Bewertung der Septuaginta ist zu beachten, daß sie mehrfach rezensiert wurde[25], auch schon in vorchristlicher Zeit. So ist ihr textkritischer Wert unterschiedlich[26]. Während viele Bücher recht wörtliche Übersetzungen sind, stellen andere, z.B. Daniel, freie Übertragungen dar. Auffallend sind die Kürzungen, die die Septuaginta im Vergleich zu 𝔐 aufweist. So ist etwa der Text des Hiobbuches nicht nur an vielen Stellen nach theologischen Gesichtspunkten geändert, sondern auch gegenüber 𝔐 wesentlich gekürzt. Der Text des Jeremiabuches ist in der Septuaginta gar um ein Achtel kürzer als in 𝔐. Zusätzlich weisen beide Textformen im Jeremiabuch eine unterschiedliche Anordnung der Textkomplexe auf[27].

Im allgemeinen verschlechtert sich der textkritische Wert der Septuaginta mit zunehmender Entfernung vom Pentateuch. Da die Septuaginta aber eine von 𝔐 und seinen Vorstufen unterschiedliche Textform repräsentiert, ist sie für die Textkritik die wichtigste Übersetzung.

β) *Vetus Latina* (𝔏). In Südgallien und Nordafrika sind für das 2. Jh. n.Chr., in Italien für das 3. Jh. n.Chr. lateinische Übersetzungen von Büchern des Alten Testaments belegt, die als von der Septuaginta abhängige Übersetzungen zu beurteilen sind. Da diese altlateinischen Übersetzungen nur unzureichend erhalten sind, zumeist nur in Zitaten von altkirchlichen Schriftstellern, ist es nicht sicher auszumachen, ob es sich bei den verschiedenen lateinischen Textformen um mehrere selbständige Übersetzungen oder um Rezensionen einer einzigen Übersetzung handelt. „Vetus Latina" ist auf jeden Fall mehr als Sammelname denn als Bezeichnung eines einzigen Textes zu verstehen. Ihre textkritische Bedeutung liegt darin, daß sie vielfach ein indirekter Zeuge für einen vorhexaplarischen griechischen Text ist.

γ) *Koptische Übersetzung* (𝔎). Das Koptische, die Sprache der christlichen Nationalägypter, bildete sich im 3. Jh. n. Chr. in mehreren

[25] Ausführlich sind diese Rezensionen in den Einführungen zu den Ausgaben der Göttinger Septuaginta von J. Ziegler, A. Rahlfs und R. Hanhart beschrieben. Origenes hat in der Hexapla eine dieser Rezensionen vorgenommen. Sein Maßstab für den Text des Alten Testaments war nicht die Septuaginta, sondern die schon normative hebräische Standardform. Er konnte jedoch die anderen Textformen der Septuaginta nicht verdrängen.

[26] Vgl. im einzelnen E. Würthwein a.a.O. (Anm. 14) 68ff.

[27] S. (E. Sellin-)G. Fohrer a.a.O. (Anm. 14) 438f. Diese Beobachtung – wie der Vergleich mit Jeremiafragmenten aus Qumran – läßt auf zwei unterschiedliche (hebräische) Vorstufen von 𝔐 und 𝔊 schließen.

Dialekten. Im 3./4. Jh. n. Chr. wurde die Septuaginta in diese koptischen Dialekte übersetzt: Es entstanden mehrere, sprachlich unterschiedene Übersetzungen, die für die Textkritik nur indirekt als Zeugen für die in Ägypten übliche Septuagintatextform von Belang sind.

δ) *Äthiopische Übersetzung* (𝔄̈). Als um die Mitte des 4. Jh. n. Chr. das Reich von Aksum (im nördlichen Teil des heutigen Abessinien) durch syrische Missionare für das Christentum gewonnen wurde, ergab sich die Notwendigkeit einer äthiopischen Übersetzung der Bibel, deren Vollendung aber längere Zeit beansprucht haben dürfte. Ihr liegt eine Rezension der Septuaginta (um 300 n. Chr.) zugrunde. Da die Handschriften – die älteste stammt zudem erst aus dem 13. Jh. – mehrfache Überarbeitung erkennen lassen, ist der textkritische Wert gering zu veranschlagen.

ε) Als weitere, allerdings in textkritischer Hinsicht unbedeutende Übersetzungen sind die *armenische* (Arm; 5. Jh. n. Chr.), die wenigstens teilweise jüngere *georgische*, die *gotische* (um 350 n. Chr.), eine *slawische* (9. Jh. n. Chr.) und mehrere *arabische* (𝔄 ; seit 7. Jh. n. Chr.) zu nennen.

c) *Von der Septuaginta unabhängige Übersetzungen.* Als das Judentum die Septuaginta abgelehnt hatte, entstanden mehrere Übersetzungen des Alten Testaments ins Griechische, von denen die wichtigsten die des Aquila, Theodotion und Symmachus sind. Allerdings sind diese nur fragmentarisch erhalten, fast ausschließlich im Zusammenhang mit der textkritischen Arbeit des Origenes.

α) *Aquila* (α'/A). Die Übersetzung des Aquila (etwa um 130 n. Chr.) versucht jede Einzelheit des inzwischen einheitlich festgelegten hebräischen Konsonantentextes wiederzugeben und ist damit eigentlich nur eine mechanische Umsetzung des hebräischen Textes in griechische Wörter.

β) *Theodotion* (ϑ' /Θ). Theodotion (Ende des 2. Jh. n. Chr.) bemühte sich in seinem Werk, vielleicht einer Korrektur der Septuaginta unter enger Anlehnung an den hebräischen Text, um gutes Griechisch und fand damit auch in christlichen Kreisen Anklang.

γ) *Symmachus* (σ'/Σ). In der Übersetzung des Symmachus (Anfang des 3. Jh. n. Chr.) sind beide Tendenzen – wörtliche Wiedergabe des hebräischen Textes und gutes Griechisch – miteinander verbunden.

d) *Vulgata* (𝔙). Nachdem Hieronymus im Auftrag des Papstes Damasus I. vom Jahre 382 n. Chr. an die Vetus Latina revidiert hatte, wovon nur mehr der Psalmentext, das sog. Psalterium Gallicanum, und das Buch Hiob erhalten sind, begann er nach seiner Über-

Übersicht über die Geschichte des alttestamentlichen Textes

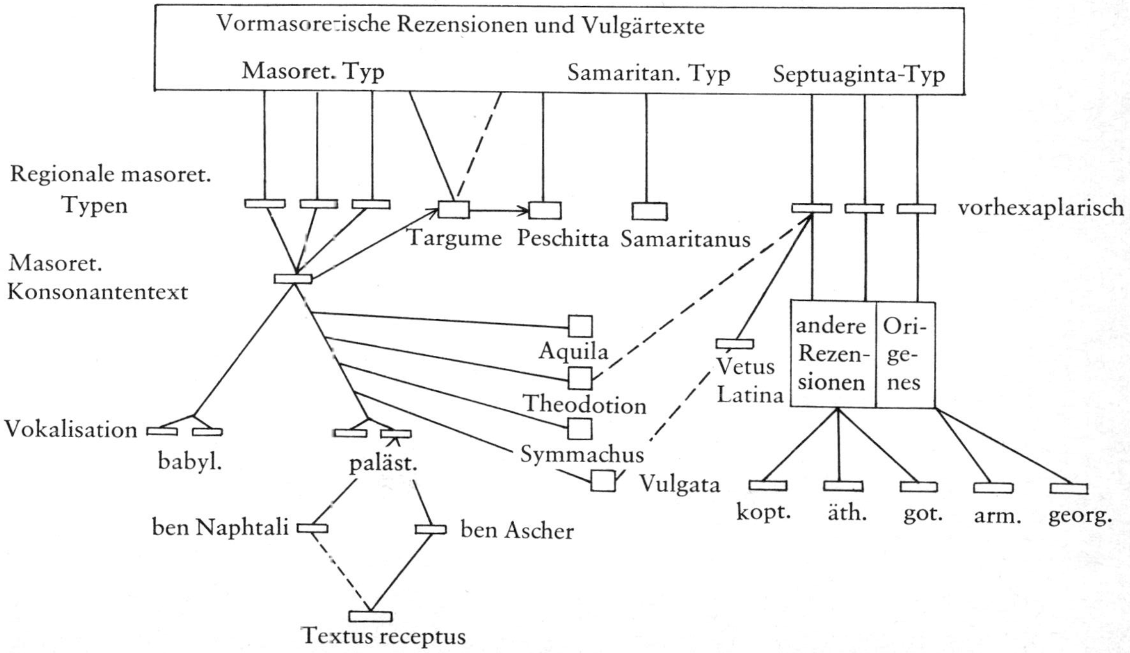

siedlung nach Betlehem (386) mit der Übersetzung des Alten Testaments aus dem Hebräischen ins Lateinische. Er benützte für sie außer der Vetus Latina auch die griechischen Übersetzungen der Septuaginta, des Aquila, Symmachus und Theodotion und holte den Rat von Rabbinen ein. Erst seit dem 7. Jh. setzte sich diese Übersetzung in der Kirche durch. Ihr Name „Vulgata", d.h. die allgemein Verbreitete, ist Ausdruck für diese allgemeine Anerkennung. Im 16. Jh. erklärte schließlich das Tridentinum sie zur maßgebenden Autorität für die katholische Kirche.

Die sehr komplexe Textgeschichte der Übersetzung des Hieronymus läßt keinen direkten Schluß auf eine hebräische Vorlage zu, so daß sie in der textkritischen Arbeit nur mit Vorbehalt und größter Sorgfalt verwendet werden kann.

II. Textkritik als Methode

Wie der textgeschichtliche Überblick gezeigt hat, ist die heutige Textgestalt des Alten Testaments – sowohl in der Ursprache als auch in den verschiedenen Übersetzungen – das Ergebnis eines mehr oder weniger langen Überlieferungsprozesses, an dem viele Hände mitgewirkt haben. Die alttestamentlichen Schriften enthalten darum – wie alle handschriftlich überlieferten Texte – mannigfache Lese-, Schreib- und Hörfehler, aber auch andere beabsichtigte und unbeabsichtigte Veränderungen des jeweils vorliegenden Textes.

Aufgabe der Textkritik ist es, möglichst alle diese Änderungen festzustellen und den ältesten erreichbaren Text zu rekonstruieren. Eine Wiederherstellung des erstmals konzipierten Wortlauts liegt jenseits einer so verstandenen Textkritik, sie kann allenfalls ein Ergebnis der Exegese als ganzer sein. Auch wenn textkritische Entscheidungen im Einzelfall nur mit Hilfe der anderen exegetischen Methoden, besonders der Literarkritik und der sprachlichen Analyse, getroffen werden können, ist an der grundsätzlichen Trennung der einzelnen methodischen Ebenen festzuhalten, wenn Exegese nicht zu subjektiver Willkür entarten soll.

1. Ursachen der Textverderbnis

Wenn die Textkritik an einer Stelle eine sekundäre Veränderung eines Textes wahrscheinlich machen will, muß sie erklären können, wie dieser Fehler entstanden sein kann. Nur in Ausnahmefällen darf sie die Möglichkeit singulärer Sonderfälle, die in ihrer Entstehung nicht mehr durchschaubar sind (z.B. Schreibmaterial als Fehlerquelle), in ihre Überlegungen einbeziehen.

In der Regel darf der Textkritiker mit folgenden Arten von Fehlern rechnen[28]:

Lese-, Schreib- und Hörfehler

- Verwechslung ähnlicher Buchstaben (sowohl in der nachexilischen Quadratschrift als auch in der althebräischen Schrift);
- Umstellung von Buchstaben;
- Einfachschreibung (Haplographie: hpgr/haplogr) von gleichen oder ähnlichen Buchstaben oder Wörtern, die unmittelbar aufeinanderfolgen;
- Doppelschreibung (Dittographie: dttg/dittogr) von Buchstaben oder Wörtern;
- Auslassung mehrerer Wörter durch das Abirren des Abschreibers vom Ende eines Wortes auf dasjenige eines anderen gleichen oder ähnlichen (Homoioteleuton: homtel/homoeotel);
- Auslassung bei gleichem Wortanfang (Homoioarkton: homark/-);
- fehlerhafte Wortverbindung und -trennung;
- Mißverständnis von Vokalbuchstaben als Konsonanten;
- falsche Vokalisation durch die Masoreten;
- Mißverständnis von Abkürzungen.

Absichtliche oder unbeabsichtigte Änderungen nach Vorstellungen und Verständnis der Schreiber und Rezensenten

- Ersetzung oder Ergänzung seltener oder in einem ungewöhnlichen Sinn gebrauchter Wörter;
- Änderungen aufgrund von Parallelstellen;
- syntaktische und grammatische Angleichungen;
- Auslassung und Hinzufügung von Buchstaben, Partikeln, kleinen häufigen Wörtern;
- Beseitigung anstößiger Ausdrücke;
- Einfügung von wiederholenden, erklärenden, ergänzenden, ändernden Glossen (gl/gl[oss]).

---

[28] Die folgende Aufstellung von Fehlern kann natürlich nicht alle Ursachen der Textverderbnis erfassen, sondern nennt nur die häufigsten und mag daher als Anregung dienen. Beispiele für die Fehlerquellen finden sich in reicher Fülle in dem noch immer wertvollen Buch von F. Delitzsch, Die Lese- und Schreibfehler im Alten Testament, 1920; s. auch E. Würthwein a.a.O. (Anm. 14) 104ff.

2. *Verfahren der Textkritik*[29]

Alttestamentliche Textkritik orientiert sich an Grundsätzen, die sich aus der textkritischen Arbeit im allgemeinen und der alttestamentlichen Textgeschichte im besonderen ergeben. So lassen sich drei aufeinanderfolgende Schritte mit je verschiedener Aufgabenstellung unterscheiden.

a) *Feststellung des überlieferten Textes.* Es sind zunächst die verschiedenen Textzeugen zu befragen, und zwar sinnvollerweise ihrer Bedeutung nach in folgender Reihenfolge[30]: 𝔐 ,ш, 𝔔 , 𝔊 , α', σ', ϑ', 𝔖, 𝔗, 𝔅, 𝔏 , 𝔎, 𝔄̈, 𝔄, Arm. Dabei sind die Angaben im Apparat der BH[31] nur als Hinweise aufzufassen und daher, wenn möglich, durch Einsicht in die jeweiligen Spezialausgaben, d.h. in das gesamte handschriftliche Material, zu ergänzen.

Sodann ist der Befund der einzelnen Handschriften bereits vorläufig zu sichten, indem man Lesarten ausscheidet, die sich als Fehler oder – bei Übersetzungen – als nachträgliche Angleichungen an 𝔐 erklären lassen.

b) *Prüfung des überlieferten Textes.* Nachdem der überlieferte Text festgestellt ist, hat seine kritische Prüfung einzusetzen. Ausgangspunkt hierfür ist 𝔐 als die kanonisch gewordene Textgestalt. Dieser zunächst nur theologiegeschichtlich begründete Grundsatz wird sich im Verlauf der textkritischen Arbeit bewähren, da 𝔐 sich trotz vieler Fehler bisher als zuverlässigster Textzeuge erwies[32]. Alle hebräisch überlieferten Texte, also auch der Samaritanus und vor allem die Qumrantexte, sind von besonderer Bedeutung (Überlieferung in der „Ursprache").

Im Vollzug der kritischen Sichtung sind die festgestellten Lesarten nach eventuellen Abhängigkeiten der Textzeugen zu prüfen und nach dem größeren Gewicht der Bezeugung zu wägen. Nicht die Quantität, sondern die Qualität entscheidet („manuscripta ponderantur, non numerantur"). Dabei sind die verschiedenen Lesarten kritisch auf ihre Erklärbarkeit zu prüfen und ist die Eigenart der Texte, insbesondere

---

[29] Dieser Abschnitt folgt E. Würthwein a.a.O. (Anm. 14) 109ff. in der Darstellung der textkritischen Methode. Vgl. auch J. Begrich, Zur Frage der alttestamentlichen Textkritik, OLZ 42 (1939), 473–483.

[30] Vgl. zur Begründung dieser Rangordnung die Textgeschichte und die sich daraus ergebende textkritische Bewertung der einzelnen Textzeugen (§ 4,I).

[31] Es finden sich in der als Studienausgabe gedachten BH manche Ungenauigkeiten und Fehler.

[32] Daß der von 𝔐 gebotenen Vokalisation und Akzentsetzung nicht die gleiche Bedeutung zukommt wie dem Konsonantentext, ergibt sich aus der Textgeschichte (§ 4,I,1a).

der Übersetzungen, zu berücksichtigen. In manchen Fällen mag es zur endgültigen Beurteilung von Lesarten notwendig werden, den jeweiligen Textzusammenhang zu beachten und Erwägungen aus dem Bereich der Literarkritik und der sprachlichen Analyse anzustellen (Metrum, Stil, grammatische und lexikalische Möglichkeiten usw.). Ebenso mögen im Einzelfall die Beziehungen des Textstücks zur Zeit- und Religionsgeschichte oder zur Archäologie für eine richtige Entscheidung wichtig werden.

c) *Entscheidung.* In diesem dritten Schritt ist die Entscheidung zu treffen, welcher Text als der ältest erreichbare zu gelten hat. Bei einem Vergleich der Zeugengruppen sind in der Hauptsache folgende Konstellationen möglich:

α) Alle Textzeugen bieten den gleichen, sinnvollen und unanstößigen Text. Hier liegt der Sachverhalt klar.

β) Wenn dem masoretischen Text nach kritischer Sichtung abweichende Lesarten gegenüberstehen, sind folgende Möglichkeiten denkbar:

1. Der masoretische Text erweist sich mit Sicherheit oder Wahrscheinlichkeit als älter, die Abweichungen als erklärbar und damit sekundär. Hier ist 𝔐 zu folgen.
2. Der masoretische Text wie die abweichenden Lesarten ergeben einen verschiedenen, aber gleicherweise möglichen Sinn, ohne daß sich in einem Fall sekundärer Ursprung wahrscheinlich machen läßt. Hier wird man in der Regel 𝔐 als dem durch die Tradition vorgegebenen Normtext den Vorzug geben. Doch sind folgende methodischen Grundsätze bei der Entscheidung zu berücksichtigen: Die schwierigere/kürzere Lesart hat in der Regel den Vorzug vor der glatteren/längeren. Von zwei unterschiedlichen Lesarten ist diejenige zu wählen, die die Entstehung der anderen am ehesten zu erklären vermag.
3. Der masoretische Text erscheint bedenklich oder unmöglich, die abweichenden Lesarten befriedigen, ohne anscheinend eine Konjektur zu sein: 𝔐 ist nach ihnen zu korrigieren.

3. *Konjektur* (-/conj)

Ergeben weder der masoretische Text noch die anderen Textzeugen einen Sinn, ist die Textverderbnis also in sehr früher Zeit erfolgt, so ist eine dem Sinnzusammenhang entsprechende freie Änderung (Konjektur) erlaubt. Freilich ist in einem solchen Fall größte Vorsicht geboten, damit die Konjektur nicht ein Ausdruck der subjektiven Meinung des Exegeten, sondern die dem Textzusammenhang entsprechendste Lösung ist. Aus diesem Grunde sollte auch jeweils begründet werden, wie der verderbte Text entstanden sein könnte.

§ 5 Literarkritik

I. Fragestellung und Aufgabe

1. Beginn und Ende einer Texteinheit

Die textkritische Untersuchung wurde an einem Text durchgeführt, dessen Umfang von traditionellen Einteilungen des Alten Testaments übernommen wurde. Dabei konnte auf die Kapitel- oder Parascheneinteilung[33] der BH oder auf die in Übersetzungen, Kommentaren und Predigtperikopenreihen vorgeschlagenen Abgrenzungen zurückgegriffen werden. Eine Überprüfung zeigt jedoch, daß diese Abgrenzungen manchmal nicht sachgemäß sind. Nicht immer wurde durch sie Zusammengehöriges miteinander verbunden und nicht Zusammengehöriges voneinander getrennt. Ein Beispiel liegt gleich im ersten Kapitel des Alten Testaments vor. Der in Gen 1,1 beginnende Schöpfungsbericht reicht bis Gen 2,4a. In diesem Fall ist also die Grenze zwischen Kap. 1 und Kap. 2 nicht sachgemäß gezogen. Dagegen müßten die beiden Hälften des Verses Gen 2,4 durch eine stärkere Zäsur voneinander abgesetzt werden. Eine erste Aufgabe der Literarkritik ist es, Beginn und Ende eines Textes zu bestimmen.

2. Einheitlichkeit und Uneinheitlichkeit einer Texteinheit

Dazu kommt als weitere Aufgabe die Feststellung von „Einheitlichkeit" oder „Uneinheitlichkeit" eines Textes. Was hiermit gemeint ist, soll im folgenden erklärt werden.

---

[33] In Paraschen (von hebräisch *parašā* „Abschnitt") wurde das Alte Testament im Judentum eingeteilt. Man unterschied dabei zwischen offenen und geschlossenen Paraschen. Die offenen Paraschen sind größere Textabschnitte, an deren Ende eine begonnene Zeile „offen" gelassen wurde, die folgende Parasche also erst auf der nächsten Zeile begonnen wurde. In BH wird das Ende einer offenen Parasche durch das Siglum פ gekennzeichnet. Die geschlossenen Paraschen sind kleinere Textabschnitte, deren Ende durch einen größeren Zwischenraum markiert wurde. BH kennzeichnet das Ende einer geschlossenen Parasche durch das Siglum ס. Vgl. E. Würthwein a.a.O. (Anm. 14) 22f.

Bei einem Gedicht, einem Roman, einer Erzählung oder einer wissenschaftlichen Abhandlung in unserem heutigen Sinn wird man erwarten können, daß es sich um ein geschlossenes Ganzes handelt, das einen bestimmten Aufbau erkennen läßt und im Gedankengang durchschaubar ist. Spannungen und störende Wiederholungen können höchstens daher kommen, daß der Autor seiner Aufgabe nicht gewachsen war. Ganz anders wäre dies in folgendem Fall, den man sich als extremes Gegenbeispiel vorstellen könnte: Der Aufsatz eines Schülers und die korrigierenden Bemerkungen des Lehrers wären in einem fortlaufenden Text gedruckt, ohne daß kenntlich gemacht wäre, was von welcher Hand stammt. Niemand könnte aus dem so entstandenen Gemisch einen klaren Aufbau und einen konsequenten Gedankengang entnehmen. Dieses Beispiel ist zwar etwas karikierend, aber eben eine solche Verbindung von ursprünglich nicht Zusammengehörigem findet sich häufig im Alten Testament. Man lese unvoreingenommen folgenden Abschnitt aus einem alttestamentlichen Text (Gen 27,18–27a):

(18) Dann ging er (Jakob) hinein zu seinem Vater und sprach: „Mein Vater!", und der sprach: „Hier bin ich. Wer bist du, mein Sohn?" (19) Da antwortete Jakob seinem Vater: „Ich bin Esau, dein Erstgeborener. Ich habe getan, wie du mir aufgetragen hast. Richte dich nun auf, setze dich und iß von meinem Wildbret, damit deine Seele mich dann segne." (20) Aber Isaak sprach zu seinem Sohn: „Wie hast du es denn so schnell gefunden, mein Sohn?" Da antwortete er: „Ja, Jahwe, dein Gott, hat mich's treffen lassen." (21) Und Isaak sprach zu Jakob: „Tritt doch näher, damit ich dich betaste, mein Sohn, ob du wirklich mein Sohn Esau bist oder nicht." (22) Da ging Jakob nahe zu Isaak, seinem Vater, und der betastete ihn und sprach: „Die Stimme ist Jakobs Stimme, aber die Hände sind Esaus Hände." (23) Und er erkannte ihn nicht, weil seine Hände so behaart waren wie die Esaus, seines Bruders. Und er segnete ihn.

(24) Dann sprach er: „Bist du wirklich mein Sohn Esau?" Und er (Jakob) antwortete: „Ja!" (25) Er (Isaak) aber sprach: „Bring es (das Wildbret, das du gejagt hast) mir doch her; ich will vom Wildbret meines Sohnes essen, damit dich dann meine Seele segne." Da gab er (Jakob) ihm (dem Isaak), und der aß; und er brachte ihm Wein, und er (Isaak) trank. (26) Dann sprach Isaak, sein Vater, zu ihm: „Tritt doch näher und küsse mich, mein Sohn!" Als er (Isaak) nun den Geruch seiner Kleider roch, segnete er ihn und sprach …

Beim aufmerksamen Lesen wird man in diesem Text mehrere Spannungen und Wiederholungen bemerken: Der im Alter fast erblindete

Isaak hat den Verdacht, daß der vor ihm Stehende gar nicht sein Sohn Esau sei. Er äußert diesen Verdacht auch. Nachdem er aber durch das Betasten der Haut zu der Überzeugung gekommen ist, er habe doch Esau vor sich, segnet er ihn (v. 23). Ab v. 24 wiederholt sich dann dasselbe nochmals. Wieder stellt Isaak eine mißtrauische Frage, überzeugt sich dann – diesmal dadurch, daß er sich von seinem Sohn küssen läßt und dabei den in den Kleidern hängenden Geruch einatmet – und segnet schließlich. So entsteht der Eindruck, daß hier zwei Erzählungen miteinander verbunden wurden, die zwar inhaltlich gewisse Gemeinsamkeiten aufweisen, aber doch ursprünglich nicht so miteinander verknüpft waren, wie dies im jetzigen Text der Fall ist. Dies zeigt sich eben in den Spannungen und störenden Wiederholungen, die der Text aufweist, wie er uns jetzt vorliegt.

Finden sich in einem Text keine unvereinbaren Spannungen und störenden Wiederholungen, so ist er als „einheitlich" zu bezeichnen, andernfalls als „uneinheitlich". Im letzteren Fall ist der Text in seine verschiedenen Schichten zu zerlegen.

Die Literarkritik hat also eine doppelte Aufgabe. Sie soll erstens Beginn und Ende eines Textes bestimmen und zweitens den Text auf Einheitlichkeit oder Uneinheitlichkeit hin untersuchen. Beide Fragestellungen (Beginn/Ende; Einheitlichkeit/Uneinheitlichkeit) haben als gemeinsames Ziel die *Bestimmung des Umfanges eines Textes.*

3. Abgrenzung gegenüber anderen Auffassungen

Die Aufgabenbestimmung der Literarkritik, wie sie soeben vollzogen wurde[34], basiert auf einem Verständnis der Literarkritik, das vom herkömmlichen wesentlich abweicht. Insbesondere werden zwei Fragen, die bisher im Rahmen der Literarkritik besprochen wurden, hier noch nicht in der Literarkritik behandelt: die Fragen der Echtheit und der Quellenzugehörigkeit.

Herkömmlicherweise bezeichnet man einen Text oder Textteil als „echt", wenn er von dem Verfasser des Buches stammt, in dem er sich jetzt befindet. Andernfalls nennt man ihn „unecht". So werden z. B. die Verheißungen am Schluß des Amosbuches weithin für unecht gehalten, weil sie vermutlich nicht von Amos selbst verfaßt sind. Die

[34] Vgl. W. RICHTER, Exegese als Literaturwissenschaft. Entwurf einer alttestamentlichen Literaturtheorie und Methodologie, 1971, 49–72; E. ZENGER, Ein Beispiel exegetischer Methoden aus dem Alten Testament, in: Einführung in die Methoden der biblischen Exegese, hg. von J. SCHREINER, 1971, 105–117.

damit angesprochene Frage läßt sich jedenfalls auf der literarkritischen Ebene noch nicht beantworten, weil auf ihr nur am einzelnen Text gearbeitet wird, die Verfasserfrage hingegen den Vergleich mit anderen Texteinheiten erfordert. Sie hat ihren Ort in der Behandlung der Zeit- und Verfasserfrage (§ 9,C).

Dasselbe gilt für die Frage der Quellenzugehörigkeit. Sie ist vor allem bei der Analyse von Texten aus dem Pentateuch/Hexateuch wichtig. Diese Bücher werden von den meisten Forschern als eine Zusammenarbeitung von mehreren Quellen betrachtet, die zu verschiedenen Zeiten entstanden sind. Damit ist natürlich die Frage gegeben, ob ein Text zu einer der angenommenen Quellen gehört und – wenn ja – zu welcher. Die sogenannte „Quellenscheidung" wird weithin als die eigentliche Aufgabe der Literarkritik betrachtet. Doch ist auch über die mögliche Quellenzugehörigkeit erst aufgrund eines Vergleichs mit anderen Texten eine Entscheidung möglich. Diese Frage wird in § 9,B besprochen.

II. Methodik

1. Bestimmung von Beginn und Ende einer Texteinheit

Um den Beginn einer Einheit zu erkennen, ist darauf zu achten, an welcher Stelle des Textes ein Gedankengang, ein Thema oder eine Handlung einsetzen. Solche Anfänge sind manchmal formelhaft (vgl. z.B. Gen 15,1 und Gen 22,1). Handlungen beginnen oft mit einer Zeitangabe; Personen werden eingeführt; eine Situation wird umrißhaft angedeutet. All dies weckt im Hörer Erwartungen und verlangt so nach Fortsetzung[35]: „Es war einmal ein König" – liest man einen solchen Satz, so erwartet man, „daß man etwas über einen König, sein Reich, seine Zeit und über etwas, was sich dort ereignete, erfahren wird"[36]. Als alttestamentliches Beispiel sei Gen 22,1a genannt: „Nach diesen Begebenheiten versuchte Gott den Abraham." Ein zeitlicher Neueinsatz wird markiert („nach diesen Begebenheiten"), und ein Geschehen wird – unter Verzicht auf jede Einzelheit – mit einem Satz umschrieben („Gott versuchte den Abraham"). Dieser Satz verlangt Weiterführung. Der Leser möchte wissen, wie sich das im Eingangssatz geheimnisvoll Angedeutete eigentlich zugetragen hat.

Was man von einem Textanfang erwartet, läßt sich gleichsam am

[35] Vgl. W. Dressler, Einführung in die Textlinguistik, 1972, 57f.
[36] W. Dressler a.a.O. 58.

Negativ zeigen, wenn man den in Gen 22,1b folgenden Satz ansieht: „Und er sprach zu ihm: Abraham!". Niemand wird diesen Satz für den Anfang einer Texteinheit halten. Er setzt erstens voraus, daß schon vorher die Person eingeführt wurde, die hier spricht. Zweitens muß der Angeredete schon vorher genannt worden sein, denn auf ihn wird mit einem Pronomen zurückverwiesen[37].

In Gen 22,1a wird der Inhalt der gesamten folgenden Geschichte mit einem Satz umschrieben („Gott versuchte den Abraham"). Dies ist *eine* unter vielen Möglichkeiten des Beginns einer Texteinheit. Immer aber muß der Anfang einer Texteinheit dadurch ausgezeichnet sein, daß er – ohne Vorangegangenes zum Verständnis vorauszusetzen – das Tor in eine neue Situation aufstößt und im Leser oder Hörer die Erwartung auf Fortsetzung hervorruft.

Das Ende einer Texteinheit ist dann erreicht, wenn das in der Einleitung eröffnete Geschehen oder der begonnene Gedankengang zu einem Ende gekommen sind und wenn im folgenden eine neue Einleitung folgt. Zwischen Beginn und Ende einer Texteinheit spannt sich ein Netz von syntaktischen und semantischen Bezügen: Auf genannte Personen wird durch Pronomina Bezug genommen („Gott versuchte den Abraham. Und *er* sprach ..."); Orts- und Zeitangaben werden durch Pro-Adverbien wiederaufgenommen (Gen 22,2: „Geh zum Land Morija und opfere ihn *dort* ..."); durch Pro-Verben wird auf erwähnte Geschehnisse zurückverwiesen („Er tat, wie Gott ihm *befohlen* hatte." Das Wort „befohlen" verweist auf einen konkreten, im Vorangehenden genannten Befehl.)[38].

Beim Alten Testament ist noch besonders zu berücksichtigen, daß eine Einheit möglicherweise durch Sätze zerrissen ist, die nicht zu ihr gehören. Hier kann man die Zusammengehörigkeit erst dann feststellen, wenn man einen größeren Textkomplex literarkritisch analysiert hat.

2. *Untersuchung der Einheitlichkeit und Uneinheitlichkeit einer Texteinheit*

Eine Texteinheit ist dann als „einheitlich" zu bezeichnen, wenn sich in ihr keine unvereinbaren Spannungen und/oder störende Wiederholungen feststellen lassen. Finden sich solche, so ist die Texteinheit „uneinheitlich".

[37] Zur Bedeutung der Pro-Formen (Pro-Nomen, Pro-Verb, Pro-Adverb) für den Zusammenhang von Sätzen vgl. W. Dressler a.a.O. 25–27.

[38] Vgl. dazu W. Dressler a.a.O.

Die Ausdrücke „unvereinbare Spannungen“ und „störende Wiederholungen“ bedürfen der Präzisierung. Sie soll im folgenden anhand von Beispielen und Gegenbeispielen vollzogen werden.

a) *Beispiel für einen einheitlichen Text:* Gen 12,10–20 erzählt davon, daß Abraham befürchtete, die Schönheit seiner Frau Sara könne ihm in Ägypten zum Verhängnis werden, weshalb er es für geraten hielt, sie dort als seine Schwester auszugeben. Die Erzählung spricht von der Ausführung dieses Planes, von den daraus entstehenden Verwicklungen und Komplikationen und schließlich von deren Lösung. In der ganzen Geschichte finden sich keine störenden Wiederholungen und unvereinbaren Spannungen. Sie ist eine in sich geschlossene Größe, die auch für sich existieren könnte. Einen Text, in dem sich weder unvereinbare Spannungen noch störende Wiederholungen finden und der inhaltlich abgerundet ist, nennen wir *einfache Einheit.* Ein Beispiel dafür ist also Gen 12,10–20.

b) *Beispiel für einen uneinheitlichen Text:* Auch die Sintflutgeschichte (Gen 6,5–8,22) erscheint zunächst als in sich geschlossen. Sie erzählt von Gottes Entschluß, eine Flut zur Vernichtung des Lebens über die Erde kommen zu lassen und nur einige Menschen und einige Exemplare von jeder Tierart am Leben zu erhalten. Sie erzählt weiter vom Auftrag an Noah, eine Arche zu bauen, und von der Ausführung dieses Auftrages, vom Hereinbrechen der Flut und von deren Ende, vom Auszug Noahs aus der Arche und schließlich von einem Versprechen Gottes, die Menschheit nicht mehr zu vernichten.

Die Sintflutgeschichte erscheint also zunächst als eine in sich geschlossene, abgerundete Einheit. Doch schon bei etwas genauerem Lesen wird dieser Eindruck fraglich. Es zeigt sich nämlich eine große Anzahl störender Wiederholungen und unvereinbarer Spannungen. Zwei Beispiele sollen dies verdeutlichen:

Erstes Beispiel

Und von allem Lebendigem, von allem Fleisch: zwei von jedem sollst du in die Arche bringen, um sie mit dir am Leben zu erhalten. Männlich und weiblich sollen sie sein. Von jeder Vogelart und jeder Art Vieh und von allen Kriechtieren der Erde; zwei von jeder (Art) sollen zu dir hineinkommen, damit du sie am Leben erhältst. (Gen 6,19f.)

Von allem reinen Vieh sollst du dir je sieben nehmen, männlich und weiblich, und von allem nicht reinen Vieh (je) zwei, männlich und weiblich. Auch von den Vögeln des Himmels je sieben, männlich und weiblich, um Nachkommenschaft auf dem ganzen Erdboden am Leben zu erhalten. (Gen 7,2f.)

Zweites Beispiel

Und Noah tat es. Alles, wie Gott es ihm befohlen hatte: so tat er. (Gen 6,22)

Und Noah tat alles, wie Jahwe es ihm befohlen hatte. (Gen 7,5)

Noah erhält also zweimal den Auftrag, Tiere zu sich in die Arche zu nehmen, um Leben auf Erden zu erhalten. Aber die beiden Befehle sind inhaltlich verschieden. Ebenso wird zweimal – mit fast denselben Worten – erzählt, daß Noah den Auftrag ausgeführt hat. Diese Wiederholung stört den Handlungsablauf ebenso wie der inhaltliche Widerspruch. Von derartigen störenden Wiederholungen und unvereinbaren Spannungen ließe sich noch eine ganze Anzahl innerhalb der Sintflutgeschichte nennen.

Doch schon die hier genannten Beispiele lassen den Schluß zu: Einheitlich ist die Sintflutgeschichte nicht. Wie die Uneinheitlichkeit zustande kam, welcher Art die hier zusammengefügten, ursprünglich jedoch nicht zusammengehörenden Teile also sind, könnte erst dadurch entschieden werden, daß die Spannungen und störenden Wiederholungen der ganzen Sintflutgeschichte ermittelt werden. Dies hat H. GUNKEL in seinem Genesis-Kommentar[39] getan. Er kommt zu dem Ergebnis, daß in Gen 6,5–8,22 zwei ursprünglich selbständige Sintflutgeschichten miteinander verbunden sind. Allerdings ist die eine der beiden Flutgeschichten nicht vollständig erhalten. Bei der Zusammenfügung wurde offenbar einiges von ihr weggelassen. Eine solche Verbindung heißt *zusammengesetzte Einheit.*

c) *Weitere Beispiele für das Kriterium „störende Wiederholung“*, die zugleich die Problematik dieses Kriteriums veranschaulichen sollen:

α) In Am 4,6–12 findet sich fünfmal derselbe Satz: „Aber ihr seid nicht umgekehrt bis zu mir – Ausspruch Jahwes“ (Am 4,6.8.9.10.11). Aber dieser sich wiederholende Satz stört nicht. Er schließt jeweils die Nennung einer Plage ab, die Jahwe über Israel verhängte, um es zur Umkehr zu veranlassen. Jedesmal muß in monotoner Gleichartigkeit festgestellt werden: „Aber ihr seid nicht umgekehrt bis zu mir.“

Es erhebt sich natürlich die Frage, wann eine Wiederholung störend ist und wann nicht; dies darf ja nicht dem subjektiven Empfinden des einzelnen überlassen werden. Eine Wiederholung ist nicht störend, wenn sie als Stilmittel verwendet ist: Solche stilistisch beabsichtigten Wiederholungen treten oft mehrmals innerhalb eines Abschnitts auf (vgl. Am 4,6–12; Gen 1); sie stehen „immer an der gleichen Stelle,

---

[39] H. GUNKEL, Genesis, 1966[7].

meist an der Tonstelle eines Abschnittes oder Unterabschnittes“[40]; und sie stehen häufig in einem Kontext, der noch mehrere Wiederholungen enthält.

Trotzdem läßt sich bei Wiederholungen oft nicht eindeutig feststellen, ob sie störend sind oder nicht. Dafür soll nun ein Beispiel gegeben werden:

β) Gen 12,2f.: (2) Ich will dich zu einem großen Volk machen und will dich segnen und will deinen Namen groß machen, so daß du ein Segen bist. (3) Segnen will ich, die dich segnen; wer dich aber verflucht, den will ich verfluchen. Und mit dir sollen sich segnen alle Geschlechter des Erdbodens.

Während manche Ausleger in v. 3 (besonders v. 3b) eine störende Wiederholung von v. 2 (besonders v. 2b) sehen, betrachten andere v. 1–4a als Texteinheit. H. Gunkel schließlich stellt fest: „2b//3b; aber solche Wiederholung des Gedankens ist in einem so feierlichen Text verständlich.“[41] An diesem Beispiel wird deutlich, daß die Anwendung der literarkritischen Kriterien nicht immer zu einem eindeutigen Ergebnis führt. Möglicherweise liefern die folgenden methodischen Schritte neue Gesichtspunkte, die eine Entscheidung zulassen. Ist dies nicht der Fall, so kann der Ausleger nur seinem subjektiven Eindruck folgen. Er sollte sich freilich dabei bewußt sein, daß ein solches Urteil einen geringen Sicherheitsgrad besitzt.

γ) Die Frage nach der Einheitlichkeit stellt sich nicht nur bei einzelnen Texteinheiten, sondern auch bei umfänglicheren Textkomplexen, die uns von der Tradition als zusammengehörig überliefert sind. Darauf soll hier nur kurz mit einem Beispiel hingewiesen werden. Denn die Entscheidung einer solchen Frage ist nicht Aufgabe der Literarkritik, die es nur mit der einzelnen Texteinheit zu tun hat, sondern der Kompositions- und Redaktionskritik (§ 9,B).

Gen 12,10–20 im Vergleich mit Gen 20: Die Erforschung der Bücher Gen – Dtn hat zu dem fast allgemein anerkannten Ergebnis geführt, daß diese fünf Bücher kein einheitliches Werk sind. Der wichtigste Grund, der zu dieser Ansicht nötigte, war die Beobachtung, daß sich ganze Erzählungen doppelt finden. So wird in Gen 12,10–20 und in Gen 20 erzählt, Abraham habe seine Frau Sara als seine Schwester ausgegeben, weil er befürchtete, ihre Schönheit könnte ihn in Lebensgefahr bringen. Doch kann inhaltliche Parallelität noch nicht zureichender

---

[40] W. Richter a.a.O. (Anm. 34) 55.
[41] H. Gunkel a.a.O. (Anm. 39) 163.

Grund für das Urteil sein, zwei Geschichten könnten nicht demselben Werk ursprünglich angehören. Sonst hätte ja auch der letzte Bearbeiter des Pentateuchs eine der beiden Geschichten als störend empfinden müssen[42]. Erst das Hinzutreten weiterer unvereinbarer Spannungen weist eine Wiederholung als störend aus.

d) *Beispiele für das Kriterium „unvereinbare Spannungen"*:

α) Inhaltliche Widersprüche: Ein Beispiel dafür bietet Gen 6,19f. im Verhältnis zu Gen 7,2f. Beide Male erhält Noah den Auftrag, bestimmte Tiere zu sich in die Arche zu nehmen, um sie am Leben zu erhalten. Doch sind die beiden Aufträge inhaltlich verschieden.

β) Unterschiedliche Terminologie: Bei der oben genannten Wiederholung Gen 6,22 // Gen 7,5 heißt es im ersten Fall: „... wie Elohim es ihm befohlen hatte, so tat er". In Gen 7,5 heißt es: „... wie Jahwe es ihm befohlen hatte". Einmal wird Gott also mit der Gattungsbezeichnung Elohim benannt, das zweite Mal mit dem Eigennamen Jahwe[43].

γ) Syntaktische Spannungen: Ein Beispiel dafür ist Am 3,1–2[44]: (1) Hört dieses Wort, das Jahwe gegen euch geredet hat, ihr Israeliten, gegen die ganze Sippe, die ich aus dem Land Ägypten herausgeführt habe: (2) Nur euch habe ich erkannt aus allen Sippen der Erde, deshalb ahnde ich an euch alle eure Vergehen.

Amos fordert also in v. 1a die Israeliten auf, das Wort zu hören, das Jahwe gegen sie geredet hat. In v. 2 folgt dann dieses Wort. Eine Spannung besteht zwischen v. 1a und v. 1b. In v. 1a redet Amos von Jahwe in der 3. Person, in v. 1b redet Jahwe in der 1. Person. In v. 1a sind die Israeliten im Vokativ angeredet, in v. 1b wird von den Israeliten in der 3. Person geredet. Am 3,1f. ist also nicht einheitlich. V. 1a und 2 sind einheitlich und inhaltlich abgerundet, stellen also eine einfache Einheit dar. Dagegen gibt v. 1b für sich genommen keinen Sinn. Dieser Halbvers kann nicht für sich allein existiert haben, sondern stellt einen erweiternden Zusatz zu Am 3,1a.2 dar. Solche erweiternden Zusätze heißen *Erweiterungen.* Am 3,1f. besteht demnach aus einer einfachen Einheit und einer Erweiterung. Beides zusammen ist als *erweiterte Einheit* zu bezeichnen.

δ) Weitere Spannungen können sich bei der sprachlichen Analyse

---

[42] Ein analoger Fall im Neuen Testament liegt in den beiden Erzählungen von Speisungswundern bei Markus (6,30–44 und 8,1–10) vor.

[43] Weitere Beispiele bei W. Richter a.a.O. (Anm. 34) 56.

[44] Vgl. H. W. Wolff, Dodekapropheton 2. Joel und Amos (BK), 1969, 213, und H. W. Wolff, Die Stunde des Amos, 1969, 85–88.

(§ 6) ergeben. So kann z. B. die Untersuchung von Metrum und Rhythmus Teile einer Texteinheit als störend erweisen, die bei der literarkritischen Analyse noch nicht als störend empfunden wurden. Das im Rahmen der Literarkritik gefällte Urteil über den Umfang einer Texteinheit muß also für eine Korrektur durch die folgenden methodischen Schritte offenbleiben.

III. Ergebnisse

1. Klassifizierung eines Textes und seiner literarkritisch herausgelösten Bestandteile

Die literarkritische Untersuchung hat ergeben, daß ein Text entweder eine einfache Einheit oder eine aus mehreren Teilen zusammengesetzte Einheit sein kann. Dementsprechend lassen sich ein Text und – falls er aus mehreren ursprünglich nicht zusammengehörigen Teilen zusammengesetzt ist – die ursprünglich selbständigen Bestandteile eines Textes klassifizieren. Jede Texteinheit und jeder literarkritisch herausgelöste Teil derselben müßte sich einer der folgenden literarkritischen Klassen zuweisen lassen:

a) einfache Einheit
b) Fragment
c) Erweiterung
d) zusammengesetzte Einheit
e) erweiterte Einheit.

Diese literarkritischen Klassen sollen im folgenden einzeln besprochen werden.

a) *Die einfache Einheit.* Eine einfache Einheit ist ein Text, der keine störenden Wiederholungen und/oder unvereinbaren Spannungen enthält und der inhaltlich abgerundet ist. Eine einfache Einheit würde auch für sich genommen, ohne ihren jetzigen Kontext, ein sinnvolles Ganzes darstellen.

Wann ein Text „inhaltlich abgerundet" ist, läßt sich schwer genauer festlegen. Man könnte vielleicht formulieren[45]: Inhaltliche Abrundung liegt dann vor, wenn sich ein Geschehen oder Thema folgerichtig entfaltet und zu dem angestrebten Abschluß gebracht wird. Auch wenn ein Text über sich hinausweist (etwa dadurch, daß früher eingeführte Personen auftreten oder daß auf früher oder später Erzähltes Bezug ge-

[45] In Anschluß an E. ZENGER a.a.O. (Anm. 34) 108.

nommen wird), kann er inhaltlich abgerundet sein. Dies zeigt der oben genannte Text Gen 12,10–20, in dem die handelnden Personen als schon bekannt vorausgesetzt werden.

Von den beiden Versionen der Sintflutgeschichte, die jetzt miteinander verbunden sind, ist die eine inhaltlich abgerundet. Von der anderen scheinen bei der Verknüpfung mit der zweiten Erzählung einige Passagen weggelassen worden zu sein. Sie liegt also jetzt nur fragmentarisch vor und ist demnach keine einfache Einheit. Ein Beispiel für eine einfache Einheit ist ferner Am 3,1a.2, während v. 1b eine Erweiterung darstellt.

Die Länge einer einfachen Einheit läßt sich nicht theoretisch bestimmen. Ein Roman, in dem kein Teil ohne den andern existieren kann, hätte die Eigenschaften einer einfachen Einheit. Doch findet sich ein solcher im Alten Testament nicht. Dagegen bilden häufig mehrere einfache Einheiten, die aufeinander bezogen und miteinander verknüpft sind, ein größeres Werk (z. B. Josepherzählung). Hier liegen also Kompositionen mehrerer einfacher Einheiten vor. Die Besprechung solcher Kompositionen ist Sache der Kompositionskritik (§ 9,B).

b) *Das Fragment.* Ein Fragment ist ein Text, der nicht inhaltlich abgerundet ist, bei dem man aber erkennen kann, daß sein fragmentarischer Zustand erst durch sekundäre Eingriffe entstanden ist. Es handelt sich also um das Bruchstück eines größeren Textzusammenhanges, über dessen Beschaffenheit sich freilich nur dann etwas sagen läßt, wenn die übrigen Bruchstücke an anderen Stellen erhalten sind. Ein Fragment liegt in der Version der Sintflutgeschichte vor, die keine einfache Einheit ist. Der Schluß, daß es sich bei diesem Fragment ursprünglich um eine inhaltlich abgerundete Erzählung handelte, wird dadurch möglich, daß das erhaltene Fragment an einigen Stellen deutlich den Bericht von Geschehnissen voraussetzt, die jedoch nicht erzählt worden sind. So sagt diese Sintflutversion in Gen 7,1: „Dann sprach Jahwe zu Noah: Geh du mit deinem ganzen Hause in die Arche, denn ich habe dich als gerecht vor mir befunden in diesem Geschlecht." Hier wird von „der Arche" geredet, als wüßte der Leser schon, daß Noah eine solche gebaut hat. Davon muß also im Vorhergehenden schon die Rede gewesen sein. Doch ebendies ist nicht mehr erhalten, und man kann vermuten, daß es bei der Verbindung mit der anderen Sintflutgeschichte weggefallen ist.

c) *Die Erweiterung.* Eine Erweiterung ist ein Text, der für sich genommen keinen Sinn ergibt, der also auch nicht für sich existiert haben kann, bei dem aber auch nicht zu erkennen ist, daß er ursprünglich in einem größeren Zusammenhang stand, der nur nicht erhalten ist.

Ein Beispiel für eine Erweiterung stellt Am 3,1b dar: „ … gegen die ganze Sippe, die ich aus Ägypten heraufgeführt habe“. Daß der Satzteil ursprünglich nicht zu seinem jetzigen Kontext gehört hat, wurde oben gezeigt. Er enthält aber auch keinen Hinweis darauf, daß er früher einmal in anderem Zusammenhang stand. Anscheinend handelt es sich um eine Erweiterung, die sekundär zu Am 3,1a.2 hinzugesetzt wurde.

Manchmal bestehen Erweiterungen nur aus einem oder einigen wenigen Wörtern. Solche Erweiterungen nennt man „Glossen“ (s. § 9, B, II, 1d). So ist z. B. in Ez 11,15 das Wort „deine Brüder“ ohne ersichtlichen Grund wiederholt[46].

d) *Die zusammengesetzte Einheit.* Eine zusammengesetzte Einheit ist ein Text, der aus einer einfachen Einheit und einem Fragment besteht. Ein Beispiel hierfür liegt in der Sintflutgeschichte in ihrer jetzigen Gestalt vor.

e) *Die erweiterte Einheit.* Eine erweiterte Einheit ist ein Text, der aus einer einfachen Einheit und einer Erweiterung besteht. Ein Beispiel für eine erweiterte Einheit ist Am 3,1f.

Kurz zusammengefaßt kann man den Vorgang der Klassifizierung eines Textes nach den literarkritischen Klassen folgendermaßen beschreiben: Ein seinem Umfang nach traditionell vorgegebener Text wird anhand der literarkritischen Kriterien daraufhin befragt, ob er

a) eine einfache Einheit ist,
b) Fragmente enthält,
c) Erweiterungen enthält.

Der Text wird also entweder als ursprünglich zusammengehöriges Ganzes erkannt oder in seine Bestandteile zerlegt. Je nachdem, welche Bestandteile er enthält, läßt sich der gesamte Text dann einer der drei Kategorien

a) einfache Einheit
b) zusammengesetzte Einheit
c) erweiterte Einheit

zuweisen. Dies kann man sich an folgender schematischen Darstellung veranschaulichen:

---

46 Eine Sammlung der Glossen im Buch Ezechiel und eine Erklärung ihrer Entstehung bietet G. Fohrer, Die Glossen im Buch Ezechiel, in: Studien zur alttestamentlichen Prophetie (1949–1965), 1967, 204–221.

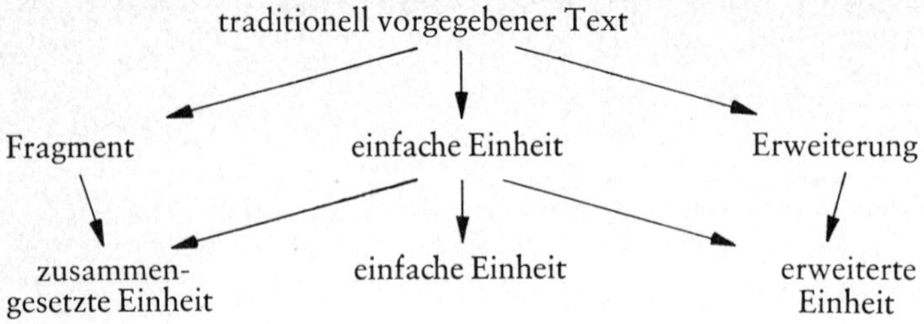

2. Literargeschichte

Die bisher dargelegte literarkritische Untersuchung wurde unabhängig davon durchgeführt, in welchem zeitlichen Nacheinander die Teile einer Texteinheit entstanden sind. Man spricht in diesem Fall von einer „synchronen Betrachtungsweise". Dabei wird davon abgesehen, daß der Text eine Geschichte hat.

Im Gegensatz zur synchronen Betrachtungsweise berücksichtigt die „diachrone Betrachtungsweise" das chronologische Verhältnis, in dem die Bestandteile eines Textes zueinander stehen. Wurde die Scheidung der Bestandteile eines Textes und ihre Klassifizierung als Literarkritik bezeichnet, so könnte man bei der diachronen Betrachtungsweise von Literargeschichte sprechen.

Eine zeitliche Fixierung kann auf der literarkritischen Ebene allerdings nur in sehr eingeschränktem Maße geschehen. Es läßt sich nur feststellen, ob ein Bestandteil einer zusammengesetzten oder erweiterten Einheit von dem anderen abhängig, also wohl auch jünger als dieser ist. In Am 3,1f. ist die Erweiterung ohne die einfache Einheit, in der sie jetzt steht, sinnlos, also jünger als diese.

3. Grenzen

Die literarkritische Analyse eines Textes ist die Voraussetzung für alle folgenden methodischen Schritte. Daß die Ergebnisse der Literarkritik für eine Korrektur durch die weiteren Methoden offengehalten werden müssen, wurde schon erwähnt (z.B. in Fragen des Rhythmus und des Metrums).

Die Grenze der Literarkritik ist damit gegeben, daß sie sich streng auf *eine* Texteinheit beschränkt. Alle Fragen, die einen Vergleich mehrerer Texteinheiten voraussetzen, liegen deshalb außerhalb der Literarkritik. Auch darauf wurde anläßlich der Fragen nach Quellenzugehörigkeit und Verfasser schon hingewiesen. Diese Fragen werden in den folgenden methodischen Schritten besprochen.

§ 6 Sprachliche Analyse

I. Fragestellung und Aufgabe

Die mit Hilfe der Literarkritik abgegrenzte einfache, erweiterte oder zusammengesetzte Einheit ist Gegenstand der weiteren Untersuchung. Dabei ist es erforderlich, zunächst jeweils die kleinsten Einheiten, also einfache Einheit, Fragment und Erweiterung, je für sich zu analysieren, um nicht von vornherein mögliche Erkenntnisse bezüglich der sprachlichen und strukturellen Eigenart auch kleinster Einheiten zu verbauen. Solche Erkenntnisse liefern unter Umständen weitere Argumente, die die literarkritische Scheidung stützen können.

Nachdem die Text- und Literarkritik erste Grundlagen zur Untersuchung eines Textes gelegt haben, muß an dieser Stelle mit der sprachlichen Analyse begonnen werden. In den beiden genannten exegetischen Schritten ist zunächst stillschweigend vorausgesetzt worden, daß es sich bei Texten um *sprachliche* Gegenstände handelt. Dieser Tatsache muß nun ausdrücklich Rechnung getragen werden, indem der Text als sprachlicher Gegenstand zum Thema der Untersuchung gemacht wird. Denn alle folgenden exegetischen Schritte gehen von Beobachtungen aus, die sich aus der sprachlichen Analyse des Textes ergeben.

Gerade weil man aber in der Lage ist, mit Sprache und Texten umzugehen, und weil dies eine der selbstverständlichsten menschlichen Handlungen ist, erscheint die Gefahr einer oberflächlichen Vorgangsweise besonders groß. Um sie zu vermeiden, ist es notwendig, einige grundlegende Überlegungen zum Phänomen der Sprache vorauszuschicken.

Diese *sprachtheoretischen Vorüberlegungen* leisten folgendes: 1. Sie schaffen die Grundlagen für die später zu beschreibenden Einzelschritte der sprachlichen Analyse und für die auf ihr aufbauenden weiteren exegetischen Methoden. – 2. Sie legen eine der Voraussetzungen offen, von denen aus in diesem Buch die Exegese biblischer Texte verstanden und beschrieben wird, und gestatten so dem Leser eine Überprüfung seines eigenen und des dargelegten Vorverständnisses. – 3. Sie nehmen den Text als sprachlichen Gegenstand ernst, was häufig nicht geschieht.

Die der sprachlichen Untersuchung zugrunde gelegte Einheit begegnet dem Ausleger als *Text.* Texte können als erstarrte „äußere" oder „innere" Rede (z.B. Denken, Überlegen), d.h. als eine mit Hilfe von Schriftzeichen (Buchstaben = Grapheme) fixierte sprachliche Handlung aufgefaßt werden, welche durch ihre Verschriftung über die aktuelle Realisierung hinaus Bestand hat[47]. Die mit der sprachlichen Handlung beabsichtigte Kommunikation kann also beliebig oft in Gang gesetzt werden, da Mitteilung und Empfang durch die Verschriftung räumlich und zeitlich voneinander getrennt werden. Das hat erhebliche Konsequenzen für die Interpretation von Texten[48]; die mit der Verschriftung sprachlicher Handlungen verbundenen Probleme und Möglichkeiten der Untersuchung sollen später noch einmal aufgegriffen werden, soweit sie zunächst die sprachliche Analyse betreffen[49].

Texte sind also erstarrte *sprachliche Handlungen,* die dem Zweck der Verständigung dienen. Als solche werden sie erst durch die *Sprache* ermöglicht. Man kann darum auch sagen, Sprache selbst dient der Verständigung. Sie stellt Handlungsschemata zur Verfügung. Das sind geprägte potentielle Handlungen, die ein Sprecher aufgrund seiner Sprachkompetenz immer wieder aktualisieren kann, z.B. die Wörter und Wendungen einer Sprache, deren Gebrauch bekannt ist und die man darum immer wieder neu anwenden kann.

Allerdings muß an dieser Stelle differenziert werden, da die sprachlichen Handlungsschemata in vereinbarte und nicht-vereinbarte Handlungsschemata zerfallen. Das soll an einem Beispiel deutlich gemacht werden. Es beruht z.B. auf Vereinbarung, daß eine Sprache aus der Fülle möglicher, durch die Sprechorgane erzeugbarer Laute (= Phone)

---

[47] Abweichend von der in der Textlinguistik getroffenen Unterscheidung zwischen mündlichen und schriftlichen Texten wird hier nur der schriftliche Text als Text bezeichnet, da die alttestamentliche Exegese es eben nur mit solchen zu tun hat. Vgl. W. Dressler a.a.O. (Anm. 35) 12.71.80.

[48] Hier ist neben anderem vor allem auf die Probleme zu verweisen, die die Verschriftung im Zusammenhang mit der Formen- und Gattungskritik (§ 7), der Überlieferungs- und Redaktionskritik (§ 9) und der theologischen Kritik (§ 11) mit sich bringt. Sie ergeben sich wesentlich aus der zeitlichen Differenz zwischen Mitteilung und Empfang.

[49] S.u. Abschnitt II, 2. – Zu erwähnen ist am Rande die Möglichkeit der Datierung von handschriftlich überlieferten Texten aufgrund paläographischer Untersuchungen. Die Paläographie beschäftigt sich mit den Veränderungen alter Schriftsysteme im Verlaufe ihres Gebrauchs, wie sie vor allem an Schriftduktus und Eigenarten der Schreibweise zu erkennen sind. Aufgrund eines Schriftvergleichs von undatierten Texten mit datierten Texten erlaubt sie gelegentlich, jene ungefähr zeitlich einzuordnen.

eine für sie charakteristische Auswahl von Lauten trifft, die allein zur Differenzierung lautlicher Strukturen dienen (= Phoneme), wobei den phonetischen Merkmalen in verschiedenen Sprachen eine unterschiedliche Relevanz zukommt. So haben im Deutschen die verschiedenen s-Laute zur Ausbildung nur eines Phonems s, im Hebräischen hingegen zur Ausbildung von drei Phonemen *z, s, ś* geführt[50]. Im Gegensatz zu den Phonemen einer Sprache sind Texte einer Sprache meist das Resultat freier Kombination und daher nicht als vereinbarte Handlungsschemata zu bezeichnen.

Da sprachliche Handlungen Verständigung beabsichtigen, etwas zu verstehen geben sollen, müssen sie sich sprachlicher *Zeichen* bedienen. Zeichen stellen eine besondere Klasse der eben besprochenen vereinbarten Handlungsschemata dar. Sie sind vereinbarte Zeigehandlungsschemata. Sie sollen, indem sie aktualisiert werden, etwas zu verstehen geben, auf etwas hinweisen. Das, was sie zu verstehen geben sollen oder können, beruht natürlich auch wieder auf einer stillschweigend anerkannten oder ausdrücklich ausgesprochenen Vereinbarung.

Solche sprachlichen Zeichen begegnen in ihrer Aktualisierung als geprägte Lautstrukturen (z.B. im Deutschen die festgelegte Phonemfolge [k-i-n-d]), denen eine vereinbarte Anwendungsmöglichkeit entspricht; d.h. einem sprachlichen Zeichen wohnt eine *Bedeutung* inne, wobei unter Bedeutung im folgenden immer die vereinbarte Anwendungsmöglichkeit, dasjenige, was ein sprachliches Zeichen zu verstehen geben *kann*, gemeint ist. Man muß also bei einem sprachlichen Zeichen zwei Seiten unterscheiden: die Ausdrucksseite und die Bedeutungsseite[51].

Zu beachten ist in diesem Zusammenhang, daß die Bedeutung eines sprachlichen Zeichens nur selten eindeutig festgelegt ist. Das ist darin begründet, daß die Bedeutung eines Zeichens sich aus einer Fülle einzelner syntaktischer und semantischer Merkmale[52] zusammensetzt, die

---

[50] Es spielt dabei in diesem Zusammenhang keine Rolle, ob es sich um eine stillschweigende oder ausdrückliche Vereinbarung handelt; wichtig ist vielmehr, daß sich eine Sprachgemeinschaft an diesen Vereinbarungen orientiert.

[51] Diese terminologische Festlegung ist absichtlich gewählt, um den Schwierigkeiten und Implikationen des beliebten Oppositionspaares „Form-Inhalt“ zu begegnen. S.u. Abschnitt II (Einführung).

[52] Die Semantik beschäftigt sich mit den den sprachlichen Zeichen zugeordneten Bedeutungen. Sie sucht die Bedeutung eines Zeichens mit Hilfe von charakteristischen Merkmalen zu beschreiben; z.B. beim Wort „Baum“: Pflanze mit Stamm, Zweigen, Blättern oder Nadeln ... Zu diesen sogenannten semantischen Merkmalen kommen in der Regel die syntaktischen Merkmale hinzu, also diejenigen Merkmale, die für die Kombinierbarkeit eines Zeichens mit einem

je nach ihrer Betonung in der Aktualisierung innerhalb der Rede unterschiedliche Relevanz erhalten. Anders ausgedrückt: Die Bedeutungsseite eines sprachlichen Zeichens ist ein Spektrum solcher Merkmale, aus dem der Intention des Redenden entsprechend jeweils ein bestimmter Ausschnitt gewählt wird, der vom Hörer aufgrund des syntaktischen Zusammenhangs und der Redesituation mehr oder weniger genau identifiziert werden kann.

Des weiteren ist festzuhalten, daß Sprachen sog. Homonyme kennen, d.h. phonemisch nicht differenzierte Zeichen, denen unterschiedliche Bedeutungsspektren zukommen (z.B. „Schloß" im Deutschen; *ʿnh* im Hebräischen). Diese Tatsache nennt man lexikalische Mehrdeutigkeit.

Die Sprachwissenschaft nennt kleinste unteilbare sprachliche Einheiten, die Bedeutung tragen, „Morpheme" und unterscheidet zwischen „lexikalischen und grammatischen bzw. syntaktischen Morphemen". Lexikalische Morpheme werden dabei Gegenständen, Handlungen und Sachverhalten zugesprochen, d.h. sie haben Prädikationsbedeutung. Grammatische Morpheme regeln die Beziehungen zwischen Morphemen, d.h. sie haben Relationsbedeutung[53]. Zu den grammatischen Morphemen gehören z.B. Konjugations-, Deklinationsmorpheme,

---

anderen von Bedeutung sind; z.B. beim Wort „Baum" das Merkmal „männlich". Zu beachten ist, daß diese Unterscheidung von semantischen und syntaktischen Merkmalen das Ergebnis verschiedener Betrachtungsweisen ist: Einmal stehen die Zeigefunktionen des Zeichens (das, worauf das Zeichen hinweist), im Vordergrund, das andere Mal seine Kombinierbarkeitsmöglichkeiten. So ist es durchaus häufig, daß z.B. ein Merkmal eines Wortes gleichzeitig semantisch und syntaktisch relevant ist. Beispiel: Beim Wort „Baum" hat das Merkmal „männlich" ausschließlich syntaktische Relevanz (im Lateinischen käme dem entsprechenden Wort „arbor" z.B. das Merkmal „weiblich" zu!), während beim Wort „Vater" das gleiche Merkmal „männlich" auch semantisch relevant ist. Der Unterschied ist deutlich: Das Merkmal „männlich" gibt bei „Baum" lediglich an, daß das Wort z.B. mit dem Artikel „der" kombiniert werden muß, sagt aber nichts darüber aus, daß es sich bei einem Baum etwa um einen maskulinen Gegenstand handle; beim Wort „Vater" ist mit dem Merkmal „männlich" hingegen beides zum Ausdruck gebracht.

[53] Die linguistische Terminologie ist nicht einheitlich. Ein Beispiel für viele: A. MARTINET, Grundzüge der allgemeinen Sprachwissenschaft, 1963:

Monem (Morphem)

Lexem (lexikalisches Morphem) Morphem (grammatisches Morphem)

Ableitungsmorpheme[54], Präpositionen, Pronomina, Präfixe und Suffixe.

Bislang war nur von sprachlichen Zeichen als den bedeutungstragenden Elementen der Sprache die Rede. Elementare sprachliche Handlung ist jedoch nicht einfach die lautliche Aktualisierung der Zeichen, sondern der *Satz* als Kombination von Zeichen. Wie das Morphem eine Kombination von Phonemen, eine Lautstruktur, darstellt, so der Satz eine Morphemstruktur. Allerdings besteht zwischen beiden ein wesentlicher Unterschied. Die Elemente des Morphems, also die Phoneme, sind für sich genommen keine Bedeutungsträger, sondern dienen nur der Unterscheidung der einzelnen Zeichen. Die Elemente des Satzes hingegen sind Bedeutungsträger. Aus diesem Grunde kommt auch dem Satz eine Bedeutung zu. Die Bedeutung eines Satzes ist jedoch nicht einfach die Summe der Bedeutungen der Elemente, sondern ergibt sich erst aus den Bezügen der Elemente zueinander, deren Kombination durch die syntaktischen Regeln erzeugt wird. Unter Bedeutung des Satzes soll im folgenden dasjenige verstanden werden, was ein Satz zu verstehen geben *kann.* Denn wie bei den Morphemen, so haben wir auch bei Sätzen zu berücksichtigen, daß sie mehrdeutig sein können.

Die Mehrdeutigkeit von Sätzen ist natürlich zunächst bedingt durch die mögliche Mehrdeutigkeit eines oder mehrerer seiner Elemente (lexikalische Mehrdeutigkeit, z.B. „Das Haus ist bedeutend": Haus kann hier z.B. für „Dynastie" oder „Firma" stehen). Mehrdeutigkeit von Sätzen entsteht darüber hinaus aber auch aufgrund der Anordnung der Elemente, die unter Umständen mehrfache Bezüge der Elemente untereinander zulassen; diese Tatsache nennt man strukturelle Mehrdeutigkeit (z.B. „Ich ging mit dem Freund von Heinrich, den ich unlängst kennengelernt habe, spazieren": Der Relativsatz kann sich sowohl auf „Heinrich" als auch auf „Freund von Heinrich" beziehen).

Es ist notwendig, wie bei den Morphemen, so auch bei den Sätzen Ausdrucks- und Bedeutungsseite zu unterscheiden, so daß der einen Seite die Anordnung der Morpheme und ihre Bezüge, der anderen Seite das, was diese Morphemstruktur zu verstehen geben kann, entspricht.

Diese Vorüberlegungen erlauben es nun, die oben gegebene Definition von Sprache als System sprachlicher Handlungsschemata noch etwas zu differenzieren: Sprache ist ein System von sprachlichen Zeichen;

---

[54] Z.B. für das Hebräische die für die Ableitung eines Nomens häufigen Morpheme *m-* (z.B. in *mizbe*^{a}*ḥ*), *t-* (z.B. in *tôšab*), *-n* (z.B. in *zikkarôn*), *-î* (z.B. in *raglî*), *-ût* (z.B. in *malkût*) u.a.

sie wird beschrieben durch die Zusammenstellung des Zeichenbestandes (Lexikon) und die Darstellung der Regeln, die die Kombination der Zeichen ermöglichen (Grammatik)[55].

Texte sind oben als erstarrte sprachliche Handlungen beschrieben worden. Als solche wollen sie wie jede andere sprachliche Handlung etwas aussagen, das *Inhalt* genannt werden soll. Inhalt meint also im Gegensatz zur Bedeutung das, was durch eine sprachliche Handlung ausgesagt *wird* bzw. *werden soll.* Dieser Inhalt ist zunächst nur zugänglich über das, was Sprache aussagen *kann*, zugänglich also über die Bedeutung der Morpheme, Sätze und Texte. Die Anwendungsmöglichkeit der Zeichen und die Kombinationsregeln implizieren, wie oben schon ausgeführt worden ist, lexikalische bzw. strukturelle Mehrdeutigkeit. Dazu kommt, daß durch die Verschriftung der sprachlichen Handlung eine Trennung der Kommunikationspartner möglich wird, so daß dem Leser oder Hörer eines Textes die Redesituation des Redenden bzw. Schreibenden nicht mehr bekannt ist – ein Phänomen, das bei Texten der Vergangenheit als Selbstverständlichkeit erscheint, jedoch meist nicht ausreichend gewürdigt wird.

Will der Exeget also einen Text verstehen, so muß er bestrebt sein, Unverständliches und Mehrdeutiges auf Eindeutigkeit hin einzuengen. Das ist bei Texten der Vergangenheit und Texten fremder Sprache und Umwelt ein hinreichend schwieriges Unterfangen. Es ist darum unter allen Umständen nötig, alle Möglichkeiten auszuschöpfen, die dieser Absicht dienen. Eindeutigkeit wäre erreicht, wenn der *Kontext* einer sprachlichen Handlung dem Hörer bekannt ist. Dazu gehören der sprachliche Kontext (Kenntnis der Sprache, in der ein Text abgefaßt ist), der literarische Kontext (z.B. größere Textzusammenhänge, in die eine Texteinheit eingebettet ist) und der Umweltkontext (historische, soziale, religiöse, psychische Gegebenheiten), um nur die wichtigsten

---

55 Einführende Literatur in die Sprachtheorie und Linguistik: W. KAMLAH–P. LORENZEN, Logische Propädeutik, 1967; H. SEIFFERT, Einführung in die Wissenschaftstheorie 1, 1970²; J. J. KATZ Philosophie der Sprache, 1969; L. HJELMSLEV, Die Sprache. Eine Einführung, 1968; A. MARTINET, Grundzüge der allgemeinen Sprachwissenschaft, 1963; M. BIERWISCH, Strukturalismus. Geschichte, Problem und Methoden, Kursbuch 5 (1966), 77–157; J. LYONS, Einführung in die moderne Linguistik, 1972²; J. BECHERT, D. CLÉMENT u.a., Einführung in die generative Transformationsgrammatik, 1973³; W. DRESSLER, Einführung in die Textlinguistik, 1972. Die aufgeführte Literatur ist keineswegs ein repräsentativer Querschnitt, gibt aber einen guten Einblick in die Problematik der sprachwissenschaftlichen Methoden und Theorien sowie die weiterführende Literatur.

Faktoren zu nennen, die eine sprachliche Handlung beeinflussen. Ist dies alles geklärt, dann könnte man mit Einschränkung sagen, der Inhalt einer sprachlichen Äußerung sei bekannt. Ein Schritt unter vielen, aber notwendigerweise einer der ersten und entscheidenden Schritte auf die Erhellung des Inhalts hin, ist die sprachliche Analyse eines Textes. Sie erarbeitet diejenigen sprachlichen Elemente und Strukturen, die ein Sprecher zur Aktualisierung seiner Kommunikationsabsicht bewußt oder unbewußt ausgewählt hat, und zwar wie sie sich in den auszulegenden Texten niedergeschlagen haben[56].

II. Methodik

Aus den Darlegungen in Abschnitt I über die Sprache ergibt sich, daß die sprachliche Analyse zweckmäßig auf mehreren Ebenen und unter verschiedenen Aspekten durchgeführt wird. Diese methodische Trennung in Ebenen und Aspekte gestattet eine sauberere Durchführung der Analyse und eine bessere Überprüfung ihrer Ergebnisse. Das folgende Schaubild zeigt, wie die gewählten Ebenen und Aspekte der Analyse jeweils aufeinander bezogen sind:

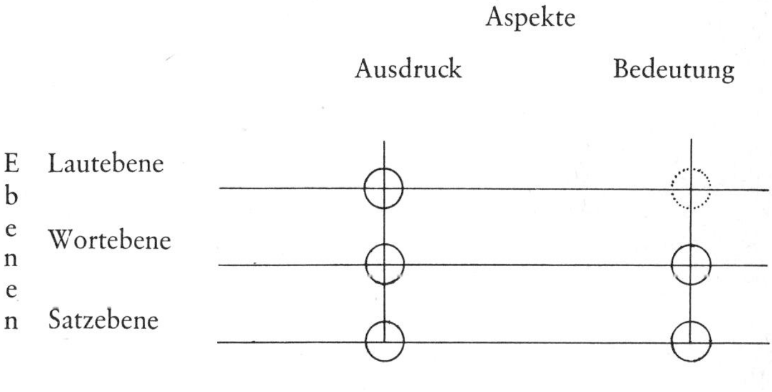

[56] Die allgemeine Sprachwissenschaft, deren ungeheurer Aufschwung in den letzten Jahrzehnten von einer unübersehbaren Fülle von Literatur begleitet wurde, stellt in ihren verschiedenen Sparten (Phonetik, Phonologie, strukturelle und generative Grammatik, Stilistik, Poetik u.a.) Methoden der Untersuchung sprachlicher Handlungen zur Verfügung, die heute nicht mehr umgangen werden dürfen. Ihre Anwendung auf das Alte Testament steckt allerdings noch in den Anfängen. Trotz einer Reihe von Einzeluntersuchungen, die sich der Forderung stellen, Erkenntnisse der Sprach- und Literaturwissenschaft zu be-

Wichtig bei dieser methodischen Gliederung der sprachlichen Analyse ist vor allem, daß die Aspekte „Ausdruck“ und „Bedeutung“ auf den verschiedenen Ebenen der Analyse eine unterschiedliche Relevanz haben. So leuchtet es unmittelbar ein, daß auf der Lautebene (Phoneme und Phonemverbindungen als Silben) der Ausdruck das entscheidende Übergewicht hat; ob eine bestimmte Lautverteilung etwa Stimmungen wie Trauer und Freude vermitteln soll, wird man hingegen nur mit äußerster Vorsicht zu behaupten wagen. Auf der Wort- und Satzebene ist schon aufgrund des Zeichencharakters der einzelnen Elemente der Bedeutung ein gewichtiger Platz einzuräumen.

Bevor die einzelnen praktischen Arbeitsgänge der sprachlichen Analyse behandelt und vorgeführt werden, sind noch einige Bemerkungen zur Art des methodischen Vorgehens zu machen. Das ist nötig, weil üblicherweise dieser Arbeitsgang der Exegese „formale Analyse“ oder auch „Formkritik“ genannt wird[57] und gleichzeitig das Oppositionspaar „Form-Inhalt“ zur methodischen Trennung der Aspekte benutzt wird. Daraus entsteht der Eindruck, als könne formale Analyse unter völliger Absehung vom Aspekt der Bedeutung vorgenommen werden; in Wirklichkeit geschieht dies jedoch nicht. Dennoch ist es richtig, die sprachliche Analyse formale Analyse zu nennen. Man darf nur nicht den Ausdruck „formal“ mit dem Oppositionspaar „Form-Inhalt“ in Zusammenhang bringen, sondern muß ihn auf die Art und Weise des methodischen Vorgehens beziehen. Dazu die folgenden Erläuterungen:

Sprache war als System von Zeichen beschrieben worden, die in ihrer Realisierung als Rede oder Text immer als eine Kombination von Zeichen begegnet. Das, was die sprachliche Handlung zu verstehen geben will, also der Inhalt, ist entscheidend von der Anordnung der verwendeten Elemente abhängig. Anders ausgedrückt: Die Struktur eines Textes oder Satzes ist für deren Bedeutung relevant. Sprachliche Analyse hat sich also nicht nur der Analyse der Elemente von Rede oder Text,

---

rücksichtigen, hat erst ein Alttestamentler den Versuch unternommen, eine alttestamentliche Literaturtheorie und Methodologie zu entwerfen: W. Richter, Exegese als Literaturwissenschaft. Entwurf einer alttestamentlichen Literaturtheorie und Methodologie, 1971. Auf dieses Buch sei nachdrücklich hingewiesen; es enthält auch die wichtigsten Literaturhinweise sowohl bezüglich der Sprach- und Literaturwissenschaft als auch bezüglich ihrer Anwendung in der alttestamentlichen Forschung. Für den folgenden methodischen Abschnitt II ist dieses Buch mehrfach herangezogen worden, ohne daß in jedem Fall darauf in Anmerkungen verwiesen werden wird. Aus praktischen Gründen darf das hier pauschal vorweggenommen werden.

[57] Z.B. W. Richter a.a.O. (Anm. 56); E. Zenger a.a.O. (Anm. 34) 118ff.

sondern auch der Analyse ihrer Anordnung, ihrer Struktur, zuzuwenden.

Beide Analysen, sowohl die Analyse der Elemente als auch die Analyse der Strukturen, sind in erheblichem Maße Vorgänge der Vereinfachung auf dem Wege der Abstraktion bzw. setzen einen Abstraktionsvorgang voraus. Einen solchen stellt z. B. die Klassifikation sprachlicher Elemente dar: Eine Menge von Elementen wird aufgrund eines bestimmten Gesichtspunktes und unter Ausblendung anderer Gesichtspunkte klassifiziert (Beispiele: Gesichtspunkt „Lautgestalt“: Verba primae gutturalis, primae *nûn* u. a.; Gesichtspunkt „syntaktische Funktion“: Subjekt, Objekt, Prädikat u. a.; Gesichtspunkt „Kombinierbarkeit aufgrund semantischer Merkmale“[58]: abstrakt/konkret, belebt/unbelebt, menschlich/nichtmenschlich, zählbar/nichtzählbar). Die auf diesem Wege gewonnenen Klassen sprachlicher Elemente werden mit Termini bezeichnet, die für die einzelnen Elemente der Klasse zu stehen kommen. Benützt man solche Termini in Aussagen über Texte, dann werden sie gleichsam als Variable angewendet. Immer dann aber, wenn Variable für eine Menge von Elementen gebraucht werden, kann von Formalisierung gesprochen werden. Bezieht man also den Ausdruck „formal“ auf diese Art und Weise des methodischen Vorgehens der sprachlichen Analyse, so kann diese durchaus auch „formale Analyse“ genannt werden. Dabei sollte deutlich geworden sein, daß eine solche formale Analyse sowohl auf die Ausdrucks- wie auf die Bedeutungsseite der Sprache bezogen werden kann. Allerdings ist es dann unzweckmäßig und daher auch nicht mehr angebracht, das Oppositionspaar „Form-Inhalt“ in die Diskussion der sprachlichen Analyse einzuführen, weil zu leicht eine Identifizierung von Ausdrucksseite und Form bzw. eine Identifizierung von Analyse der Ausdrucksseite mit formaler Analyse nahegelegt würde, was nur zu einer Verwirrung führt[59].

Die sprachliche Analyse eines Textes setzt natürlich die Kenntnis der jeweiligen Sprache voraus, in der ein Text abgefaßt ist. Das heißt, die Elemente der Sprache und die Regeln der Sprache, die das Erzeugen von sprachlichen Strukturen ermöglichen, müßten zumindest einigermaßen zuverlässig in Wörterbüchern und Grammatiken erfaßt sein, um eine ähnlich zuverlässige Analyse von Texten zu ermöglichen. Daß

---

[58] S. u. Abschnitt II, 1a.

[59] Zur Anwendung der Ausdrücke „Inhalt“ und „Form“, allerdings nicht als Oppositionspaar, s. o. Seite 62 bzw. u. § 7.

gerade in diesem Punkt bezüglich des Hebräischen vieles nachzuholen ist, soll hier wenigstens am Rande vermerkt sein. Es ergibt sich daraus von selbst, daß die Zuverlässigkeit der sprachlichen Analyse eines alttestamentlichen Textes von der Zuverlässigkeit sprachwissenschaftlicher Erkenntnisse bezüglich des Hebräischen und Aramäischen entscheidend abhängig ist. Fehler in der Interpretation sprachlicher Handlungsschemata gehen automatisch in die Textinterpretation mit ein. Daß sie bei toten Sprachen nie ganz auszuschalten sind, darf nicht dazu verleiten, sie als unerheblich beiseite zu schieben.

Die im folgenden vorgeschlagenen einzelnen Schritte der sprachlichen Analyse weichen in ihrer Anordnung und Gliederung von dem oben vorgeführten Schema der Aspekte und Ebenen etwas ab. Diese Abweichung entspringt jedoch dem praktischen Bedürfnis, eine möglichst ökonomische Arbeitsweise in der sprachlichen Analyse einzuschlagen. Grundsätzlich wird aber in den folgenden Arbeitsgängen das oben vorgeführte methodentheoretische Schema nie aus den Augen gelassen. Es bildet als theoretische Grundlage gleichsam den kritischen Hintergrund für die einzelnen Arbeitsgänge.

1. Syntaktisch-stilistische Analyse

a) *Syntaktische Analyse. Satzebene:* Der erste Schritt der sprachlichen Analyse vollzieht sich auf der Satzebene, da der Satz in der aktuellen sprachlichen Handlung die Elementarhandlung darstellt. Der Text wird also zunächst in die einzelnen Sätze zerlegt. Dabei leisten das *waw*-consecutivum und die Einleitung direkter Rede, z.B. durch *le'mor*, Hilfestellung. Die isolierten Sätze werden auf folgende Satzarten hin beschrieben: Nominalsatz, Verbalsatz und invertierter Verbalsatz[60] und deren Sonderformen (Infinitiv- und Partizipialkonstruktionen). Sodann werden die Bezüge der Sätze untereinander untersucht und dargestellt. Bei diesem Schritt spielen die grammatischen Morpheme und ihre Relationsbedeutung sowie die mehreren Sätzen gemeinsamen Subjekte und Objekte oder die Aufnahme von Subjekten als Objekte und umgekehrt eine signalisierende Rolle. Ihre Beschreibung dient der Feststellung von Satzreihen, die innerhalb eines Textes enger zusammengehören und über die syntaktische Gliederung des Textes informieren.

---

[60] Unter invertiertem Verbalsatz wird jeder Verbalsatz verstanden, bei welchem eine Abweichung von der gewöhnlichen Wortfolge „Verbum – X" festzustellen ist. Diese Abweichung dient einer Hervorhebung eines in der sprachlichen Analyse näher zu bestimmenden Aspektes.

Als Satzverbinder können hier die enklitischen Personalpronomina, Imperative, Fragesätze, Subjekt- oder Objektaufnahme fungieren, als Satztrenner ist allgemein das Aufhören von Rückverweisen anzusehen. Vor allem in erzählenden Texten ist die Einführung direkter Rede besonders zu vermerken, da sie zur Gliederung des Textes wesentlich beiträgt.

Nach der vorwiegend an der Ausdrucksseite orientierten syntaktischen Beschreibung der Sätze und Satzreihen ist die Stellung und Funktion der Sätze innerhalb der einzelnen Textabschnitte darzustellen. Es ist festzuhalten, mit welchen Satzarten ein Abschnitt eingeleitet wird (z.B. mit Nominalsatz oder Verbalsatz) und in welchem Verhältnis die Satzarten zueinander stehen. Zu beachten ist in diesem Zusammenhang die Unterscheidung von Haupt- und Nebensätzen, ihr Verhältnis zueinander als Neben- oder Unterordnung und die Funktion der Nebensätze (Relativsätze, Konzessivsätze, Finalsätze u.a.).

Gelegentlich ist schon bei der syntaktischen Analyse auf der Satzebene festzustellen, daß Bezüge einzelner Sätze über den zu analysierenden Text hinausweisen, der Text also in einen größeren literarischen Zusammenhang gehört.

Wortebene: Auf der Wortebene ist die syntaktische Funktion der Wörter und Wortgruppen zu untersuchen. Die Analyse orientiert sich dabei zunächst an der Unterscheidung von Verbum, Nomen und selbständigen grammatischen Morphemen und beschreibt ihren Gebrauch. Beim Verbum sind zu beschreiben: 1. die Tempuswahl, z.B. Perfekt, Imperfekt, Narrativ, Punktual, Durativ[61]; 2. der Modus, z.B. Indikativ, Konjunktiv, Jussiv, Imperativ. Beim Nomen sind die für einen Text charakteristischen Verbindungen (z.B. in Status-constructus-Verbindungen), seine Stellung als Subjekt oder Objekt im direkten Gebrauch und seine Verwendung in Appositionen, als Adjektiv oder im Relativsatz im indirekten Gebrauch der Beschreibung von Nebenumständen darzustellen. Die Funktion der selbständigen grammatischen Morpheme (Präpositionen, Pronomina, Konjunktionen u.a.) ist im wesentlichen auf der Satzebene schon berücksichtigt, ebenso die Wiederholung von Wörtern oder Wortgruppen im Text, da sie ja die Verbindung

[61] Durativ und Punktual bezeichnen morphologisch nicht ausgeprägte Aspekte der hebräischen Tempora. Diese dienen der Unterscheidung von Handlungen, die sich entweder über einen gewissen Zeitraum erstrecken oder aber als punktuelle, momentane Handlungen aufzufassen sind. Der Durativ wird im Hebräischen vorwiegend durch das Imperfekt, der Punktual vorwiegend durch das Perfekt zum Ausdruck gebracht.

von Sätzen zu Satzreihen anzeigen. Daraus ergibt sich weiter, daß die Beobachtungen der syntaktischen Funktionen der Wörter und Wortgruppen in die Satzebene zu integrieren sind.

Schließlich sind auf der Wortebene semantische Merkmale zu beschreiben, die syntaktisch von Bedeutung sein können. Solche syntaktisch relevanten semantischen Merkmale begegnen beim Substantiv im wesentlichen in vier Oppositionsklassen: menschlich/nichtmenschlich, abstrakt/konkret, zählbar/nichtzählbar, belebt/unbelebt. Jedes Substantiv weist ein Merkmal jeder Klasse auf und die Merkmalskombinationen sind entscheidend für die Verbindbarkeit von bestimmten Substantiven mit bestimmten Verben. Jedes Verbum geht als Prädikat eines Satzes normalerweise nur mit Substantiven bestimmter Klassen Verbindungen ein. Dazu einige Beispiele: Das Verbum „reden" hat in der Regel als Subjekt immer ein Substantiv der Klasse „menschlich" oder ein es vertretendes Pronomen bei sich; oder das Substantiv „Tisch" als Subjekt eines Satzes wird in der Regel nicht mit einem Verbum verbunden, das menschliche Handlungen beschreibt, z.B. „reden". Kommen solche Verbindungen dennoch vor, dann handelt es sich um übertragenen Gebrauch, bildhafte Rede und ähnliches, das gesondert vermerkt werden muß.

Für einen Text kann es weiter charakteristisch sein, welche Substantivklassen oder Verbklassen (Zustandsverb, Handlungsverb, Modalverb[62]) in ihm gehäuft verwendet werden. Das ist in der syntaktischen Analyse statistisch festzuhalten, um über die besondere Funktion des Textes Aussagen machen zu können. Eine Häufung von Zustandsverben läßt z.B. auf die Beschreibung von Zuständen schließen, eine Häufung von Abstrakta auf einen theoretisierenden oder wertenden Text.

b) *Stilistische Analyse*[63]. *Satzebene:* Die stilistische Untersuchung des Textes achtet zunächst grundsätzlich auf bevorzugte und für den Text eigenartige sprachliche Ausdrucksformen. Auf der Satzebene ist dabei die charakteristische Verteilung der Satzarten zu beachten, die Stellung der Satzarten und die Eigenart der Satzkonstruktion. Gedrängter Stil ist an kurzen Sätzen, weitläufiger Stil an kompliziert gebauten Sätzen zu erkennen. Die häufige oder seltene Verwendung von Relativsätzen und Infinitivkonstruktionen kann Stilunterschiede markieren,

---

[62] Modalverben sind solche, die die Modalitäten der Möglichkeit oder Notwendigkeit zum Ausdruck bringen oder bringen können: z.B. „können" (z.B. *jadă*ʿ mit Infinitiv, *jakol*), „wollen" (*'abā*), „lassen" (*natăn*).

[63] L. Alonso-Schökel, Das Alte Testament als literarisches Kunstwerk, 1971, behandelt ausführlich die Probleme der Stilistik. Weitere Literatur s. dort.

ebenso die Bevorzugung bestimmter Satzarten für die Einleitung eines Textabschnitts.

Wortebene: Als erster Schritt auf der Wortebene ist die Verteilung der Wörter auf die wichtigsten Wortklassen und ihre Häufigkeit im Text zu überprüfen. Diese erste Sichtung des Wortbestandes nach Nomina, Verba und grammatischen Morphemen, vor allem Präpositionen, kann erste Hinweise auf stilistische Eigentümlichkeiten des Textes liefern. In diesem Zusammenhang wird je nach Häufigkeit der gebrauchten Wörter einer der genannten Klassen von verbalem oder nominalem Stil gesprochen. Ähnlich markiert die auffallend häufige bzw. seltene Verwendung von Präpositionen wichtige Stileigentümlichkeiten.

Auf der Wortebene sind darüber hinaus eine Fülle von weiteren stilistischen Merkmalen zu beobachten, die an dieser Stelle nicht umfassend beschrieben werden können. Es genügt auch zunächst, auf die wichtigsten stilistischen Eigentümlichkeiten hinzuweisen.

Schon oben in der syntaktischen Analyse ist kurz darauf hingewiesen worden, wie ungewöhnlicher Gebrauch von Substantiven zu erkennen ist. Aus ihm lassen sich vor allem der *übertragene Gebrauch* von Wörtern, Verfremdungen u.a.m. erkennen.

Eigentümliche *Wortverbindungen* wie Wortspiel und figura etymologica sind als Stilfiguren zu beschreiben, ihre Verwendung und Funktion zu klären.

Die häufige *Wiederholung eines Wortes* in einem Text kann auf Leitwortfunktion hinweisen, kann aber auch einfach aus der Kommunikationsabsicht resultieren.

Charakteristische Stilmerkmale können auch aus der Beobachtung von *Wortbezügen* erhoben werden. Hierher gehören die *Wortpaare*, die wiederum in verschiedene Arten zerfallen: synonyme Wortpaare (Berg/Hügel); polare Ausdrücke, die durch die Nennung von zwei Polen eine Ganzheit darstellen wollen (Himmel und Erde; Tag und Nacht); antithetische Wortpaare, die einen Gegensatz herausstellen sollen und darum leicht mit dem polaren Ausdruck verwechselt werden können (Himmel und Erde; Tag und Nacht)[64]; daneben sind Wortpaare

[64] Ob ein polares oder ein antithetisches Wortpaar vorliegt, kann nur aufgrund des Kontextes entschieden werden; für „Himmel und Erde“ vgl. z.B. Gen 1,1; 2,4b mit Koh 5,1; für „Tag und Nacht“ vgl. z.B. Ps 1,2 mit Gen 8,22. Ein besonders eindrückliches Beispiel ist Ps 115, wo „Himmel und Erde“ einmal als polares, das andere Mal als antithetisches Wortpaar Verwendung gefunden hat (vgl. v. 15 mit v. 16).

festzustellen, die das Ganze nicht durch die Angabe der äußersten Pole, sondern durch das Herausgreifen zweier wichtiger Glieder des Ganzen oder beider Hälften des Ganzen charakterisieren. Eine Reihe von solchen Wortpaaren mag im Hebräischen bereits zu festen Wortverbindungen geworden sein und ist darum für die Eigenart des Stils eines Textes nur begrenzt heranzuziehen. Auch hier wird man also auf die Häufung der Verwendung solcher Paare oder ihre Originalität besonders achten müssen.

Diese stilistische Eigentümlichkeit hat sich vor allem in der Poesie bei Ausdehnung auf Satzteile oder ganze Sätze zum sog. *Parallelismus* weiterentwickelt. Dem parallelisierenden Stil kommt auch die im Vergleich zu anderen Sprachen bescheidene Ausstattung des Hebräischen mit Adjektiven und Adverbien zustatten, die den Sprecher des Hebräischen zwingen, komplizierte Ausdrücke in zwei oder mehrere Sätze zu zerlegen.

Gewöhnlich werden drei Formen des Parallelismus unterschieden[65]:

1. der synonyme Parallelismus, bei welchem das zweite Glied das erste Glied mit anderen Worten wiederholt, z.B. Ps 119, 105:

   Dein Wort ist eine Leuchte für meinen Fuß
   und ein Licht für meinen Pfad.

2. der antithetische Parallelismus, bei welchem das erste Glied durch einen gegenläufigen Ausdruck im zweiten Glied kontrastiert wird, z.B. Ps 119, 96:

   An aller Vollkommenheit sehe ich eine Grenze,
   aber dein Gebot reicht sehr viel weiter.

3. der sog. synthetische Parallelismus, ein uneigentlicher Parallelismus, da das zweite Glied eine Äußerung des ersten Gliedes fortführt, und zwar meist in Form eines zusammengesetzten Satzes, z.B. Ps 119, 88:

   Nach deiner Verbundenheit belebe mich,
   daß ich das Zeugnis deines Mundes bewahre.

Eine etwas kompliziertere Form von Wortbezügen liegt im sog. *Chiasmus* vor. Damit bezeichnet man die Kreuzstellung von wenigstens vier Wörtern, Wortgruppen oder Sätzen, z.B. Gen 9,6:

šopek *dăm* *ha'adam*
ba'adam *damô* *jiššapek*

[65] Als Sonderformen der Wortpaare bzw. des Parallelismus sind noch die Dreigliederung bzw. die Aufzählung in Reihen zu erwähnen, die wegen ihres selteneren Vorkommens schon ein sehr auffälliges Stilmerkmal darstellen kön-

Schließlich ist noch die *Stichwortverbindung* zu erwähnen, eine im Alten Testament nicht seltene Erscheinung. Bei ihr muß jedoch besonders darauf geachtet werden, ob es sich tatsächlich um ein solches Stilmittel handelt oder ob nicht redaktionelle Eingriffe in den Text für sie verantwortlich sind.

Die in der stilistischen Analyse erhobenen sprachlichen Eigentümlichkeiten sind zunächst auf ihre Funktion im Text hin zu untersuchen. Erst die weiteren Schritte der Exegese können dann zeigen, ob es sich bei bestimmten Stilmerkmalen um die Eigentümlichkeit der Sprache des Verfassers eines Textes, um Eigentümlichkeiten der sprachlichen Umwelt, in welcher der Text entstanden ist, oder um Eigentümlichkeiten einer literarischen Gattung handelt[66]. Es werden also bei den weiteren Schritten der Untersuchung erhobene Stilmerkmale immer wieder heranzuziehen sein. Denn innerhalb der sprachlichen Analyse eines einzigen Textes kann zunächst nur registriert werden. Über den Text hinausgehende Folgerungen können erst gezogen werden, wenn eine vergleichende Betrachtung mit verwandten Texten auf synchroner und diachroner Ebene stattgefunden hat.

Manche Beobachtungen können überhaupt erst im Zusammenhang einer vergleichenden Betrachtung angestellt werden. Hierher gehört die Feststellung von *Wendungen,* die für einen bestimmten Sprachkontext eigentümlich sind. Eine Hilfestellung dafür leisten in ganz erheblichem Maß die Konkordanzen, in eingeschränktem Maß die eigene Kenntnis der alttestamentlichen Literatur. Läßt sich eine Wortverbindung für einen größeren literarischen Zusammenhang als charakteristisch ausweisen, dann spricht man von *geprägten Wendungen;* finden sich solche Wendungen in mehreren voneinander unabhängigen literarischen Zusammenhängen, dann spricht man von *Formeln.* Ihr bevorzugter Gebrauch bzw. ihr Fehlen in einem Text können für diesen charakteristisches Stilmerkmal sein.

2. *Phonemisch-phonetische Analyse (Klang, Laut, Rhythmus)*

Die phonemisch-phonetische Analyse, im folgenden der Einfachheit halber Lautanalyse genannt, ist derjenige Untersuchungsbereich, der sich am konsequentesten einem der beiden Hauptaspekte der Sprache

---

nen. Dreigliederung findet sich z.B. in Thr 1–3; Ps 45 und Ps 93, Aufzählung in Reihen, z.B. Jes 2,12–16; 3,16–24; Ps 136; 150. – Zum Problem der Strophe s.u. Abschnitt II,2.

[66] S. § 7, II.

unter Ausblendung des anderen zuwendet. Die Lautanalyse ist fast ausschließlich mit der Ausdrucksseite der Sprache befaßt und setzt eine weitgehende Segmentierung des sprachlichen Ausdrucks bis hin zu den einzelnen Phonemen voraus.

Ziel der Lautanalyse ist die Erarbeitung des Klangbildes einer sprachlichen Äußerung. Einer bis ins einzelne vordringenden Analyse des Klangbildes müßten allerdings sämtliche Faktoren und Regeln der Aussprache sprachlicher Elemente bekannt sein. Und hier begegnet für die alttestamentliche Literatur schon eine Fülle von Schwierigkeiten, die einer solchen Analyse und der Zuverlässigkeit ihrer Ergebnisse im Wege stehen. Im folgenden sollen nur einige davon kurz aufgeführt werden:

1. Das hebräische Alphabet umfaßt nur Konsonanten und Halbvokale, so daß ein wesentlicher Faktor der lautlichen Aktualisierung von Rede nicht einmal über die Schrift zugänglich ist. Die masoretische Vokalisation kann für eine Vokalanalyse nicht herangezogen werden, da sie erst Jahrhunderte nach der Verschriftung des Alten Testaments dem Konsonantentext beigefügt wurde. Auch die sprachvergleichenden Untersuchungen semitischer Sprachen, die den hebräischen Vokalbestand zu rekonstruieren suchen, stellen keine ausreichende Basis für eine phonetische Analyse dar. – 2. Das Hebräische als eine tote Sprache gestattet keine phonetische Analyse mehr, da diese auf den ausgesprochenen Laut (Phon) zurückgreifen können muß, wie das bei einer lebendigen Sprache möglich ist. Man weiß z. B., daß in bestimmten deutschen Dialekten die Phonemverbindungen „-ig" und „-ich" gleich ausgesprochen werden. Im Hebräischen ist dagegen nur mehr eine phonemische Analyse möglich, d. h. eine Analyse, die sich auf die Lautzeichen beschränken muß, ohne ihre jeweilige lautliche Aktualisierung zu kennen. – 3. Aufgrund der aufgeführten Schwierigkeiten sind natürlich auch der Erhebung des Silbenbaus, der Beurteilung der Akzentuierung und der Quantität der Silben sehr enge Grenzen gesetzt. – 4. Das Fehlen von Satzzeichen (? und !), die in anderen Sprachen klangliche Erscheinungen mit Bedeutungsaspekt markieren (z. B. Anheben der Stimme am Ende eines Satzes für die „Frage" im Deutschen), bringt zusätzliche Schwierigkeiten.

Alle diese Tatsachen sind bei einer Lautanalyse stets zu berücksichtigen, um voreilige Schlüsse zu vermeiden. Dennoch ist in eingegrenztem Umfang eine Lautanalyse in alttestamentlichen Texten möglich. Sie gestattet gelegentlich auch Schlüsse auf den Bau einer Einheit, vor allem in der poetischen Literatur. Die Auswertung des Klangbildes für die

Bedeutungsseite eines Textes ist hingegen mit äußerster Zurückhaltung vorzunehmen und wohl auch nur in ganz seltenen Fällen möglich (Stimmungen, „Atmosphäre").

Auf der Phonemebene kann zunächst die *Verteilung* der einzelnen *Konsonanten*, ihre *Häufung* im Text bzw. in bestimmten Abschnitten erhoben werden. Die Häufung von gleichen Konsonanten oder Konsonantengruppen an einer bestimmten Stelle könnte auf eine Tonstelle hinweisen, die besonders hervorgehoben werden soll.

Weitere Erscheinungen auf der Lautebene sind die *Alliteration*[67] (Gleichklang und Anklang von Konsonanten und Konsonantengruppen) und die *Assonanz*[67] (vokalischer Gleichklang), wobei letztere mit der Unsicherheit der Vokalkenntnis belastet ist.

Auf der Silbenebene sind zunächst zwei Erscheinungen zu beobachten: der *Reim*[67] (Gleichklang von Schlußsilben) und die *Paronomasie*[68] (lautlicher Gleichklang und Anklang von Wörtern). Auch ihre Funktion innerhalb eines Textes wird am deutlichsten, wenn man ihre Stellung und Anwendung innerhalb der Textstruktur beachtet.

Für die Beurteilung von *Rhythmus* und *Metrum*, die vor allem in der hebräischen Poesie und Spruchliteratur eine wichtige Rolle spielen, wäre eine genaue Kenntnis des Silbenbaus und der Betonungsverhältnisse vonnöten. Hier besteht eine Fülle von Kontroversen unter den Fachgelehrten[69]. Sie beziehen sich auf die Festlegung der poetischen Einheiten (Langvers/Kurzvers) und auf diejenigen Faktoren, die den Wohlklang eines dichterischen Ausdrucks bestimmen, wie er sich im Metrum niederschlägt (Betonung/Quantität der Silben wie im Lateinischen; Zählung der relevanten Faktoren).

Auszugehen ist bei allen Untersuchungen vom stilistischen Phäno-

---

[67] Ein Beispiel für Alliteration, Assonanz und Reim ist Jes 1,25–26:

w'šjbā jdj ʿlăjik *w'ṣrp kbr sjgăjik* *w'sjrā kl bdjlăjik* *w'sjbā špṭăjik kbr'šnā* *wjʿṣăjik kbtḥllā* *'ḥrj kn jqqr' lk* *ʿjr hṣṣdq qrjā n'mnā*	Alliteration der Lautgruppen *š-* *w's-* und *kb-*, Assonanz des *ṣ-* Vokals *-ā*, Reim der Lautgruppe *-ăjik*

[68] Beispiel in Jes 1,19–20:
'im to' bû ûš^{e}maʿtäm ṭûb ha'aräṣ tokelû
w^{e}'im t^{e}ma'^{a}nû ûm^{e}rîtäm ḥäräb t^{e}'ukk^{e}lû.

[69] Eine ausführliche Diskussion dieser Probleme wie der Probleme der phonemisch-phonetischen Analyse überhaupt bietet das in Anm. 63 genannte Werk von L. ALONSO-SCHÖKEL.

men des Parallelismus, das zur Abgrenzung von *Versen* führt, die wiederum aus metrischen Grundeinheiten, den *Versfüßen,* zusammengesetzt sind. Nach der von den meisten Alttestamentlern anerkannten Theorie des akzentuierenden Systems besteht der Versfuß aus einer betonten und ein bis drei unbetonten Silben, wobei nach der masoretischen Akzentuierung der Ton auf der letzten Silbe des Versfußes liegt. Für das Metrum eines ganzen Verses sind nach diesem System die betonten Silben relevant, deren Zählung nach Versen das Metrum eines poetischen Textes ergibt.

Schließlich ist zu fragen, ob die poetische Literatur des Alten Testaments über den Vers hinaus noch übergeordnete metrische Einheiten, also *Strophen* kennt. Strophen lägen dann vor, wenn in einer poetischen Einheit mindestens zwei nicht nur gleich lange, sondern auch gleich gebaute Verskomplexe festzustellen sind. Bislang ist es allerdings nicht gelungen, eine strophische Gliederung von poetischen Texten im Alten Testament zweifelsfrei nachzuweisen, wenngleich *Kehrverse* (z.B. Ps 42/43) und alphabetische Gedichte (z.B. Thr 3) eine solche nahelegen. Was bislang beobachtet werden konnte, sind zwar gleich lange, aber nicht gleich gebaute Abschnitte, die eine übergeordnete stilistische Gliederung eines Textes erkennen lassen. Gewöhnlich nennt man diese stilistischen Einheiten ebenfalls „Strophe"; sie muß jedoch sorgfältig von der metrischen Einheit „Strophe" unterschieden werden. Vielleicht ist es darum zweckmäßig, terminologisch „metrische" und „stilistische Strophe" zu unterscheiden. Wie über das stilistische Phänomen des Parallelismus der Vers als metrisches Phänomen erkannt werden konnte, so wäre bei der Ermittlung übergeordneter metrischer Einheiten entsprechend vorzugehen. Ausgangspunkt wäre die Feststellung von „stilistischen Strophen", wobei die Strukturanalyse neben den schon behandelten klanglichen und stilistischen Einzelbeobachtungen wertvolle Dienste leisten kann. Die stilistischen Einheiten sind dann auf ihre eventuelle metrische Eigenart und Besonderheit hin zu überprüfen.

Für die Unterscheidung von *Poesie* und *Prosa* spielen Rhythmus und Metrum eine entscheidende Rolle. Daneben müssen aber auch syntaktische und stilistische Besonderheiten beachtet werden (z.B. Häufung von asyndetischen Relativsätzen in der Poesie; abweichende Wortstellungen u.a.).

3. Semantische Analyse

In der semantischen Analyse wendet sich der Exeget vorwiegend der Bedeutungsseite der lexikalischen Morpheme zu. Die Analyse vollzieht sich also vorwiegend auf der Wortebene. Dennoch darf die Satzebene, d.h. die syntaktische Bindung der einzelnen Lexeme, ebensowenig außer acht gelassen werden wie die Stellung der Lexeme nach der Struktur der Texteinheit.

Nachdem die syntaktisch relevanten Merkmale der Lexeme schon in der syntaktisch-stilistischen Analyse berücksichtigt wurden, ist bei diesem Auslegungsschritt das Bedeutungsspektrum der jeweiligen Lexeme zu erarbeiten. Das geschieht zunächst mit Hilfe der Lexika, die einen ersten Überblick darüber verschaffen. In einem weiteren Schritt muß unter Berücksichtigung vorerst des engeren sprachlichen Kontextes (Wortgruppen, Sätze) derjenige Ausschnitt aus dem Bedeutungsspektrum ermittelt werden, der diesem am ehesten entspricht.

Eine weitere Eingrenzung des Bedeutungsspektrums der Lexeme im konkreten Text wird durch die Heranziehung der Konkordanzen ermöglicht. Mit ihrer Hilfe sucht man verwandte Satzstrukturen in einem anderen Kontext auf, die übereinstimmende oder abweichende Verwendungen eines Lexems erkennen lassen. Besonders wertvoll sind hier natürlich Texte desselben Verfassers, dann solche derselben Periode (synchrone Betrachtung), während Texte verschiedener Perioden (diachrone Betrachtung) mit Zurückhaltung heranzuziehen sind. Ein solcher Vergleich setzt auch eine erhebliche Vorkenntnis bzw. ein erhebliches Vorverständnis der herangezogenen Literatur voraus, was sehr häufig zu vorschnellen Urteilen führen kann. Um solche möglichst zu vermeiden, ist gerade an dieser Stelle der Analyse die Ausdrucksseite vor allem in ihrer syntaktischen Ausprägung zu beachten. An ihr lassen sich die Ergebnisse noch am zuverlässigsten überprüfen.

Die Verwendung der Konkordanz hat schon in der syntaktisch-stilistischen Analyse zur Feststellung von geprägten Wendungen und Formeln geführt, die nunmehr auch auf ihre Bedeutung hin befragt werden müssen. Hier wird in besonderer Weise der Vergleich mit dem Gebrauch der Wendungen und Formeln in anderen Kontexten relevant, wobei wiederum die oben gemachte Einschränkung bezüglich der Vorkenntnis nicht aus dem Auge verloren werden darf.

Für die folgende Strukturanalyse wichtig ist eine Klassifizierung der verwendeten Substantive (Adjektive) und Verben. Bei den Substantiven ist neben der Klassifizierung, die in der syntaktischen Analyse durchgeführt worden ist, eine weitere vorzunehmen, die nach anderen Merkmalen als denen der Kombinierbarkeit erfolgt: z.B. Eigennamen (für Menschen: Individuen, Kollektive wie Stämme, Völker; für konkrete Gegenstände: Orte, Flüsse, Berge, Länder), konkrete Gegenstände (z.B. Tiere, Pflanzen, Werkzeuge), abstrakte Gegenstände (ethische, religiöse, soziale) u. a. m. Bei den Verben dürfte die in der syntaktischen Analyse schon behandelte Einteilung in Handlungs-, Zustands- und Modalverben ausreichen.

Im Zusammenhang mit der semantischen Analyse können auch diejenigen Fragen behandelt werden, die gewöhnlich unter dem Stichwort „Realien" begegnen (vgl. § 10, II, 1b). Es handelt sich um Gegenstände der materiellen Kultur, historische Kennzeichnungen und Eigennamen, geographische Tatbestände, Tiere und Pflanzen, sofern sie im Text *ausdrücklich* erwähnt sind. Hier geben die sog. Hilfswissenschaften, vor allem die politische Geschichte, die Archäologie und Kulturgeschichte, die historische Geographie und Topographie Hilfestellung.

Bei alledem handelt es sich in der semantischen Analyse um einen vorläufigen methodischen Schritt, der durch die folgenden exegetischen Schritte in seinen einzelnen Ergebnissen immer wieder überprüft und aufgrund der Überprüfung bestätigt, korrigiert oder gar umgestoßen werden muß. Dennoch ist es korrekt, die semantische Analyse an dieser Stelle zu behandeln und nicht wie in den meisten „Einführungen in die Exegese"[70] erst am Schluß der Auslegung, wo sie häufig mit der sog. „Zusammenhangsexegese" verbunden wird. Damit kann leicht der Eindruck entstehen, als spiele der Aspekt Bedeutung im Zusammenhang mit der sprachlichen Analyse, der Formen- und Gattungskritik und der anderen Auslegungsschritte keine Rolle. Tatsächlich wird jedoch unausgesprochen die Bedeutung oder eine gewisse vorläufige Kenntnis der Bedeutung immer schon bei allen exegetischen Schritten vorausgesetzt. Umgekehrt ist aber auch festzustellen, daß die semantische Analyse noch nicht die Erhellung des Inhalts eines Textes liefern kann, vielmehr einen Schritt unter vielen darstellt, die erst in ihrem Zusammenspiel auf den Inhalt eines Textes hinführen.

---

[70] Um nur die wichtigsten zu nennen: O. KAISER u.a., Einführung in die exegetischen Methoden, 1966; H. BARTH-O.H. STECK Exegese des Alten Testaments. Leitfaden der Methodik, 1971; E. ZENGER a.a.O. (Anm. 34).

4. *Strukturanalyse*

Die Strukturanalyse wendet sich wieder dem Text als ganzem zu, da er als höchste sprachliche Kommunikationseinheit Grundlage und Ziel der Interpretationsbemühung sein muß[71]. Die Strukturanalyse setzt alle bisherigen Schritte der sprachlichen Analyse voraus und greift auf ihre Ergebnisse zurück. Sind in der syntaktisch-stilistischen, in der phonemisch-phonetischen und in der semantischen Analyse zunächst die Einzelelemente des Textes erarbeitet worden, so sucht die Strukturanalyse die Zusammenordnung und Stellung der Elemente im Text zu erheben. Aus dieser Untersuchung gewinnt man schließlich die Struktur der Einheit, die möglichst übersichtlich dargestellt werden soll, am besten mit Hilfe eines graphischen Schaubildes oder einer gut gegliederten und stark formalisierten Übersicht.

Auch bei der Strukturanalyse ist es zweckmäßig, einmal den Aspekt des Ausdrucks, das andere Mal den Aspekt der Bedeutung stärker in den Vordergrund zu rücken, wobei von der Ausdrucksseite ausgehend zur Bedeutungsseite voranzuschreiten ist. Allerdings wäre es eine Täuschung, wenn man meinte, man könnte beide völlig unabhängig voneinander betrachten, denn schon bei der syntaktisch-stilistischen Analyse ist deutlich geworden, daß man ohne die Kenntnis der Bedeutung der grammatischen Morpheme nicht auskommt. Nur gestattet die Berücksichtigung der grammatischen Morpheme eine viel stärkere Formalisierung als die Berücksichtigung der lexikalischen Morpheme, da jene in ihrer Anwendungsmöglichkeit sehr viel stärker normiert sind als diese.

Je nach Betonung des Aspektes spricht man von „äußerer Struktur" (Ausdruck) oder von „innerer Struktur" (Bedeutung).

a) *Die äußere Struktur.* Die äußere Struktur eines Textes ergibt sich aus den in der syntaktischen Analyse erhobenen Bezügen von Wortgruppen, Sätzen und Satzreihen. Sie führen zu einer mehr oder weniger starken Gliederung des Textes in Abschnitte und Unterabschnitte bzw. lassen erkennen, daß ein Text nicht gegliedert ist.

---

[71] Vgl. hierzu Fragestellung und Aufgabe der Literarkritik § 5, I sowie der zusammenfassenden Exegese § 10, I, die im Bemühen um das Ganze des Textes die übrigen Einzelschritte der Exegese gleichsam einrahmen. – Zu verweisen ist in diesem Zusammenhang auch noch auf den innerhalb der modernen Sprachwissenschaft verhältnismäßig jungen Zweig der Textlinguistik, die sich um die Probleme von Texten als abgeschlossenen sprachlichen Äußerungen bemüht. Einen guten Überblick über ihre Fragestellungen bietet W. Dressler a.a.O. (Anm. 55).

In die Beschreibung der äußeren Struktur sind alle diejenigen sprachlichen Ausdrucksformen zu integrieren, die Hinweise für die Gliederung der Einheit geliefert haben[72]: z.B. die als Trenner oder Verbinder fungierenden grammatischen Morpheme, die Wiederaufnahme von Wörtern in verschiedener syntaktischer Funktion (Subjekt, Objekt), Satzarten mit vorweisender Funktion, wie Befehls- oder Fragesätze, und Satzarten, die durch ihre besondere Stellung als Einleitungs- oder Schlußsätze von Abschnitten und Unterabschnitten ebenfalls eine gliedernde Funktion im Text haben.

Schließlich ist nach Erstellung der äußeren Struktur diese mit den in der stilistischen Analyse erhobenen Stilmerkmalen zu vergleichen. Einzelne Stilelemente sind nämlich nicht nur in ihrer häufigen oder seltenen Verwendung für den Stil eines Textes charakteristisch, sondern auch ihre Stellung innerhalb eines Textes kann wertvolle Aufschlüsse über Stil und Aufbau der Einheit liefern.

b) *Die innere Struktur.* Die Analyse der inneren Struktur wendet sich unter Heranziehung der syntaktisch-stilistischen Analyse und der Analyse der äußeren Struktur nunmehr der Funktion der einzelnen Glieder des Textes (Wortebene und Satzebene) und der Funktion zu, die sich aus ihrer Anordnung im Text ergibt. Dabei ist verstärkt auf die Bedeutungsseite der Elemente einzugehen.

Auf der Wortebene sind die in der semantischen Analyse erarbeiteten Substantivklassen auf ihre Verwendung innerhalb der Texteinheit hin zu untersuchen. Der häufige Gebrauch oder die hervorgehobene Stellung von Substantiven bestimmter Klassen liefern wertvolle Aufschlüsse für das Ziel des Textes[73].

Ähnlich ist bei den Verben zu verfahren. Auf das meiste hier Wesentliche ist oben schon hingewiesen worden (Zustandsverben, Handlungsverben). Nachzutragen ist eine wichtige Unterklasse der Handlungsverben, die für die innere Struktur eines Textes vor allem im Alten Testament von größter Wichtigkeit ist: die Lexeme (= lexikalische Morpheme) des Redens. Sie gestatten nämlich im Zusammenspiel mit den übrigen Handlungsverben sehr häufig die Gliederung eines Textes in Rede und Handlung, die Feststellung der Funktion beider innerhalb eines Textes, woraus sich schließlich die Gewichtigkeit beider erkennen läßt.

Im Zusammenhang mit den Verben ist auch auf die Verwendung

---

[72] S. hierzu W. Dressler a.a.O. (Anm. 55) 55–91.
[73] S.u. Abschnitt II, 5.

der Tempora und Modi zu achten. Die Tempora liefern wichtige Hinweise auf das Verhältnis des Textes zur Zeit (vergangenes Geschehen, gegenwärtige Zustände, Voraussagen für die Zukunft), die Modi wichtige Hinweise auf die Funktion des Textes (Beschreibung, Mitteilung, Befehle, Wünsche u.a.).

Auf der Satzebene können gelegentlich besondere Formen von Nebensätzen eine wichtige Rolle spielen, z.B. Begründungssätze, Absichtssätze, Bedingungssätze, Fragesätze u.a.

Alle diese Beobachtungen sind auf dem Hintergrund der äußeren Struktur des Textes so darzustellen, daß das Zusammenspiel der einzelnen Elemente, ihr Gewicht im Textzusammenhang (Hauptelemente, Nebenelemente), der Verlauf der im Text ausgedrückten oder beschriebenen Handlungen oder Äußerungen (einschichtig, mehrschichtig) sowie ihre Gliederung (Exposition, Hauptteil, Schluß) deutlich werden. Auch hier ist eine schematische Darstellung zur Verdeutlichung der Zusammenhänge sehr hilfreich. Bei alledem wird deutlich, wie stark das formalisierende Vorgehen die einzelnen Arbeitsschritte, sowohl auf der Ausdrucks- als auch auf der Bedeutungsseite, bestimmt. So wird auch die Feststellung der Funktion eines Textes aufgrund der bislang durchgeführten Analysen zunächst nur auf einer allgemeineren Abstraktionsebene möglich sein. Ihre Konkretisierung erfordert eine Reihe weiterer Schritte, die z.T. noch innerhalb der sprachlichen Analyse, verstärkt jedoch in den folgenden exegetischen Schritten behandelt werden[74].

5. *Das Ziel der Texteinheit*[75]

Die bislang behandelten Schritte der sprachlichen Analyse gestatten nun die Frage nach dem Ziel der Texteinheit. Die entscheidenden Hinweise für ihre Beantwortung liefert vor allem die innere Struktur des Textes, an welcher am deutlichsten die Schwerpunkte und Höhepunkte des sprachlichen Ausdrucks zu erkennen sind: Die Wahl der sprachlichen Ausdrucksmittel, ihre Anordnung und Gewichtigkeit im Text,

---

[74] In diesem Zusammenhang ist auch auf die besonders wichtige Frage der Tiefenstruktur von Sätzen und Texten zu verweisen. Sie wird später in einem Exkurs innerhalb der theologischen Kritik (§ 11) behandelt, da sie in vielem die Ergebnisse der folgenden exegetischen Untersuchungen voraussetzt und für die Interpretation des Redens von Gott besonders relevant ist.

[75] Vgl. hierzu und zu Abschnitt II, 6 besonders W. RICHTER a.a.O. (Anm. 56) und die in Anm. 34 genannte Einführung v. E. ZENGER.

die kunstvolle oder weniger kunstvolle Durchformung der Struktur weisen auf das Ziel der Texteinheit hin.

Es ist zu unterscheiden, ob das Ziel eines Textes primär in der Information von Hörern oder Lesern über Sachverhalte oder aber in Bewirkung von Reaktion bei diesen zu suchen ist. Steht die Information im Vordergrund, so überwiegen in einem Text die beschreibenden und mitteilenden Elemente; soll bei den Hörern oder Lesern Reaktion hervorgerufen werden, so ist dies vor allem an Elementen zu erkennen, die Aufmerksamkeit und Anteilnahme hervorrufen können. Je nach der beabsichtigten Reaktion wird es sich einmal um syntaktische Mittel (z. B. eine Fülle von Imperativen), das andere Mal um stilistische Merkmale (kunstvolle Gliederung, Einsatz poetischer und stilistischer Mittel wie Rhythmus oder Verfremdung) handeln. Sie werden dann vor allem an den Höhepunkten der Textstruktur eingesetzt werden.

Bei Texten, die auf die Reaktion der Hörer abzielen, liegt das Ziel der Texteinheit meist in der Einheit selbst; bei Texten mit informativer Absicht kann das Ziel des Textes über diesen hinausweisen, dann nämlich, wenn die Information selbst auf andere zu ihrem Verstehen nötige und außerhalb des Textes aufzusuchende Informationen sich bezieht. Es kann sich dabei um Verweise handeln, die in verwandten oder benachbarten Texten aufgespürt werden können (z. B. Erzählungskränze, größere literarische Zusammenhänge). Es kann sich aber auch um nicht mehr aufspürbare Zusammenhänge handeln; dann liegt uns in der Texteinheit ein Teil eines nicht mehr überlieferten größeren Komplexes oder gar ein Fragment vor.

6. *Der Horizont der Texteinheit*

Unter dem Horizont einer Einheit ist derjenige Bereich zu verstehen, in welchen die Einheit eingebettet und durch den sie sichtbar geprägt ist. Der Bereich kann literarischer oder aber auch sozio-kultureller Natur sein. Auf den literarischen Bereich, in den eine Einheit einzuordnen und aus dem heraus sie zu verstehen ist, weisen syntaktische Bezüge, die aus der Einheit hinausführen, geprägte Wendungen, die für ein literarisches Werk typisch sind, und gegebenenfalls das über eine Einheit hinausweisende Ziel derselben.

Auf den sozio-kulturellen Hintergrund einer Einheit führen Formeln, also Wendungen, die in mehreren literarischen Werken begegnen, literarische Gattungen und geprägte Bedeutungssyndrome, die in § 7 und 8 behandelt werden.

Bei Texteinheiten, die solche geprägten Elemente bzw. Strukturen nicht erkennen lassen, ist der Horizont eines Textes an seinem Ziel abzulesen. Ein solcher Text ist wahrscheinlich eine geschlossene Einheit, die für sich selbst bestanden hat.

III. Ergebnisse

Die sprachliche Analyse leistet die Beschreibung der sprachlichen Struktur einer Texteinheit und der in ihr verwendeten Elemente. Sie liefert ferner erste Hinweise auf die Funktion und Intention eines Textes sowie erste Hinweise auf größere Zusammenhänge, in welche der Text einzuordnen ist. Die sprachliche Analyse bildet ferner die Grundlage für alle weiteren exegetischen Schritte, vor allem für die Formen- und Gattungskritik und die Motiv- und Traditionskritik, wobei sich beide in ihrer Frage nach geprägtem Gut (Formen und Gattungen vorwiegend auf der Ausdrucksseite bzw. Motiv und Tradition vorwiegend auf der Bedeutungsseite) auf die Ergebnisse der sprachlichen Analyse stützen.

Auf die Grenzen der sprachlichen Analyse ist an verschiedenen Stellen schon hingewiesen worden (Verschriftung, Hebräisch als tote Sprache, Mehrdeutigkeit der Sprache u.a.m.); besonders betont werden muß nur noch einmal die Tatsache, daß die sprachliche Analyse zwar auf den Inhalt einer Texteinheit hinführt, das, was der Text aussagen will, jedoch noch nicht endgültig aufhellen kann.

§ 7 Formen- und Gattungskritik

I. Fragestellung und Aufgabe

Die durch die sprachliche Analyse festgestellten geprägten Wendungen und Formeln innerhalb einer Einheit haben über den Einzeltext hinaus auf andere Einheiten verwiesen. Während geprägte Wendungen auf einen literarischen Horizont führen, weisen Formeln, d.h. geprägte Wortverbindungen, die sich in mehreren literarischen Werken finden, auf einen sozio-kulturellen Horizont der Einheit und damit auf Zusammenhänge, die dem jeweiligen literarischen Werk vorgegeben sind.

Die Grußformeln in den verschiedenen deutschen Dialekten sollen diese Beziehungen verdeutlichen. So hat jeder Dialektbereich für den Vorgang des Grüßens bestimmte, für ihn charakteristische Wendungen. „Grüß Gott“ ist in Süddeutschland gebräuchlich, „Guten Tag“ (sprich:

Chuten Tach) dagegen in Norddeutschland; „Grüetzi" ist die für die deutschsprachige Schweiz charakteristische Grußformel. Die Verwendung einer dieser Formeln läßt also den sozio-kulturellen Kontext erkennen, in dem der Sprecher seine Sprachkompetenz aktualisiert.

Das Beispiel macht noch etwas anderes deutlich. Die Wendung „Guten Tag" ist als Gruß für einen Ausländer nicht verständlich, kennt er nur die Bedeutung der beiden sprachlichen Zeichen „gut" und „Tag". Er vermag die Wendung erst dann zu verstehen, wenn er von der stillschweigend getroffenen Übereinkunft weiß, daß „Guten Tag" als Gruß dienen soll. Anders gesagt: Formeln, wie z.B. die Grußformel, sind sprachliche Zeigehandlungsschemata[76], deren Bedeutung auf Vereinbarung beruht. Der Sprecher muß solche Wendungen in der aktuellen Situation nicht erst bilden, sondern kann auf sie als vereinbarte, geprägte Handlungsschemata zurückgreifen.

Wer eine Sprache spricht, gebraucht solche Schemata, ob er will oder nicht. Sprache ist als menschliche Institution niemals ganz der Verfügungsgewalt eines einzelnen unterworfen. Sie bedient sich bei gleichem Anlaß und gleicher Abzweckung in der Regel der jeweils gleichen typischen sprachlichen Ausdrucksmittel. Dies gilt nicht nur für kurze Wortverbindungen, wie sie die Formeln darstellen, sondern auch für umfangreichere sprachliche Handlungen. Ein Beispiel mag diesen Sachverhalt erläutern. In einer Tageszeitung finden sich folgende Texte:

Ein tapferes Leben hat seine Vollendung gefunden.

JOHANNA SCHARF

* 19. 4. 1886 † 9. 3. 1972

München 2, Zeppelinstraße 1

Ihre Freunde und alle,
die sie liebhatten

[76] Vgl. zu diesem Terminus § 6, I.

> Am Dienstag nachmittag ist
>
> **FRANZ BACKER**
>
> im Alter von 44 Jahren gestorben. Darüber sind wir sehr traurig.
>
> 10. 3. 1972 · München 13 · Elisabethstraße 4
>
> **Doris Backer · Maria Backer**
> **sowie Verwandte und Freunde**

Obwohl die beiden Anzeigen verschieden gestaltet sind, weiß der Leser um ihren Anlaß und Zweck, ohne den Text mehr als oberflächlich gelesen zu haben. Wollte er den Tod eines Verwandten oder Bekannten der Öffentlichkeit mitteilen, so bediente er sich ähnlicher Ausdrucksmittel. Traueranzeigen haben neben ihren individuellen Zügen eine typische Gestalt. Sie können – wie Grußformeln – als vereinbarte sprachliche Zeigehandlungsschemata verstanden werden, die auf eine bestimmte Situation, hier also auf einen Todesfall, als Anlaß verweisen.

Die Beispiele solcher Schemata ließen sich beliebig vermehren. Reklamebriefe könnten ebenso wie Liebesbriefe, Predigten ebenso wie politische Reden, Märchenerzählungen ebenso wie Zeugenprotokolle zur Illustration herangezogen werden. In all diesen Fällen schaffen ähnliche Erfahrungen und Absichten im räumlich und zeitlich gleichen Sprachraum ähnliche Sprachformen, die für die jeweilige Situation typisch sind.

Wie läßt sich diese Beobachtung theoretisch deuten? In der Literaturwissenschaft führte dieser Sachverhalt zur Theorie der „Gattung“. Während unter *Form* im folgenden die Beschreibung eines Einzeltextes aufgrund der formalen Analyse verstanden wird, bezeichnet *Gattung* die theoretische Größe, die Einzelformen vorausliegt und sie prägt, gewissermaßen die „typische“ oder „ideale“ Form[77]. „‚Gattung‘ ist

---

[77] Vgl. W. Richter a. a. O. (Anm. 56) 74.132. Seine terminologischen Festlegungen werden hier im wesentlichen aufgenommen. Als Unterschied ist allerdings zu beachten, daß W. Richter „Form“ in Opposition zu „Inhalt“ (s. W. Richter a. a. O. 75 ff.) bestimmt, während die in § 6 entfaltete sprachliche Analyse sich unter den Aspekten „Ausdruck“ und „Bedeutung“ vollzieht und

also ein theoretisches Ergebnis der Wissenschaft; in der konkreten Literatur existieren nur die Formen"[78].

Während die Form einer Einheit durch die sprachliche Analyse bestimmt werden kann, wird die Gattung als Texttypus durch den Vergleich ähnlicher, literarisch voneinander unabhängiger Formen gewonnen. Unter Absehung von der individuellen Ausprägung der Einheiten werden die ihnen gemeinsamen, typischen Strukturmerkmale in einem Abstraktionsvorgang bestimmt und als Kennzeichen einer Gattung beschrieben.

In diesem Zusammenhang ist zu beachten, daß die Termini „Form" und „Gattung" in der Forschung bisher uneinheitlich verwendet werden. Z.T. werden sie nicht unterschieden, z.T. wechselseitig als Oberbegriffe gebraucht[79]. Die hier vorgeschlagene terminologische Differenzierung ist eindeutig: „Form" wird dem Einzeltext zugeordnet, „Gattung" bezieht sich auf einen Texttypus. Damit soll dem methodischen Fehler gewehrt werden, zwei Größen, die auf verschiedenen Ebenen stehen, unmittelbar zu vergleichen: den Einzeltext als Gegenstand der sprachlichen Analyse und den Texttypus, der als die die Einzelformen prägende Größe durch einen Abstraktionsvorgang gewonnen wird.

Auch die Termini *Formgeschichte* und *Gattungsgeschichte* sind kritisch zu prüfen. Der Verwendung von „Form" und „Gattung" entsprechend werden auch sie bisher uneinheitlich gebraucht. Manche Forscher wollen „Formgeschichte" als „Bezeichnung der Arbeitsmethode" (im Sinne von Formkritik) von „Gattungsgeschichte" als der „Benennung der Geschichte einer bestimmten Gattung" trennen[80]. Andere bestimmen „Formgeschichte" gar als Oberbegriff für alle exegetischen Methoden[81]. Hier wird vorgeschlagen, den Terminus „Gattungsge-

---

den Terminus „Form" noch vermeidet. Damit ist nicht nur ein terminologischer, sondern auch ein sachlicher Unterschied angezeigt: „Gattung" ist als abstrahierte sprachliche Zeigehandlung zu verstehen und unter den Aspekten „Ausdruck" und „Bedeutung" zu bestimmen.

[78] W. RICHTER a.a.O. 132.

[79] H.-J. HERMISSON, Studien zur israelitischen Spruchweisheit, 1968, 138 Anm. 1, z.B. will „Form" als Oberbegriff verwendet sehen; ihr seien Gattung sowie sie kennzeichnende und bestimmende Formmerkmale unterzuordnen. F. CRÜSEMANN, Studien zur Formgeschichte von Hymnus und Danklied in Israel, 1969, 13f. Anm. 1, macht einen gegenteiligen Vorschlag. „Gattung" ist für ihn der Oberbegriff, der die „Form" einer sprachlichen Äußerung, ihren Sitz im Leben und ihre Funktion darin umschließt.

[80] So H. BARTH-O.H. STECK a.a.O. (Anm. 70) 55f.

[81] So K. KOCH, Was ist Formgeschichte?, 1967², 49.66.72 u.ö.

schichte" weiterhin in dem eben beschriebenen Sinn zu verwenden und den Terminus „Formgeschichte" – auch zur Bezeichnung einer Methode – fallenzulassen. Statt dessen soll von *Formengeschichte* gesprochen werden, wenn das diachrone Verhältnis der synchron erarbeiteten Formen behandelt wird.

Die bisherigen Überlegungen haben gezeigt, daß Gattungen, obschon Theoreme, als vereinbarte sprachliche Zeigehandlungsschemata aufgefaßt werden können, denen eine bestimmte Anwendungsmöglichkeit entspricht. Die damit festgestellte sozio-kulturelle Vorprägung sprachlicher Äußerungen ist für die alttestamentliche Zeit in gleichem Maße, eher noch verstärkt, anzunehmen. Da damals das gesellschaftliche Leben und damit auch die Sprache als umweltabhängige Größe stärker als heute von Institutionen, festgeprägten Abläufen und Riten bestimmt waren, ist die Gattungsforschung ein besonders wichtiger Faktor der alttestamentlichen Exegese.

Die Aufgaben der formen- und gattungskritischen Methode können nunmehr zusammenfassend beschrieben werden. Zunächst ist die sprachlich analysierte literarische Einheit mit den verschiedenen analysierten Einzeltexten des Alten Testaments zu vergleichen, und zwar mit dem Ziel, die ihr unter Berücksichtigung der Aspekte Ausdruck und Bedeutung strukturell ähnlichen Formen aufzusuchen (Formenkritik). Sodann ist die solcherart in die Vielzahl der Formen eingeordnete Einheit im Vergleich mit ähnlich strukturierten Einheiten, die literarisch voneinander unabhängig sind, auf den sie prägenden Texttypus hin zu befragen, d.h. ihre Gattung zu bestimmen (Gattungskritik). Im Zusammenhang damit fragt die Gattungskritik nach der Funktion der Gattung und somit nach der typischen Situation, auf die die Gattung weist (*Sitz im Leben*). In bezug auf den Einzeltext vergleicht sie die typische Funktion bzw. typische Situation der prägenden Gattung mit der Funktion der Einheit im literarischen Kontext bzw. der in ihm vorausgesetzten Situation (*Sitz in der Literatur* bzw. *Sitz in der Rede*). Schließlich ist das diachrone Verhältnis der synchron erarbeiteten Formen und Gattungen zu berücksichtigen und die formen- und gattungskritisch bestimmte Einheit hier einzuordnen (Formen- und Gattungsgeschichte)[82].

Indem diese Aufgaben formuliert werden, kommt deutlich das Dilemma der gegenwärtigen Forschungssituation zum Ausdruck. Bisher wurde nur in Einzelfällen nach den in § 6 entwickelten sprach- und

[82] Vgl. dazu § 5, III, 2.

literaturwissenschaftlichen Gesichtspunkten in der alttestamentlichen Exegese gearbeitet. So kann zwar die Methode der Formen- und Gattungskritik dargestellt werden, wie sie sich aus den Überlegungen des vorausgegangenen Paragraphen ergibt, aber es kann in der Regel nicht auf die Ergebnisse ihrer Anwendung verwiesen werden. Diese noch ausstehenden Ergebnisse dürften in vielen Fällen diejenigen der bisher geübten „Form- und Gattungsgeschichte" modifizieren, in manchen Fällen sogar umstoßen. In der Praxis des wissenschaftlichen Alltags wird man angesichts dieser Forschungssituation notgedrungen auf die in den Einleitungen vorliegende Beschreibung der im Alten Testament verwendeten Gattungen zurückgreifen[83]. Dies sollte allerdings kritisch geschehen, d.h. im Wissen um die Problematik der traditionellen „Form- und Gattungsgeschichte". So kann das im folgenden beschriebene methodische Verfahren nur in Teilbereichen auf Ergebnisse zurückgreifen, die durch ein entsprechendes Vorgehen gewonnen wurden, bzw. die Formen- und Gattungskritik hat vorliegende Ergebnisse daraufhin zu prüfen, ob sie den folgenden methodischen Anforderungen gewachsen und damit durch ein oft implizit richtiges Vorgehen gewonnen sind. Jedenfalls ist die folgende methodische Grundlegung eher ein Programm als eine Beschreibung eines weitgehend geübten Verfahrens.

II. Methodik

Voraussetzung der Formen- und Gattungskritik ist, wie die Darlegungen zu Fragestellung und Aufgabe ergeben haben, daß eine Reihe von Texten literarkritisch abgegrenzt und gesondert und sprachlich analysiert ist.

1. Formenkritik[84]

a) *Strukturvergleich.* Die unter den beiden Aspekten Ausdruck und Bedeutung in der sprachlichen Analyse erarbeitete Struktur einer Einheit wird mit der Struktur anderer Einheiten verglichen. Dieser erste

---

[83] Vgl. O. EISSFELDT, Einleitung in das Alte Testament, 1964³, § 2–16; (E. SELLIN–)G. FOHRER a.a.O. (Anm. 14) § 7–14.38–41.47.53; O. KAISER, Einleitung in das Alte Testament, 1970², § 5.6.23.27.32; A. WEISER, Einleitung in das Alte Testament, 1966⁶, § 6–9. Zur Sache vgl. Abschnitt II, 1c.

[84] S. Abschnitt II, 2b.

methodische Schritt soll durch die folgenden Textbeispiele[85] veranschaulicht werden.

α) I Reg 4,2–6: (2) Und dies waren seine obersten Beamten: Asarja, der Sohn Zadoks, war Priester, (3) und Elihoref und Ahia, die Söhne Sisas, waren Schreiber; Josafat, der Sohn Ahiluds, war der Kanzler; (4) Benaja, der Sohn Jojadas, war über das Heer gesetzt; ... (5) Asarja, der Sohn Natans, war über die Statthalter gesetzt; Sabud, der Sohn Natans, war der Vertraute des Königs; (6) Ahisar war Palastvorsteher und Adoniram, der Sohn Abdas, war oberster Fronvogt.

Die Einheit ist in eine Überschrift und mehrere aneinandergereihte, formal gleiche Daten (Personenname – *bn* – Personenname und Titel) gegliedert. Charakteristisch für diese Form ist das Fehlen von Sätzen, die Beschränkung auf bestimmte Wortklassen und deren gezielte Reihenfolge.

β) I Reg 2,9: Du aber laß ihn nicht ungestraft; denn du bist ein weiser Mann und du wirst wissen, was du ihm tun sollst, um seine grauen Haare blutbefleckt ins Totenreich hinunterkommen zu lassen.

Der Vers findet sich im Zusammenhang der letzten Anweisungen Davids an Salomo, die die Behandlung einiger Vornehmer betreffen. Folgender Aufbau ist erkennbar: Vetitiv[86] mit Begründung (*kî*) im Nominalsatz; Fortführung durch Verbalsätze mit zwei Suffixkonjugationen (Perfekt). Dem Rat folgt eine strengere Anweisung. Die beiden Pronominalsuffixe der 3. pers. sg. weisen über den Vers hinaus (anaphorische Deixis). Redender (David) und Angeredeter (Salomo) sind nur durch den Kontext zu erschließen.

γ) Gen 22,20–23: (20) Nach diesen Begebenheiten wurde Abraham berichtet: Auch Milka hat deinem Bruder Nahor Söhne geboren: (21) Uz, seinen Erstgeborenen, und dessen Bruder Bus und Kemuel ..., (22) Kesed, Haso, Pildas, Jidlaf und Betuel; (23) ... Diese acht gebar Milka dem Nahor, dem Bruder Abrahams.

Sieht man von der redaktionellen Überleitung v. 20a und dem zusammenfassenden, bestätigenden Schlußsatz v. 23 ab, so besteht die Einheit

---

[85] Die folgenden Strukturbeschreibungen sind das kurzgefaßte Ergebnis der formalen Analyse (§ 6). Vgl. zu *α*: W. Richter a.a.O. (Anm. 56) 110; zu *β*: W. Richter, Recht und Ethos. Versuch einer Ortung des weisheitlichen Mahnspruches, 1966, 51; zu *γ*: G. von Rad, Das erste Buch Mose (ATD), 1958^5, 209f.; zu *δ*: W. Richter, Recht und Ethos, 41ff.; zu *ε*: H.-J. Kraus, Psalmen (BK), 1960, 931ff.

[86] *'l* mit Jussiv wird als Vetitiv, *l'* mit Imperfekt als Prohibitiv bezeichnet. Vgl. W. Richter, Recht und Ethos (Anm. 85), 71ff.

aus einem einzigen Verbalsatz: Auf v. 20b als in sich verständlichem Erzählsatz folgt in v. 21f. eine Aneinanderreihung von acht Personennamen (zweimal mit Apposition), die syntaktisch als Akkusativobjekte konstruiert sind. Bezeichnend für diese Form ist die Satzbildung, die Beschränkung auf Eigennamen und deren gezielte Reihenfolge.

δ) Prov 23,10f.:

(10) Verrücke nicht die Grenze der Witwe
und dringe nicht ein in die Äcker der Waisen.
(11) Denn ihr Beschützer ist stark;
er wird ihre Sache wider dich führen.

Die Einheit ist gegliedert in zweimal zwei Sätze: v. 10 Vetitiv und Vetitiv, v. 11 Begründung. Ihre Sprache ist gehoben, sie setzt poetische Mittel ein (Parallelismus membrorum, Chiasmus, Metrum, zwei Langverse). Die Vetitive warnen vor einer Handlung in der Zukunft; die syntaktisch untergeordnete Begründung (*kî*) besteht aus einer zeitneutralen Feststellung und einer Ankündigung, die die Aussage mit der Warnung verbindet. Sprecher und Angesprochene sind nicht genannt.

ε) Ps 142:

(1) Maskil Davids, als er sich in der Höhle befand. Ein Gebet.
(2) Laut schreie ich zu Jahwe;
laut flehe ich zu Jahwe.
(3) Ich schütte meine Klage vor ihm aus,
tue kund vor ihm meine Not.
(4) Wenn mein Geist in mir verzagt ist,
du weißt meinen Pfad;
auf dem Weg, den ich wandle,
haben sie mir eine Schlinge gelegt.
(5) Ich blicke zur Rechten und schaue:
Niemand ist, der meiner achtet.
Verloren ist für mich die Zuflucht;
niemand fragt nach mir.
(6) Ich schreie zu dir, Jahwe,
ich spreche: Du bist meine Zuversicht,
mein Teil im Lande der Lebendigen.
(7) O merke auf mein Flehen;
denn ich bin gar schwach.
Errette mich vor meinen Verfolgern;
denn sie sind mir zu mächtig.

(8) Führe mich hinaus aus dem Kerker,
daß ich deinen Namen preise!
Die Gerechten werden sich um mich scharen,
wenn du mir Gutes erweist.

Ohne auf Einzelheiten der Form in diesem Rahmen eingehen zu können, sind folgende Beobachtungen festzuhalten: V. 1 stellt die Überschrift dar, die das in v. 2ff. redende Ich mit David identifiziert und die Situation angibt. Die Einheit ist metrisch geformt: Zehn Doppelzeiler (v. 2–5.7f.) und ein Dreizeiler (v. 6). Als poetische Mittel verwendet sie Parallelismus membrorum, Chiasmus u.a. V. 2ff. beginnt mit der Feststellung lauten Flehens des sprechenden Ich und nennt Jahwe als Angeredeten. Im Fortgang sind Vertrauensäußerung, Schilderung der Not, begründete Bitten um Jahwes Zuwendung und Eingreifen und bedingte Ankündigung als Elemente zu unterscheiden.

Überblickt man die fünf Textabschnitte, die je für sich eine Einheit bilden, so fällt zunächst ihre Verschiedenheit auf: Sie sind von unterschiedlicher Länge; sie sind z. T. prosaisch formuliert (α-γ), z. T. poetisch geformt (δ-ε); sie weisen je für sich stilistische Eigentümlichkeiten auf; sie reden jeweils von etwas anderem usw. Wenn die fünf Einheiten aber hinsichtlich ihrer Strukturmerkmale miteinander verglichen werden, so ergeben sich deutlich zwei Formengruppen mit je zwei strukturverwandten oder -gleichen Einheiten: α und γ stellen beide eine Aufreihung von Daten dar, β und δ verbinden eine Warnung bzw. Mahnung (Vetitiv) mit einer Begründung (*kî*-Satzeinleitung). Die Struktur der fünften Einheit (ε) hebt sich von diesen Strukturmustern deutlich ab und findet unter ihnen keine Parallele.

b) *Formengeschichte.* Zum Abschluß dieses ersten methodischen Schrittes stellt sich für den Exegeten die Frage, ob und wie die geringeren oder größeren Abweichungen der Strukturmuster einer Formengruppe erklärt werden können. Diese Frage, die zugleich den Versuch einschließt, eine vorläufige relative Chronologie der Formen einer Gruppe aufzustellen, ist allerdings nur im Rahmen einer größeren Untersuchung zu beantworten, die eine Vielzahl von literarkritisch bestimmten und sprachlich analysierten strukturähnlichen Einheiten zum Gegenstand hat. In der exegetischen Praxis des Studenten dagegen wird dieser methodische Schritt in der Regel nicht durchführbar sein.

2. *Gattungskritik*[87]

a) *Strukturvergleich*. Gegenstand des weiteren Vergleichs sind strukturgleiche oder -verwandte Einheiten, die literarisch unabhängig voneinander sind. Diese beiden Bedingungen, die Strukturverwandtschaft und die literarische Unabhängigkeit, sind Voraussetzung für die Behauptung einer Gattung. Denn eine den Einzelformen vorausliegende und sie prägende Größe kann nur dann mit Sicherheit angenommen werden, wenn 1. die Formen aufgrund ihrer nur geringfügigen Unterschiede zu einer Formengruppe zusammengefaßt werden können und 2. sie sich nicht als literarisch abhängig erweisen oder als Konstruktion, als Prägung eines Verfassers, erklärt werden können[88].

Ziel dieses Strukturvergleiches ist es, durch den Vorgang der Auswahl das allen diesen Einheiten Gemeinsame und für sie Typische festzustellen. Anders gesagt: Es soll das Strukturschema erkannt werden, das ihnen zugrunde liegt. Der Terminus „Schema" weist darauf hin, daß geprägte Strukturmuster als Zeichen zu verstehen sind, d.h. Gattungen sprachliche Zeigehandlungsschemata darstellen, wie oben ausgeführt wurde.

Der Strukturvergleich vollzieht sich als Auswahl, d.h. es werden die Einheiten einer Formengruppe daraufhin geprüft, welche Merkmale sich so häufig finden, daß sie als typisch bezeichnet werden können. Dabei sind beide Aspekte der sprachlichen Analyse, Ausdruck und Bedeutung, für den Vergleich relevant.

Zweckmäßigerweise geht man von der Frage nach der Gliederung der einzelnen Einheiten aus und vergleicht deren Aufbau und die Funktion der Aufbauglieder in der Einheit miteinander („äußere Struktur"). Hier ist besonders auf szenische Einschnitte, auf als Trenner oder Verbinder wirkende Elemente (grammatische Morpheme, Fragesätze usw.), auf Neben- und Unterordnung der Sätze, auf die Funktion der Nebensätze usw. zu achten. Die verwendeten Satzarten und deren Stellung und Funktion innerhalb der gegliederten Einheit, die syntaktische Funktion der Wörter und Wortgruppen (Verba: Klassifizierung, Tem-

---

[87] S. Abschnitt II, 2b.

[88] Die Rahmenstücke im Richterbuch z.B. können zwar aufgrund ihrer Strukturverwandtschaft zu einer Formengruppe zusammengefaßt werden (vgl. [E. SELLIN–]G. FOHRER a.a.O. [Anm. 14] 230f.), solange aber nicht als Ausprägungen einer Gattung verstanden werden, als sich keine strukturverwandten und literarisch unabhängigen Einheiten außerhalb des Richterbuches finden lassen.

pora, Modi; Nomina: Klassifizierung, primärer oder beschreibender Gebrauch; Wendungen usw.) sind wichtige Kriterien für den Vergleich der „inneren Struktur". Für die „Bedeutung" der Gattung ist auch der Vergleich der Wörter und Wortgruppen hinsichtlich semantischer Gesichtspunkte notwendig. Welche Wörter oder Formulierungen fallen auf? Lassen sich geprägte Wendungen, Formeln oder Leitwörter feststellen? Welche Funktion und welche Bedeutung kommen ihnen zu? Die Antworten auf diese Fragen können wichtige Aufschlüsse über die Handlungen geben, auf die die Gattungen verweisen. Der Vergleich der Stile der einzelnen Formen (kurze oder kompliziert gebaute Sätze; Satzarten, Wortarten; übertragener Gebrauch; Stilfiguren, Parallelismus membrorum; Rhythmus usw.) führt oft zur Erkenntnis eines charakteristischen Stils, eines „Gattungsstils", der die Beschreibung des Strukturschemas zu ergänzen vermag.

Will man nun die hier dargestellten Gesichtspunkte auf die oben eingeführten Textbeispiele α-ε anwenden, so ist zunächst festzustellen, welche der Textbeispiele den beiden Bedingungen – der Strukturverwandtschaft wie der literarischen Unabhängigkeit – genügen. Die erste Voraussetzung erfüllen, wie die Formenkritik ergeben hat, die Einheiten α und γ bzw. β und δ. Für ε liegt keine strukturverwandte oder -gleiche Einheit vor. Daher kann in diesem Fall eine Gattungsbestimmung aufgrund des hier vorgelegten Textmaterials nicht versucht werden. Die zweite Voraussetzung zur Annahme einer Gattung erfüllen alle Einheiten: Sie stammen aus verschiedenen literarischen Werken, die nicht voneinander abhängen[89]. Somit können die beiden Formengruppen α, γ und β, δ auf ihre Gattung hin geprüft werden.

Es sind also jeweils die beiden strukturverwandten Formen nach den in diesem Abschnitt dargestellten Gesichtspunkten zu vergleichen. Trotz mancher Abweichungen lassen sich typische Strukturmerkmale erkennen. Ohne auf Einzelheiten einzugehen, können die Strukturmuster der fraglichen Textbeispiele folgendermaßen beschrieben werden: α und γ zählen unter einem bestimmten und angegebenen Gesichtspunkt Personen auf; auf Satzbau ist fast völlig verzichtet. Die beiden Formen stellen eine Aufreihung von Daten dar, deren Funktion in der Information liegt. β und δ bestehen aus zwei Gliedern. Das erste stellt eine Mahnung oder Warnung (Vetitiv) dar, das zweite gibt einen Grund (*kî*) an.

In einer monographischen Untersuchung müßten diese beiden ge-

[89] Vgl. hierzu die Ergebnisse der Einleitungswissenschaft.

prägten Strukturmuster nunmehr jeweils mit Hilfe eines Vergleichs mit weiteren strukturverwandten oder -gleichen Formen kontrolliert, eventuell korrigiert und präzisiert werden. Gleichzeitig wären die Abwandlungen des Strukturschemas zu prüfen und auf ihre Erklärbarkeit zu untersuchen. Der synchrone Aspekt wäre durch den diachronen Aspekt zu ergänzen.

In diesem Zusammenhang ist auf die Erscheinung hinzuweisen, daß sich in manchen Fällen eine Gattung (dann *Gliedgattung* genannt) als Bestandteil einer anderen Gattung (dann als *Rahmengattung* bezeichnet) erweist[90]. So ist die Gattung des Textbeispieles β I Reg 2,9 (ähnlich das Lied Jos 10,12f.) Gliedgattung der Rahmengattung Erzählung.

b) *Zur Gattungsbestimmung in der wissenschaftlichen Praxis.* Im Unterschied zu der hier dargestellten Methodik erfolgt die Gattungsbestimmung in der Praxis des wissenschaftlichen Alltags gewöhnlich so, daß eine vorliegende, literarkritisch bestimmte Einheit zunächst sprachlich analysiert und sodann hinsichtlich ihrer Struktur mit den Gattungen verglichen wird, die die alttestamentliche Forschung bisher erarbeitet und in den Einleitungswerken beschrieben hat. Allerdings sind diese Gattungsbestimmungen nicht auf moderner sprachwissenschaftlicher Grundlage entstanden, so daß ihre Übernahme nur kritisch geschehen kann und nur so lange und so weit gerechtfertigt erscheint, als die Gattungsforschung die durch die moderne Sprachwissenschaft sich ergebenden neuen Fragestellungen noch nicht aufgenommen hat[91].

c) *Gattungsbezeichnung.* Der Vergleich strukturverwandter, literarisch unabhängiger Einheiten hat auf ein Strukturschema geführt, das jeweils durch bestimmte Merkmale definiert ist. Um die Verständigung in der Forschung zu erleichtern, werden für die einzelnen geprägten Strukturmuster, also für die Gattungen, Bezeichnungen eingeführt. Der jeweils gewählte Terminus ist aber nicht die Sache selbst, sondern steht für die Sache. Er bezeichnet das Strukturschema, das einer bestimmten Formengruppe im angegebenen Sinn zugrunde liegt. Der Terminus an sich läßt also keine Schlüsse für die Gattung, ihren Sitz im Leben, ihre Funktion usw. zu. „Gegenstand weiterer Fragen bleibt ... die Formengruppe und deren Strukturmuster, Gegenstand wird nicht die Gattungsbezeichnung.“[92]

Da die alttestamentliche Literatur nur in seltenen Fällen eigene Gat-

---

[90] S. K. Koch a.a.O. (Anm. 81) 29ff.
[91] Vgl. Abschnitt I.
[92] W. Richter a.a.O. (Anm. 56) 140.

tungsbezeichnungen vorschlägt (z.B. *tᵉpillā* „Bitte, Gebet"; *tᵉhillā* „Loblied"; *mašal* „Spruch, Gleichnis"), sind neue Bezeichnungen geprägt oder aus der Literaturwissenschaft übernommen worden (z.B. Drohwort, Scheltwort, Sage, Sentenz, Trinklied). Zweckmäßigerweise geht man von diesen bisher gebräuchlichen Bezeichnungen aus und sucht die der Gattung am nächsten kommende aus. So wird z.B. die Gattung der Formengruppe α, γ „Liste" und der Formengruppe β, δ „Mahnspruch" genannt. In manchen Fällen werden sich die bisherigen Bezeichnungen als unzutreffend oder irreführend erweisen. Dann ergibt sich die Notwendigkeit, neue Bezeichnungen zu prägen.

Als Termini der Wissenschaftssprache sind Gattungsbezeichnungen exemplarisch und mit Prädikatorenregeln einzuführen[93]. Folgende Gesichtspunkte sollten dabei berücksichtigt werden:

1. Die umgangssprachliche Verwendung der Bezeichnung, genauer: ihres Lexems, sollte Beachtung finden, damit keine falschen Assoziationen geweckt werden.

2. Die Bezeichnung sollte nicht zu allgemein oder blaß gewählt werden, sondern sollte für die wissenschaftliche Diskussion anregend sein. So wäre z.B. „Lied" zwar als systematisierender Oberbegriff für verschiedene Liedgattungen, wie das Lob-, Dank-, Klagelied usw., geeignet, nicht aber als Gattungsbezeichnung sinnvoll, da durch einen solchen Terminus keine Impulse zur Theoriebildung vermittelt würden.

3. Die Bezeichnung sollte die situationstypische Verwendung der Gattung, ihren Sitz im Leben, erkennen lassen. In diesem Falle käme ihr Aussagegehalt zu.

4. Sie sollte eindeutig und nicht von einer aktuellen Redesituation abhängig sein.

d) *Sitz im Leben*

α) Die Gattungen wurden als sprachliche Zeigehandlungsschemata verstehen gelehrt, denen eine vereinbarte Anwendungsmöglichkeit entspricht. Damit wurde auch zum Ausdruck gebracht, daß Gattungen sich von Vorgängen herleiten, die immer wieder stattfinden, d.h. jeweils auf bestimmte Handlungsabläufe verweisen, die sich in typischer Art und Weise wiederholen. Die aktuellen Situationen, auf die diese Handlungen zurückgehen, sind in wesentlichen Punkten vergleichbar und damit gewissermaßen auf eine typische Situation zurückzuführen. Diese Situation, durch einen Abstraktionsvorgang gewonnen, heißt „Sitz im Leben". Der Gattung als typischer Redeform entspricht also

---

[93] S. W. KAMLAH–P. LORENZEN a.a.O. (Anm. 55) 70ff.

der Sitz im Leben als typische Redesituation. Anders gesagt: Der Terminus „Sitz im Leben" bezeichnet die sozio-kulturellen Bedingungen, auf die eine Gattung verweist (Gattungskritik als Literatursoziologie).

So gehört der Reklamebrief dem modernen Wirtschaftsleben zu, das in der westlichen Welt mehr oder minder von Angebot und Nachfrage geregelt wird. Eine Firma verschickt einen solchen Brief, um Käufer für eine bestimmte Ware zu gewinnen. Der Sitz im Leben eines Reklamebriefs ist also die Marktwerbung eines Unternehmens. Anders die Predigt. Ihr Sitz im Leben ist der christliche Gottesdienst, in dem ihr ein bestimmter Platz zukommt. Ein Kondolenzbrief weist auf einen Todesfall als vorausgesetzte Situation hin und dient dem Zweck, die Anteilnahme des Schreibers an der Trauer über den Tod auszudrücken.

Die Beispiele, die beliebig vermehrt werden könnten, machen deutlich, wie eine Gattung in einem Lebensvorgang so verwurzelt und mit einer gesellschaftlichen Gegebenheit so verbunden ist, daß sie mit deren Wiederholung auch selbst wieder verwendet wird. Doch entspricht einem Sitz im Leben nicht nur jeweils *eine* Gattung. Marktwerbung kann auch durch Radio- oder Fernsehsendungen oder durch Plakate an Litfaßsäulen getrieben werden. Zu einem Gottesdienst gehören nicht nur die Predigt, sondern auch Gebete oder Lieder. Ein Todesfall schließlich kann auch verschiedene Gattungen freisetzen: eine Traueranzeige wie einen Kondolenzbrief, eine Beerdigungsansprache wie einen Nachruf. So ist zwar einer Gattung nur *ein* Sitz im Leben eigentümlich, aber in der Regel nicht umgekehrt einem Sitz im Leben nur *eine* Gattung. Vielmehr stehen in einem bestimmten Situationsbereich (Sitz im Leben) mehrere Gattungen als Handlungsschemata für typische Handlungen zur Verfügung.

β) Wie kann der Sitz im Leben einer Gattung erkannt werden? Diese Frage, der sich die folgenden Überlegungen zuwenden, soll in einem Doppelschritt beantwortet werden.

1. Zunächst sind alle Formen zu befragen, die als individuelle Ausprägungen einer bestimmten Gattung erkannt sind: „Wer ist es, der redet? Wer sind die Zuhörer? Welche Stimmung beherrscht die Situation? Welche Wirkung wird erstrebt?"[94] Ziel dieses Schrittes ist es, die konkrete Redesituation zu erheben. Um falsche oder zumindest voreilige Schlüsse zu vermeiden, ist dabei der literarische Kontext auszublenden.

Die Antworten auf diese Fragen sind kritisch miteinander zu verglei-

[94] H. GUNKEL, Reden und Aufsätze, 1913, 33.

chen; gemeinsame sich wiederholende Elemente sind festzustellen. Der Unterschied zwischen der Form als Ergebnis der sprachlichen Analyse eines Einzeltextes und der Gattung als Texttypus verbietet zwar, diese Beobachtungen ohne weiteres zu verallgemeinern, doch lassen sich Tendenzen ablesen und erste Hinweise auf den Sitz im Leben der Gattung gewinnen. Nur im Ausnahmefall kann der Vergleich der konkreten Redesituationen allein die typische Situation erschließen.

2. Sodann sind die in den entsprechenden Einheiten vorkommenden geprägten Wendungen, Formeln und deren Horizont zu vergleichen. Das Ziel der Texteinheiten und ihr Horizont, damit auch ihre Bedeutung, sind die entscheidenden Kriterien zu Bestimmung des Sitzes im Leben.

Die Kenntnis der sozio-kulturellen Bedingungen und Gegebenheiten in Israel und im Alten Orient, der Religions-, Sozial-, Wirtschafts-, Rechtsgeschichte usw., ist in diesem Zusammenhang besonders notwendig. Doch sollte man dabei die Bindung von Gattungen an bestimmte Institutionen, z.B. rechtlicher und kultischer Art, nicht überschätzen. Statt dessen ist damit zu rechnen, daß man häufig über Vermutungen nicht hinauskommt und damit eine sichere Zuordnung einer Gattung zu ihrem bestimmten Sitz im Leben nicht möglich ist.

e) *Funktion und Intention.* Diese Schwierigkeiten hängen z.T. mit der Tatsache zusammen, daß eine Gattung oft nicht ihrem Sitz im Leben gemäß gebraucht wird und somit zwischen dem ursprünglichen „Sitz im Leben" und dem „Sitz in der Rede bzw. Literatur" bzw. zwischen der Gattung und ihrer *Funktion* zu unterscheiden ist. Am 5,1–3 als Beispiel soll diese Beobachtung verdeutlichen[95]:

(1) Hört dieses Wort, das ich als Totenklage über euch
anstimme, Haus Israel:
(2) Gefallen ist, nicht steht mehr auf,
die Jungfrau Israel,
liegt hingestreckt auf ihrem Boden,
niemand hilft ihr auf.
(3) Denn so hat Jahwe gesprochen:
Die Stadt, die als Tausendschaft ausrückt,
behält Hundert übrig,
und die als Hundertschaft ausrückt,
behält Zehn übrig.

---

[95] Zur Sache und Terminologie s. H. W. Hoffmann, Form-Funktion-Intention, ZAW 82 (1970), 341–346.

In Am 5,2 liegt als Gattung ein Leichenklagelied vor, das seinen Sitz im Leben wohl an der Totenbahre eines Menschen hat. Hier wird es zwar auf den Untergang eines Volkes bezogen, doch weisen der Tod eines Einzelmenschen und ein solcher Untergang typische Gemeinsamkeiten auf, die besonders dort auffallen, wo ein Volk – wie in Am 5,2 – im Bild einer Frau vorgestellt wird. Man spricht in diesem Fall, wo eine Gattung in einem ihrem ursprünglichen Sitz im Leben so eng verwandten Situationsbereich gebraucht wird, nicht von einem Wechsel, sondern von einer Erweiterung oder Verallgemeinerung des ursprünglichen Sitzes im Leben; denn die Gattung wird auch dann noch ihrer typischen Anwendungsmöglichkeit entsprechend verwendet (*funktionstypische* Anwendung).

Wenn aber Am 5,1–3 von Amos stammt, wie allgemein angenommen wird, dann kann von einem tatsächlich geschehenen Untergang Israels keine Rede sein. Im Gegenteil, Israel steht zur Zeit dieses Propheten gerade auf einem Gipfel politischer und wirtschaftlicher Erfolge. Diese Feststellung genügt schon, um zu erkennen, daß die in Am 5,2 vorliegende Gattung des Leichenklageliedes nicht ihrer eigentlichen Funktion entsprechend angewendet ist (*funktionsatypische* Anwendung)[96], da der hier vorausgesetzte Situationshintergrund sich nicht mit dem ursprünglichen Sitz im Leben zur Deckung bringen läßt. Die aus gattungskritischen Überlegungen sich ergebende Frage, ob eine Gattung in einem bestimmten Kontext funktionstypisch oder -atypisch verwendet ist, erweist sich damit als besonders wichtig, da ihre Beantwortung zum Verständnis der Aussage eines Textabschnittes unerläßlich ist.

Von dieser Frage nach der typischen bzw. konkreten Funktion einer Gattung ist die nach der Absicht oder Intention des Sprechers zu unterscheiden. Auf das Beispiel Am 5,1–3 angewendet: Warum oder wozu kündigt Amos Unheil an? Will der Prophet Israel lediglich von dem bevorstehenden Gericht in Kenntnis setzen? Oder will er das Volk vor dem Unheil warnen und zur Umkehr mahnen?

Zwar liefern die sprachliche Analyse und die Formen- und Gattungskritik erste Hinweise für die Absicht, die ein Redender mit einem Wort verfolgt, doch können sie die Frage nach der Intention nicht abschließend beantworten. Erst die zusammenfassende Exegese, die den Ertrag aller methodischen Schritte zu verdichten sucht und den „Inhalt" der Einheit formuliert, wird eine Antwort wagen können. Doch wird es

[96] Der politisch-religiöse wie der literarische Kontext von Am 5,1–3 machen es wahrscheinlich, daß das Leichenklagelied hier die Funktion der Unheilsankündigung hat.

auch dann in manchen Fällen bei Vermutungen bleiben müssen, da der Kontext im Sinne der aktuellen Redesituation und ihrer Voraussetzungen oft nicht eindeutig rekonstruierbar ist. In diesem Zusammenhang sollte lediglich auf den Sachverhalt und die notwendige Unterscheidung von Funktion und Intention hingewiesen werden[97].

f) *Weitere Fragestellungen (Gattungsgeschichte).* Schließlich hat die Gattungskritik das Problem zu bedenken, das mit der Verschriftung von mündlicher Rede gegeben ist. Hier ist zwar nicht der Platz, auf die Frage der mündlichen Überlieferung näher einzugehen – diese Aufgabe stellt sich der Überlieferungskritik –, doch soll auf die Problematik der Verschriftung für die Gattungskritik nachdrücklich hingewiesen werden, da deren Bedeutung bisher nicht genügend gewürdigt wurde.

So ist im Einzelfall jeweils genau zu prüfen, ob bestimmte Stilelemente, die sich nicht als Eigenart des Sprechers erwiesen haben, als charakteristisch für die Gattung anzusehen sind oder sich aufgrund der Verschriftung erklären lassen.

Auch wird eine Gattung, wie schon festgestellt wurde, literarisch oft nicht ihrem ursprünglichen Sitz im Leben entsprechend verwendet, vielmehr kann sich die Situation, auf die die Gattung verweist, durch die Literaturwerdung in vielfacher Weise ändern; man spricht dann von dem „Sitz in der Literatur“. Doch bereits im vorliterarischen Stadium ist eine solche Änderung der betreffenden sozio-kulturellen Bedingungen möglich, so daß man zuweilen einen „Sitz in der Rede“ unterscheiden kann. Solchen und ähnlichen Erscheinungen nachzugehen und die damit verbundenen Änderungen des Ziels der Gattung zu untersuchen, stellt sich als Aufgabe der Gattungsgeschichte.

Es ist noch auf die Unterscheidung von *primärer* und *konstruierter* Gattung hinzuweisen[98]. Nur die primäre Gattung kann als mündlich vorgegeben angenommen werden, die konstruierte Gattung ahmt eine primäre Gattung nach, in der Regel ist sie literarisch verfaßt. Kriterien für die Unterscheidung liefern, soweit sie bisher überhaupt angebbar sind, die sprachliche Analyse und der Strukturvergleich.

---

[97] In der Regel werden Funktion und Intention weder sachlich noch terminologisch voneinander abgehoben. Vgl. H. Barth-O.H. Steck a.a.O. (Anm. 70) 65.

[98] Vgl. zur Terminologie W. Richter a.a.O. (Anm. 56) 139.143.148. Als Beispiele werden dort u.a. genannt: Jdc 6,36–40; 7,2–8 („konstruierte prophetische Erzählungen“).

III. Ergebnisse

1. Das Schaubild soll die in diesem Paragraphen erläuterten methodischen Schritte graphisch darstellen und ihre Zusammenhänge aufweisen.

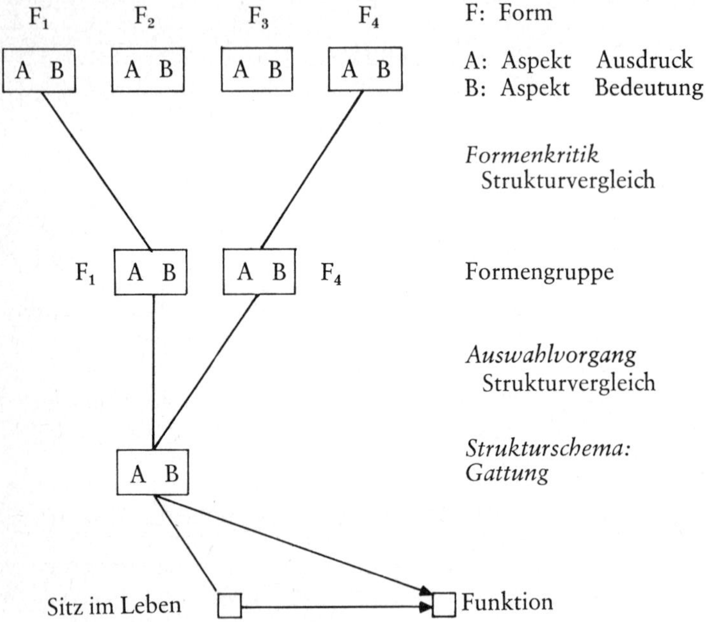

Je nachdem, wie weit der Abstraktionsvorgang in der Gattungsbestimmung vorangetrieben wird, kann man als oberste Gattungen mit allgemeinsten Strukturregeln „Prosa" und „Poesie" erhalten. Je mehr Formen eine Gattung umfassen soll, desto allgemeiner und theoretischer wird sie. So kann z.B. folgende Hierarchie aufgestellt werden: Klagelied des einzelnen – Klagelied – Lied – Lyrik – Poesie. Es ist deutlich, wie mit jeder höheren Stufe der Abstraktion die Gattung allgemeiner und blasser wird. Gattungen finden sich also auf verschiedenen Ebenen der Abstraktion, die jeweils anzugeben sind. In der Regel sollte der Abstraktionsvorgang auf ein Minimum beschränkt werden, damit die Gattungen nicht zu platt oder nichtssagend werden.

2. Die Formen- und Gattungsgeschichte weisen auf Differenzierungen und Übergänge zwischen den Formen bzw. Gattungen hin. Sie befassen sich aber nicht mit der Frage, ob eine Form oder die nach den literarischen Quellen älteste Gestalt einer Gattung Vorformen aufgewiesen haben.

Die Gattungsgeschichte läßt die verschiedenen Möglichkeiten des Sitzes im Leben und Sitzes in der Rede bzw. der Literatur einer Gattung und damit eventuelle Akzentverschiebungen und neue Zielsetzungen erkennen.

3. Mit der Bestimmung der Gattung, ihres Sitzes im Leben und ihrer Anwendung (Funktion) im Textzusammenhang ist ein weiterer Schritt auf Eindeutigkeit hin getan.

4. Die Formen- und Gattungskritik nehmen kein theologisches Werturteil vorweg. Sie sind nicht das grundlegende noch alleinige Prinzip der alttestamentlichen Exegese, sondern eine Methode unter anderen.

§ 8 Motiv- und Traditionskritik

I. Fragestellung und Aufgabe

Wie § 7 befaßt sich auch § 8 mit dem in einer Einheit enthaltenen geprägten Gut, allerdings nicht mit geprägten Strukturen (so § 7), sondern mit *geprägten Bedeutungssyndromen.*

Was ist unter einem Bedeutungssyndrom zu verstehen? Der Terminus „Bedeutung" faßt – so wurde oben dargelegt – alle Gegenstände und Sachverhalte zusammen, die ein Zeichen oder eine Zeichengruppe zu verstehen geben *können* (was sie be-deuten *können*). Jedes einzelne Zeichen deutet auf etwas hin, hat also eine Bedeutung. Häufig allerdings handelt es sich dabei um ein Bedeutungsspektrum (vgl. § 6). So kann das Wort „Schloß" Verschiedenes bedeuten. Daß es sich in einem konkreten Fall um das Schloß als Gebäude und nicht um das Schloß zum Verschließen der Tür handelt, geht aus dem Zusammenhang hervor, in dem das Wort steht. Der Ausschnitt aus dem Bedeutungsspektrum, den ein Zeichen oder eine Zeichenkombination zu verstehen geben *sollen,* wird Inhalt genannt. Die Bestimmung des Inhalts einer Einheit ist das Ziel der gesamten Exegese, also erst nach Anwendung aller exegetischen Methoden möglich. Allerdings wurde die Bedeutung der

Einheit und der einzelnen Bedeutungsträger, aus denen sie zusammengesetzt ist, in den bisherigen Schritten schon in Richtung auf ihren Inhalt hin eingeengt.

Bedeutungsträger sind die einzelnen Morpheme und die Morphemkombinationen: Wörter, Wendungen, Sätze, Abschnitte, Einheiten usw. Oft haben Morphemkombinationen eine gemeinsame Bedeutung, für die die Bedeutungen der einzelnen Morpheme keine Rolle mehr spielen (vgl. etwa das Wort „Buchstabe"). Bei der Bedeutung anderer Morphemkombinationen ist die Bedeutung einzelner Morpheme oder kleinerer Morphemkombinationen noch bewußt. Das ist z.B. bei dem Wort „Haustür" der Fall, oder bei dem Satz: „Gott sprach: Es werde Licht". Die Bedeutungen der Morpheme „Haus" und „Tür" bzw. „Gott", „sprach", „Licht" haben hier noch eigenes Gewicht. Im folgenden wird die Bedeutung einer Morphemkombination, bei der die Bedeutung einzelner Morpheme oder kleinerer Morphemkombinationen noch bewußt ist, als Bedeutungssyndrom bezeichnet. Schematisch läßt sich die Zusammengesetztheit der Bedeutung einer Einheit folgendermaßen darstellen:

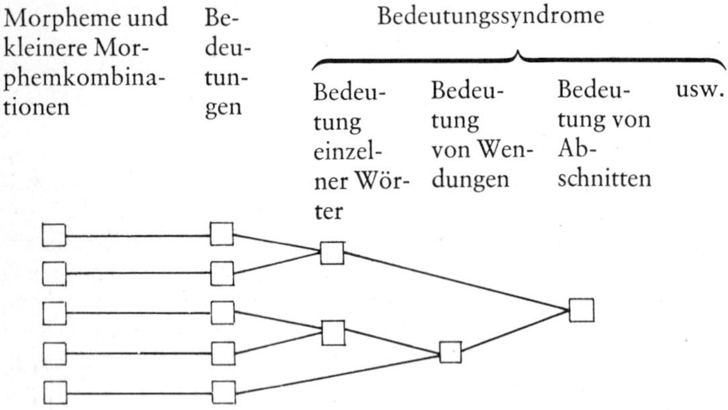

Für viele Situationen hält die Sprache *geprägte Bedeutungssyndrome* bereit. Dies zeigt sich schon im Bereich des Alltäglichen: Das Gespräch mit jemandem, der aus dem Urlaub zurückgekehrt ist, enthält meist die Frage nach dem Wetter. Einen Krankenbesuch beginnt man häufig mit der Frage: Wie fühlen Sie sich denn? o.ä. Das Kind, das eben in die erste Schulklasse gekommen ist, wird sich von seiten der Erwachsenen öfter mit der Frage konfrontiert sehen, wie es ihm gefalle. Die

Beispiele ließen sich vermehren. Für fast alle Sprachsituationen gibt es einen Fundus geprägter Gedanken und Themen: für Verabschiedungen und Begrüßungen, für Gratulationen und Beileidsbezeigungen, für Reden zu den verschiedensten Anlässen, für Urlaubsgrüße und Lebensläufe.

Besonders zu erwähnen ist die Fülle von Bildern, die unsere Sprache zur Verfügung stellt, um einen Sachverhalt treffend auszudrücken. Ein Beispiel sei erwähnt: Will man von jemandem sagen, er habe sich auf eine Tätigkeit eingelassen, die über ihn selbst Gewalt bekommen habe, so daß er sich ihr nicht mehr entziehen kann, so kommt dieser ganze Sachverhalt durch das von Goethes Gedicht her bekannte Bild zum Ausdruck: Er wird die Geister, die er rief, nicht mehr los.

Auch in der alttestamentlichen Literatur finden sich geprägte Bedeutungssyndrome. Sie lassen sich einteilen in *Motive, geprägte Themen, geprägte Züge* und *Traditionen.*

Werden Motive, geprägte Themen, geprägte Züge und Traditionen von dem Verfasser einer Einheit herangezogen, so finden sie in der Einheit selbst als *Themen* oder *Züge* Verwendung, wobei hinsichtlich der Funktion dieser Themen in der Einheit zwischen *Neben-* oder *Füllthemen* und *Zentralthemen* zu unterscheiden ist. Die Einteilung der geprägten Bedeutungssyndrome und ihre Verwendung in einer Einheit kann man folgendermaßen graphisch darstellen:

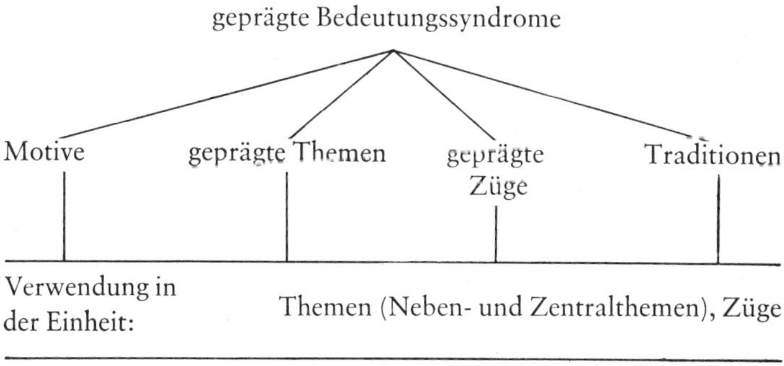

Da sich – wie schon erwähnt – auch in der alttestamentlichen Literatur geprägte Bedeutungssyndrome finden, steht der Ausleger des Alten Testaments vor folgenden Fragen:

1. Anhand welcher Kriterien läßt sich erkennen, ob in einer Texteinheit geprägte Bedeutungssyndrome vorliegen und um welche Art von geprägten Bedeutungssyndromen es sich handelt?

2. Auf welche Weise kann die Geschichte eines geprägten Bedeutungssyndroms erhoben werden (diachroner Aspekt)?

3. Wie läßt sich die Funktion eines geprägten Bedeutungssyndroms in der vorliegenden Einheit bestimmen?

Eine Beantwortung dieser Fragen ist aus zwei Gründen für das Verständnis einer Texteinheit von Wichtigkeit. Erstens erhellt sie den sozio-kulturellen Hintergrund, auf dem die Texteinheit zu sehen ist. Zweitens können in der Verwendung eines geprägten Bedeutungssyndroms die Eigenart einer Texteinheit und die Absicht ihres Verfassers sichtbar werden.

Bevor eine Beantwortung der oben gestellten drei Fragen versucht wird, müssen die Termini „Motiv", „geprägtes Thema", „geprägter Zug" und „Tradition" geklärt werden.

1. Klärung des Terminus „Motiv"

Unter einem Motiv wird in diesem Buch ein geprägtes Bedeutungssyndrom verstanden, auf das ein Verfasser zurückgreifen kann, wenn er einen bestimmten Vorgang oder Gedanken zum Ausdruck bringen will. Nicht dieser Vorgang oder Gedanke sind das Motiv. Sie sollen im folgenden vielmehr als *Motivthema*[99] bezeichnet werden. Das Motiv ist das geprägte Bedeutungssyndrom, das seinerseits auf das Motivthema hindeutet, im Hörer oder Leser die Assoziationen an dieses Thema weckt und dieses somit signalisiert. Es liegt also ein doppeltes Bedeutungsverhältnis vor: Eine Morphemkombination deutet auf ein Bedeutungssyndrom, und dieses deutet – falls es sich um ein Motiv handelt – wieder auf ein bestimmtes Motivthema. Einige Beispiele sollen dies verdeutlichen:

a) *Erkennen durch den passenden Schuh*[100]. Es soll zuerst ein Beispiel aus dem Gebiet der Literaturwissenschaft gebracht werden, in dem die Motivforschung besonders intensiv betrieben wurde: der Märchenforschung[101].

---

[99] Ein Motivthema ist also ein auf indirekte Weise ausgedrücktes Thema – im Unterschied zu einem Thema, das durch eine Morphemkombination direkt zum Ausdruck gebracht wird.

[100] Vgl. W. KAYSER, Das sprachliche Kunstwerk, 1969^{14}, 61.

[101] Vgl. W. KAYSER a.a.O. 59f.

In manchen Märchen findet sich das Motiv, daß ein Mädchen, das bisher ein Schattendasein führte, so daß niemand es recht beachtete, durch einen nur ihr passenden Schuh als die vom Königssohn Gesuchte erkannt wird (vgl. z.B. Aschenputtel). Das durch dieses Motiv zum Ausdruck kommende Motivthema ließe sich etwa folgendermaßen umschreiben: überraschende Identifikation einer Person.

b) *Vergleich des Menschen mit der welkenden Blume.* Dieser Vergleich findet sich z.B. in folgenden beiden alttestamentlichen Texten:

Der Mensch: wie Gras ist sein Leben.
  Wie die Blumen im Feld, so blüht er.
Doch der Wind geht darüber, schon sind sie nicht mehr
  und nicht kennt sie mehr ihre Stätte. (Ps 103,15f.)
Der Mensch: von der Frau geboren,
  lebt kurze Zeit, unruhesatt.
Wie eine Blume blüht er auf – und welkt,
  flieht wie ein Schatten und hat nicht Bestand. (Hi 14,1f.)

Motivthema ist hier die Vergänglichkeit des menschlichen Lebens. In Hi 14,1f. wird dieses Thema noch durch einen anderen Vergleich ausgedrückt: den Vergleich des Menschen mit dem Schatten. Auch hierbei handelt es sich nicht um eine einmalige Ausdrucksweise des Hiobdichters, sondern um ein Motiv. Dies zeigt sich daran, daß sich dasselbe Bedeutungssyndrom zur Beschreibung desselben Themas „Vergänglichkeit des menschlichen Lebens" noch in einer anderen Einheit findet:

Der Mensch: dem Windhauch gleicht er.
  Seine Tage: ein flüchtiger Schatten. (Ps 144,3)

Dasselbe Thema wird hier also durch die Verwendung von zwei verschiedenen Motiven dargestellt. Eine Durchsicht der Psalmen würde ergeben, daß es sich auch beim Vergleich des Menschen mit dem Windhauch um ein Motiv handelt.

c) *Bezeichnung Jahwes als Zufluchtsort des Menschen.* Dieser Vergleich begegnet in mehreren Psalmen[102], z.B. Ps 31,5: „Du bist meine Zuflucht", Ps 43,2: „Du bist der Gott meiner Zuflucht". Thema dieses Motivs ist das Vertrauen des Beters zu Jahwe. Nicht dieses Motivthema ist das Motiv. Das Motiv dient vielmehr zum Ausdruck dieses Themas. Die geläufige Bezeichnung „Vertrauensmotiv" ist also – nach der hier vorgeschlagenen Terminologie – nicht korrekt. Es wäre besser, von „Thema: Vertrauen" oder von einer „Vertrauensäußerung" zu reden.

---

[102] Vgl. H. Gunkel–J. Begrich, Einleitung in die Psalmen, 1966^2, 34f.

d) *Begegnung an der Wasserstelle.* In Gen 24 wird erzählt, daß der Knecht Abrahams nach Aram Naharaim kommt und an der Wasserstelle vor der Stadt, „zur Abendzeit, da die Wasserschöpferinnen herauskamen" (v. 11), der Rebekka begegnet. Gen 29 trifft Jakob an der Wasserstelle die Rahel. Nach Ex 2 begegnet Mose an der Wasserstelle den Töchtern des Priesters von Midian. Nach I Sam 9 kommen Saul und sein Knecht am Abend zur Stadt, in der der Gottesmann (Samuel) wohnt, und Saul erkundigt sich bei den eben herauskommenden Wasserschöpferinnen nach der Wohnung Samuels.

Das Thema dieses Motivs ist der Vorgang einer wichtigen Begegnung. Darüber hinaus verleiht die Verwendung des Motivs einer Erzählung besonderes Kolorit. Welche Assoziationen das Motiv „Begegnung an der Wasserstelle" zu wecken vermag, kann man an einem Text GOETHES sehen: „Du gehst einen kleinen Hügel hinunter und findest dich vor einem Gewölbe, da wohl zwanzig Stufen hinabgehen, wo unten das klareste Wasser aus Marmorfelsen quillt ... Da kommen dann die Mädchen aus der Stadt und holen Wasser, das harmloseste Geschäft und das nötigste, das ehemals die Töchter der Könige selbst verrichteten. Wenn ich dasitze, so lebt die patriarchalische Idee so lebhaft um mich, wie sie alle, die Altväter, am Brunnen Bekanntschaft machen und freien, und wie um die Brunnen und Quellen wohltätige Geister schweben. O, der muß nie nach einer schweren Sommertagswanderung sich an des Brunnens Kühle gelabt haben, der das nicht mitempfinden kann."[103] Man wird damit rechnen müssen, daß es nicht zuletzt dieses kaum mehr faßbare Bündel von Assoziationen ist, das den Gebrauch eines Motivs zum Ausdruck eines bestimmten Themas veranlaßt[104].

Es kann nun zusammenfassend beschrieben werden, welche Merkmale ein Bedeutungssyndrom als Motiv kennzeichnen:

a) Ein Motiv ist ein Bedeutungssyndrom, für das wahrscheinlich gemacht werden kann, daß es sich um ein *geprägtes Bedeutungssyndrom* handelt. Dies ist dann anzunehmen, wenn das Bedeutungssyndrom in mindestens zwei voneinander unabhängigen Einheiten auftritt. Allerdings ist mit der Möglichkeit zu rechnen, daß in der vorliegenden Einheit ein Bedeutungssyndrom erstmals auftaucht, sozusagen geprägt wird. Deshalb kann erst eine Betrachtung der ein Motiv bildenden

---

[103] J. W. VON GOETHE, Leiden des jungen Werthers, Erstes Buch, Am 12. Mai.

[104] Vgl. z.B. die Verwendung von christlichen Motiven in der Literatur der Gegenwart.

Bedeutungssyndrome unter chronologischem Aspekt wahrscheinlich machen, daß ein Motiv in einer bestimmten Einheit als geprägtes aufgegriffen wurde. In seltenen Fällen läßt sich die Geprägtheit eines Bedeutungssyndroms diesem selbst entnehmen (z.B. Jdc 6,13; vgl. Abschnitt II, 1b).

b) Ein Motiv ist ein Bedeutungssyndrom, das *Assoziationen an ein bestimmtes Motivthema* hervorruft. Das Motiv selbst weckt diese Assoziationen, nicht erst die Verwendung des Motivs in einem bestimmten Kontext. Deshalb ist zu unterscheiden zwischen dem durch ein Motiv signalisierten Thema und der Funktion dieses Themas in der jeweiligen Einheit.

So haben z.B. die Motive „Vergleich des Menschen mit der welkenden Blume“ und „Vergleich des Menschen mit dem Schatten“ das gemeinsame Thema „Vergänglichkeit des menschlichen Lebens“. Die Funktionen dieses Themas in einer Einheit sind dagegen sehr unterschiedlich. So wird in Ps 103,15f. die Vergänglichkeit des Menschen als Grund für die väterliche Fürsorge Gottes genannt. Zugleich werden Hinfälligkeit des Menschen und Beständigkeit der göttlichen Zuneigung in Kontrast zueinander gesetzt. In Ps 144,3 soll dagegen durch das Thema „Vergänglichkeit des Menschen“ die Erstaunlichkeit dessen veranschaulicht werden, daß Gott sich des Menschen annimmt. Wieder anders ist die Funktion dieses Themas in Hi 14.

Das Thema, auf das ein Motiv hindeutet, ist also nicht zu verwechseln mit der Funktion dieses Themas in einer Einheit. Das durch ein Motiv angesprochene Thema muß vielmehr aus dem Motiv selbst hervorgehen, unabhängig von dem Kontext, in den es eingefügt ist. Der Umstand, daß ein Motiv an sich auf ein bestimmtes Thema hinweist, ist ja der Anlaß dafür, daß ein Verfasser dieses Motiv aufgreift, wenn er Assoziationen an dieses Thema wecken will.

Ebenso wird dadurch, daß ein Motiv für sich ein bestimmtes Thema assoziiert, die Möglichkeit eröffnet, das Motiv verfremdend zu verwenden. Dies geschieht – um ein Beispiel aus der Gegenwartsliteratur zu bringen –, wenn P. HUCHEL in einem Gedicht Motive aus der biblischen Weihnachtsgeschichte mit der Schilderung der Ereignisse von Stalingrad zusammenstellt.

c) Ein Motiv ist ein Bedeutungssyndrom, das *meist* in Zusammenhang mit anderen Bedeutungssyndromen auftritt, also *unselbständig* ist. Dies hat seinen Grund im Hinweischarakter des Motivs. Nicht dieses Motiv ist der Inhalt und Gegenstand der Einheit, sondern höchstens das Thema, für das dieses Motiv geprägter und typischer Ausdruck ist.

Meist ist aber dieses Thema selbst nur ein Teilthema der gesamten Einheit.

Es wäre freilich der Grenzfall denkbar, daß das von einem Motiv assoziierte Thema einziges und damit Zentralthema einer Einheit ist. So könnte man sich vorstellen, daß das Zentralthema einer Einheit der Vergleich des Menschen mit der welkenden Blume ist, die ganze Einheit also nur eine Ausführung dieses Vergleiches darstellt. In diesem Fall wäre ein Motiv zum Zentralthema gemacht worden und – falls nicht weitere Neben- oder Teilthemen in der Einheit vorkommen – selbständig verwendet. Man kann hiergegen nicht einwenden, in diesem Fall sei das Motiv nicht mehr als Motiv gebraucht. Denn nicht die Funktion in einer Einheit macht ein Bedeutungssyndrom zum Motiv, sondern seine Geprägtheit und der Hinweischarakter auf ein bestimmtes Thema.

Dagegen ist es z. B. nicht möglich, vom „Schöpfungsmotiv" zu sprechen. Denn die Bedeutungssyndrome „Gott hat die Welt geschaffen" oder „Gott hat den Menschen geschaffen" besagen immer nur dies. Ihnen fehlt der Hinweischarakter auf ein bestimmtes Thema. Sie verweisen sozusagen nur auf sich selber, während ein Motiv auf etwas anderes weist. Es wird deshalb vorgeschlagen, von „Thema: Schöpfung" zu reden. Dieses Thema kann dann sowohl Zentralthema einer Einheit werden (Schöpfungsgeschichte), als auch als Teilthema verschiedene Funktionen in einer Einheit haben (vgl. „Thema: Schöpfung" bei Deuterojesaja).

d) Ein Motiv ist ein Bedeutungssyndrom schließlich dann, wenn es *nicht die Bedingungen einer Tradition erfüllt.* Diese Bedingungen seien vorwegnehmend und abgekürzt genannt: Ein Bedeutungssyndrom wird dann als Tradition bezeichnet, wenn das Überlieferungsinteresse eines Tradentenkreises erkennbar ist, dem in der Vergangenheit an der Lebendigerhaltung und Weitergabe dieses Bedeutungssyndroms gelegen ist.

Mit dieser Klärung des Terminus „Motiv" wurden zugleich die Termini „Motivthema", „Nebenthema", „Teilthema", „Zentralthema" eingeführt. Motivthema wird das genannt, worauf das Motiv hinweist. Die Funktion dieses Motivthemas innerhalb einer Einheit wird durch die Termini „Nebenthema, Teilthema, Zentralthema" bezeichnet.

2. *Klärung der Termini „Geprägtes Thema" und „Geprägter Zug"*

Von den kennzeichnenden Merkmalen eines Motivs unterscheiden sich die eines geprägten Themas in einem Punkt, die eines geprägten Zuges in zwei Punkten.

Ein *geprägtes Thema* weist nicht den für ein Motiv konstitutiven Hinweischarakter auf. Wie ein Motiv ist ein geprägtes Thema meist unselbständig und erfüllt nicht die oben genannten Bedingungen einer Tradition (erkennbares Überlieferungsinteresse eines Tradentenkreises).

Daß es sich beim geprägten Thema um ein geprägtes Bedeutungssyndrom handelt, geht wie beim Motiv meist daraus hervor, daß das Bedeutungssyndrom in mindestens zwei voneinander unabhängigen Einheiten auftritt. Gelegentlich läßt sich die Geprägtheit eines Bedeutungssyndroms diesem selbst entnehmen, ohne daß mehrfaches Vorkommen erforderlich wäre. Ein Beispiel dafür ist das Thema „Tag Jahwes" in Am 5,18–20:

(18) Wehe denen, die den Tag Jahwes herbeisehnen!
Was soll euch denn der Tag Jahwes?

Daß Amos das Thema „Tag Jahwes" als geprägtes aufgreift, läßt sich der Tatsache entnehmen, daß mehrere seiner Hörer den Tag Jahwes herbeisehnen.

Auch ein *geprägter Zug* ist ein Bedeutungssyndrom, das in mindestens zwei voneinander unabhängigen Einheiten auftritt und sich dadurch als geprägt erweist. Mit Motiv und geprägtem Thema hat der geprägte Zug gemeinsam, daß er nicht die Bedingungen einer Tradition erfüllt. Ebenso in Übereinstimmung mit dem geprägten Thema, jedoch im Unterschied zum Motiv, fehlt dem geprägten Zug der Hinweischarakter. Die Differenz zwischen geprägtem Thema und geprägtem Zug ist quantitativer Natur. Das geprägte Thema hat mehr Eigengewicht. Der geprägte Zug dient nur zur Ausgestaltung und tritt deshalb nie selbständig auf.

Die Bestimmungen der Termini „geprägtes Thema" und „geprägter Zug" sollen nun an einigen Beispielen erläutert werden:

a) In Gen 12,10–20; 20 und 26,1–11 wird erzählt, daß die Frau eines Erzvaters (Gen 12 und 20: Abraham, Gen 26: Isaak) dadurch in größte Gefahr gerät, daß ihr Mann sie als seine Schwester ausgibt. Dieses Bedeutungssyndrom wird in der alttestamentlichen Wissenschaft „Gefährdung der Ahnfrau" genannt. Daß es sich um ein geprägtes Bedeutungssyndrom handelt, geht daraus hervor, daß es in mehreren voneinander nicht abhängigen Einheiten[105] vorkommt. Hinweischarakter fehlt, ebenso sind die Bedingungen einer Tradition nicht gegeben. Da das Bedeutungssyndrom Zentralthema ganzer Einheiten ist, liegt ein geprägtes Thema vor.

b) Das geprägte Thema „Gefährdung der Ahnfrau" enthält in sich geprägte Züge. Ein solcher ist z.B. darin zu sehen, daß es in allen drei alttestamentlichen Belegen für dieses Thema zu einem Gespräch zwischen dem Erzvater und dem Getäuschten (Pharao bzw. Abimelech) kommt.

c) Das Bedeutungssyndrom „Begabung mit der Fähigkeit der Traumdeutung" begegnet im Alten Testament in einigen zeitlich sehr weit voneinander entfernten Einheiten: in Gen 40 und 41 (Josephgeschichte) und in Dan 2. Es ist also geprägt. Hinweischarakter liegt nicht vor; ebensowenig die Eigenschaften einer Tradition. Wir haben es also mit einem geprägten Thema zu tun.

d) Auch innerhalb dieses geprägten Themas lassen sich geprägte Züge erkennen, z.B. der Zug, daß die berufsmäßigen Traumdeuter und Magier nicht in der Lage sind, das Rätsel des Traumes zu lösen.

e) In der prophetischen Literatur trifft man häufig auf die Aufforderung „Kehrt um" oder „Kehre um" (z.B. Joel 2,12; Jer 3,1). Auch hier kann man von „geprägtes Thema: Umkehr" sprechen (in mehreren voneinander unabhängigen Einheiten; kein Hinweischarakter; kein erkennbares Überlieferungsinteresse eines Tradentenkreises).

3. *Klärung des Terminus „Tradition"*

Eine Tradition ist ein geprägtes Bedeutungssyndrom, für das sich das Überlieferungsinteresse eines bestimmten Tradentenkreises erkennen läßt. Woran dieses erkannt werden kann, wird im Abschnitt II dargestellt. Traditionen sind selbständige sprachliche Gebilde, die für sich existieren könnten. In der sprachlichen Ausgestaltung sind sie freilich fast immer mit anderen Themen und Zügen verbunden. So enthält z.B. die Exodustradition die Themen „Herausführung aus Ägypten" und „Rettung am Schilfmeer" und die Züge „Vertreibung durch die Ägyp-

[105] Es wird hier vorausgesetzt, daß Gen 12,10–20; 20 und 26,1–11 ursprünglich unabhängig voneinander existierten. Sollte sich diese Voraussetzung, die im Augenblick von den meisten Forschern geteilt wird, einmal als falsch erweisen, so trifft für die drei Texte das Kriterium der Unabhängigkeit nicht mehr zu. In diesem Fall wäre für das Thema „Gefährdung der Ahnfrau" die Geprägtheit nicht zu erweisen.

ter", „Teilen des Wassers", „Zug der Israeliten durchs Meer", „Ertrinken der Ägypter". Diese Aufzählung erhebt nicht den Anspruch der Vollständigkeit. Die Vätertradition enthält geprägte Themen (Gefährdung der Ahnfrau), geprägte Züge (Gespräch zwischen dem Erzvater und dem Getäuschten im Rahmen des Themas „Gefährdung der Ahnfrau") und natürlich andere Themen und Züge.

Umgekehrt können Traditionen oder Themen und Züge von Traditionen in anderen Einheiten als geprägte Themen und Motive verwendet werden und dort die Funktion von Themen oder Zügen haben. So wird in der Einleitung zum Dekalog (Ex 20) die Exodustradition als Thema verwendet. Deuterojesaja fügt der Einheit Jes 51,9–10 einen Zug der Exodustradition als Motiv ein:

> Bist du es nicht, der das Meer austrocknete,
> die Wasser der großen Urflut?
> Der die Tiefen des Meeres zum Weg machte,
> daß die Erlösten hindurchgingen? (Jes 51,10)

Die Nennung dieses Bedeutungssyndroms weckt Assoziationen an die Exodustradition im ganzen. Deshalb handelt es sich um ein Motiv.

Das Verständnis des Terminus „Tradition" soll nun noch durch einige Beispiele verdeutlicht werden.

a) *Zionstheologie.* In einigen Texteinheiten des Alten Testaments wird die Sicherheit des Zion besungen, die darin ihren Grund hat, daß Jahwe inmitten der auf dem Zion liegenden Gottesstadt wohnt und sie schützt (z. B. Ps 46 und 48). Die Überlieferung dieses Bedeutungssyndroms ist nur denkbar unter der Voraussetzung, daß es eine Gruppe gegeben hat, die ihrerseits am Zion interessiert war. Eine Untersuchung der alttestamentlichen Texte, in denen sich diese Theologie findet, führt zu dem Ergebnis, daß der Tradentenkreis in den Korachiten (einer levitischen Tempelsängergruppe) zu sehen ist[106]. Es läßt sich also ein Personenkreis ermitteln, dem an der Weitergabe dieses Bedeutungssyndroms gelegen war. Die Geprägtheit des Bedeutungssyndroms geht aus dem Vorkommen in mindestens zwei voneinander unabhängigen Einheiten hervor.

b) *Herausführung aus Ägypten.* Auf dieses Bedeutungssyndrom wurde schon mehrmals hingewiesen; in vielen Texteinheiten des Alten Testaments findet sich die Aussage, daß Jahwe Israel aus Ägypten geführt habe (z. B. Ex 20,2 in der Einleitung des Dekalogs). Es ist undenk-

---

[106] Vgl. G. WANKE, Die Zionstheologie der Korachiten in ihrem traditionsgeschichtlichen Zusammenhang, 1966.

bar, wenn es nicht Israel als die Gruppe gegeben hätte, deren grundlegende Erfahrung die Herausführung aus Ägypten war. Eine engere Eingrenzung des Tradentenkreises ist hier nicht möglich. Israel als ganzes war an der Weitergabe dieses Bedeutungssyndroms interessiert. Das bestätigt Dtn 6,20f.: „Wenn dich nun morgen dein Sohn fragt: Was sind das für Zeugnisse, Gesetze und Rechtssätze, die Jahwe, unser Gott, euch befohlen hat, dann sollst du deinem Sohn sagen: Knechte Pharaos waren wir in Ägypten. Aber Jahwe hat uns herausgeführt aus Ägypten mit starker Hand."

4. Schematischer Überblick über die kennzeichnenden Eigenschaften von „Motiv", „geprägtem Thema", „geprägtem Zug" und „Tradition"

Im folgenden Schema stehen in der linken Spalte die verschiedenen Arten von Bedeutungssyndromen. In den folgenden Spalten ist registriert, ob das Bedeutungssyndrom das über der Spalte stehende Merkmal aufweist (durch + gekennzeichnet) oder nicht (durch – gekennzeichnet).

	geprägt	selbständig	Hinweis-charakter	Überlieferungs-interesse eines Tradentenkreises
Motiv	+	– / +	+	–
geprägtes Thema	+	– / +	–	–
geprägter Zug	+	–	–	–
Tradition	+	+ / –	–	+

II. Methodik

1. Feststellung geprägter Bedeutungssyndrome

Wie sind die in einer Einheit enthaltenen Motive, geprägten Themen, geprägten Züge und Traditionen zu erkennen? Da es sich bei allen vier Klassen um geprägte Bedeutungssyndrome handelt, sind zuerst diese ausfindig zu machen. Dabei lassen sich zwei Fälle unterscheiden:

a) Die Geprägtheit eines Bedeutungssyndroms kann einmal daraus hervorgehen, daß es sich in mindestens zwei voneinander unabhängigen Einheiten findet. Ob ein Bedeutungssyndrom zwei- oder mehrmals auftritt, kann auf folgende Weise in Erfahrung gebracht werden: Es ist möglich aufgrund eigener Kenntnis der alttestamentlichen oder altorientalischen Literatur.

Kommentare und Monographien enthalten häufig Hinweise auf andere Texte, in denen ein in einer bestimmten Einheit auftretendes Bedeutungssyndrom wieder begegnet.

Da geprägte Bedeutungssyndrome häufig gleichen oder ähnlichen Wortbestand aufweisen, kann auch mit Hilfe der Konkordanz mehrmaliges Auftreten eines Bedeutungssyndroms festgestellt werden.

Es ist jedoch auch mit der Möglichkeit zu rechnen, daß geprägte Bedeutungssyndrome keine gleichen Wörter, sondern nur gleiche Wortklassen enthalten. So kann in dem geprägten Bedeutungssyndrom „Vernichtung des Kriegsmaterials“ einmal vom Zerstören der Kriegswagen, ein anderes Mal vom Zerbrechen der Lanzen und ein drittes Mal vom Umschmieden der Schwerter zu Pflugscharen die Rede sein.

Weil geprägte Bedeutungssyndrome oft gleiches Wortfeld und gleiche sprachliche Struktur aufweisen, ist die Wahrnehmung von Formeln (§ 6) und Formen und Gattungen (§ 7) zugleich ein Hinweis darauf, wo sich möglicherweise Motive und Traditionen finden lassen.

b) Die Geprägtheit eines Bedeutungssyndroms kann aus der Einheit selbst hervorgehen, in der das Bedeutungssyndrom steht. Hierfür einige Beispiele:

α) Wenn dich nun Jahwe, dein Gott, in das Land bringt, von dem er deinen Vätern Abraham, Isaak und Jakob geschworen hat, daß er es dir geben wolle ... (Dtn 6,10)

Auch wenn die Aussage, daß Jahwe den Erzvätern geschworen habe, er werde ihren Nachkommen das Land der Kanaanäer geben, nur hier vorkäme, ließe sich doch schon diesem Text entnehmen, daß es sich um ein geprägtes Bedeutungssyndrom handelt. Denn der Sprecher kann bei einer Mehrzahl von Hörern das Wissen eines in der Vergangenheit liegenden Geschehens voraussetzen. Der Bericht von diesem Geschehen wird also nicht im Augenblick erst formuliert, sondern er ist schon geprägt, so daß man an ihn erinnern kann.

β) Gideon aber sprach zu ihm (dem Boten Jahwes): Ach mein Herr! Ist Jahwe mit uns, warum ist uns dann all das widerfahren? Und wo sind alle seine Wunder, von denen uns unsere Väter erzählten, indem sie sprachen: „Jahwe hat uns doch aus Ägypten heraufgeführt". (Jdc 6,13)

Daß der Bericht von der Herausführung aus Ägypten ein geprägtes Bedeutungssyndrom ist, wird hier explizit ausgesprochen: Die Väter erzählten davon.

γ) Wehe denen, die den Tag Jahwes herbeisehnen!
Was soll euch denn der Tag Jahwes? (Am 5,18)

Daß Amos das Bedeutungssyndrom vom Tag Jahwes als geprägtes aufgreift, läßt sich der Tatsache entnehmen, daß mehrere seiner Hörer den Tag Jahwes herbeisehnen.

c) Schließlich gibt es Bedeutungssyndrome, für die sich erst aufgrund der Überlieferungskritik ergibt, daß sie als Traditionen in eine Einheit übernommen wurden, also schon vor Entstehen der zu analysierenden Einheit als Traditionen existierten. Dies ist dann der Fall, wenn ein Bedeutungssyndrom erstens die Kennzeichen aufweist, die Überlieferungsinteresse eines Tradentenkreises wahrscheinlich machen, und wenn zweitens die Überlieferungskritik zu dem Ergebnis führt, daß dieses Bedeutungssyndrom schon vor Entstehen der vorliegenden Einheit existierte. Da Traditionen immer auch geprägte Bedeutungssyndrome sind, wird in diesem Fall also erst durch die Überlieferungskritik die Geprägtheit eines Bedeutungssyndroms erkannt.

2. *Klassifizierung der festgestellten geprägten Bedeutungssyndrome*

Da die kennzeichnenden Merkmale für Motive, geprägte Themen, geprägte Züge und Traditionen oben genannt wurden, sind die festgestellten geprägten Bedeutungssyndrome nun anhand dieser Kennzeichen zu untersuchen. Folgende Reihenfolge wird vorgeschlagen:

a) Wurden geprägte Bedeutungssyndrome gefunden, für die das Überlieferungsinteresse eines Tradentenkreises erkennbar ist? Ist dies der Fall, so liegen *Traditionen* vor. Woraus auf das Überlieferungsinteresse eines Tradentenkreises geschlossen werden kann, wird im Abschnitt 3 dargestellt.

b) Sind unter den restlichen geprägten Bedeutungssyndromen solche mit Hinweischarakter? Bei ihnen handelt es sich um *Motive.*

c) Welche der verbleibenden geprägten Bedeutungssyndrome sind unselbständig und nie in dominierender Funktion in einer Einheit? In ihnen sind *geprägte Züge* zu sehen.

d) Die übrigbleibenden geprägten Bedeutungssyndrome sind *geprägte Themen.*

Ein Bedeutungssyndrom ist dann eine Tradition, wenn sich wahrscheinlich machen läßt, daß an ihm ein Tradentenkreis ein Überlieferungsinteresse hatte. Zu fragen ist also, wie erkannt werden kann, ob an einem Bedeutungssyndrom Überlieferungsinteresse eines Tradentenkreises bestand.

Diese Fragestellung muß jedoch noch eingeengt werden. Die Tatsache, daß das ganze Alte Testament heilige Schrift ist, die weitergegeben wurde und wird, könnte den Gedanken nahelegen, alle im Alten Testament enthaltenen Bedeutungssyndrome seien Traditionen. Dies ist zwar richtig, aber danach ist in diesem Zusammenhang nicht gefragt. Hier wird nach dem Überlieferungsinteresse eines Tradentenkreises an einer Einheit vielmehr auf einer Überlieferungs- oder Redaktionsstufe[107] gefragt, auf der die Einheit noch nicht deshalb weitergegeben wurde, weil sie zum jüdischen oder christlichen Kanon heiliger Schriften gehörte. An diesem Beispiel zeigt sich, daß die Frage nach Traditionen eine unterschiedliche Antwort findet, je nachdem für welche Überlieferungs- oder Redaktionsstufe nach der Existenz von Traditionen gefragt wird. Die allgemeine Fragestellung, ob ein Bedeutungssyndrom Tradition sei oder enthalte, ist also unklar gestellt und ermöglicht keine eindeutige Beantwortung. So waren z. B. für einen Redaktor des Jesajabuches alle Worte schon Tradition, die im Augenblick ihrer Verkündigung durch Jesaja möglicherweise weder Tradition waren noch Tradition enthielten. Die Frage nach übernommenen Traditionen läßt sich sinnvoll nur stellen, wenn man zugleich die Überlieferungs- oder Redaktionsstufe benennt, für die man sie stellt. Was für eine frühere Überlieferungs- oder Redaktionsstufe noch nicht Tradition war, kann für eine spätere zur Tradition geworden sein.

Für welche Überlieferungs- oder Redaktionsstufe wird die traditionskritische Fragestellung in diesem Paragraphen erörtert? Sie wird für die kleinsten in der Literarkritik erarbeiteten Einheiten (einfache Einheit, Fragment, Erweiterung) gesondert gestellt, also für die früheste Textgestalt, die wir literarkritisch erheben können. Die Gründe dafür, daß Tradition vorliegt, müssen diesen kleinsten Einheiten selbst zu entnehmen sein, nicht größeren Textkomplexen, in die die kleinsten Einheiten später eingefügt wurden. Ebenso ist zu beachten, daß Verfasser

---

[107] Vgl. § 9.

und Entstehungszeit im hier zu besprechenden Stadium der Analyse noch nicht bekannt sind.

Die oben gestellte Frage, woraus sich entnehmen lasse, daß für ein Bedeutungssyndrom Überlieferungsinteresse eines Tradentenkreises besteht, ist also folgendermaßen zu präzisieren: Anhand welcher Kriterien läßt sich für ein Bedeutungssyndrom, das in einer der in der Literarkritik abgegrenzten kleinsten Einheiten enthalten ist, wahrscheinlich machen, daß an ihm schon Überlieferungsinteresse eines Tradentenkreises bestand, bevor es in der kleinsten Einheit verwendet wurde?

a) Überlieferungsinteresse eines Tradentenkreises ist dann anzunehmen, wenn ein geprägtes Bedeutungssyndrom der Legitimation dient. Dies dürfte z. B. bei dem Bedeutungssyndrom „Landverheißung an die Erzväter" (Dtn 6,10) der Fall sein.

b) Überlieferungsinteresse eines Tradentenkreises ist dann anzunehmen, wenn ein Bedeutungssyndrom von Gottes Taten an einer Personengruppe in der Vergangenheit handelt (Jdc 6,13).

c) Überlieferungsinteresse eines Tradentenkreises ist dann anzunehmen, wenn ein Bedeutungssyndrom Bildungsgut und Lebensweisheit enthält, die aus der Vergangenheit übernommen wurden.

d) Überlieferungsinteresse eines Tradentenkreises ist dann anzunehmen, wenn ein Bedeutungssyndrom von den „Großen" in der Geschichte einer Personengruppe und ihrem Tun und Ergehen handelt.

Es ist zu beachten, daß sich für den größten Teil der geschichtlichen Literatur des Alten Testaments auf dieser Stufe der Exegese ein Vorliegen von Traditionen nicht feststellen läßt. Dies ändert sich in dem Augenblick, wo größere Textkomplexe ins Auge gefaßt werden und sich hinsichtlich der Entstehungszeit ergibt, daß sie lange nach den erzählten Ereignissen liegt.

4. Feststellung der Funktion eines geprägten Bedeutungssyndroms in einer Einheit

Wird ein Bedeutungssyndrom als geprägtes übernommen und in einen neuen Kontext gestellt, so erhält es dadurch auch eine neue Funktion. Damit ist schon gesagt, daß man die Funktion eines Bedeutungssyndroms in einer Einheit dann erfaßt, wenn man seine Stellung im Kontext bestimmt. Vor allem ist zu fragen, in welchem Verhältnis das geprägte Bedeutungssyndrom zum Ziel der Einheit steht. Bei der Beantwortung dieser Frage muß auf die Ergebnisse der Strukturanalyse zurückgegriffen werden. Ein Beispiel soll das Gesagte verdeutlichen:

(9) Reg' dich, reg' dich, kleide dich in Kraft,
du Arm des Herrn!
Rege dich wie in den Tagen der Vorzeit,
der uralten Geschlechter!
Warst du es nicht, der Rahab zerschlug,
den Drachen durchbohrte?
(10) Warst du es nicht, der das Meer austrocknete,
die Wasser der großen Urflut,
der die Tiefen des Meeres zum Weg machte,
daß die Erlösten hindurchziehen konnten? (Jes 51,9f.)

In v. 10 wird die Exodustradition aufgegriffen. Aber sie steht hier im Zusammenhang eines drängenden Anrufs an Jahwe (v. 9). Von v. 9 her wird auch die Funktion des Bedeutungssyndroms „Exodus" in der Einheit Jes 51,9 bestimmt. Welche Funktion die Exodustradition hier hat, wird deutlich, wenn man die sprachliche Gestalt beachtet, in die sie gefaßt ist: V. 10 ist (wie schon v. 9b) als Frage formuliert. Allerdings handelt es sich nicht um eine Informationsfrage, sondern um eine Aussage, die in Frageform gekleidet ist, um den Angeredeten zu einer zustimmenden Reaktion zu veranlassen („Bist du es nicht?" = „Du bist es doch!"). Der Angeredete (Jahwe) soll also nachdrücklich daran erinnert werden, was er in der Vergangenheit für Israel tat, um dadurch zu einem entsprechenden Handeln in der Gegenwart veranlaßt zu werden. Die Exodustradition ist ganz dem dringenden Anruf an Jahwe untergeordnet. Ihre Funktion innerhalb der Einheit Jes 51,9f. bestimmt sich aus ihrem Verhältnis zum Anruf von v. 9.

Formal könnte man unterscheiden zwischen der Verwendung eines geprägten Bedeutungssyndroms in einer Einheit als Zentralthema, als Neben- oder Füllthema und als Zug.

Ein besonderer Fall ist die Verwendung als Leitthema. Die Bezeichnung „Leitthema" ist im Anschluß an den gebräuchlichen Ausdruck „Leitmotiv" gewählt. Unter einem Leitthema verstehen wir ein Bedeutungssyndrom, das in *einer* Einheit mehrmals auftaucht und dadurch die Einheit prägt. Ein Beispiel hierfür ist Gen 39. In v. 2 heißt es: „Jahwe war mit Joseph, so daß er ein erfolgreicher Mann war" (wörtlich: ein Mann, dem etwas gelingt). Derselbe Gedanke kehrt im letzten Vers des Kapitels wieder (v. 23): Der Gefängnisaufseher setzte Joseph in eine Vertrauensstellung, „weil Jahwe mit ihm war; und alles was er tat, das ließ Jahwe gelingen". Eine ähnliche Leitthemenfunktion erfüllt der Gedanke des Gelingenlassens durch Jahwe in Gen 24 (vgl. v. 21.40.56). Ein Leitthema muß selbstverständlich kein geprägtes

Bedeutungssyndrom sein, aber ein solches kann als Leitthema verwendet werden.

III. Ergebnisse

1. Die Feststellung geprägter Bedeutungssyndrome dient der Erfassung des sozio-kulturellen Hintergrundes, von dem her eine Einheit zu verstehen ist. Dabei ist sowohl ein positiv-anknüpfender Bezug einer Einheit zu einem sozio-kulturellen Hintergrund denkbar als auch ein kritisch-ablehnender.

2. Die Feststellung geprägter Bedeutungssyndrome und ihrer Verwendung in einer Einheit dient der Erfassung von Eigenart und Ziel dieser Einheit. So wird z.B. die prophetische Ankündigung des Tages Jahwes erst dann voll verständlich, wenn man bedenkt, daß der Prophet mit dieser Vorstellung ein geprägtes Thema aufgreift.

3. Die Geschichte eines geprägten Bedeutungssyndroms (diachroner Aspekt) wird sichtbar, wenn man die verschiedenen Vorkommen des Bedeutungssyndroms miteinander vergleicht. Dabei ist besonders darauf zu achten, welche Funktion ein Bedeutungssyndrom in den verschiedenen Einheiten erfüllt, in denen es auftritt. In der Verwendung eines geprägten Bedeutungssyndroms spiegelt sich oft brennpunktartig der Wandel der Zeiten oder der Standpunkt einer Person (vgl. z.B. die Verwendung des geprägten Bedeutungssyndroms „Tag Jahwes" in Am 5,18–20).

Im einzelnen kann man von Motiv-, Themen- und Traditionsgeschichte und von der Geschichte eines Zuges reden. Zu beachten ist, daß der Terminus „Traditionsgeschichte" in diesem Buch von Überlieferungs- und Redaktionsgeschichte abgehoben wird. Traditionsgeschichte meint nicht die Wandlungen, die eine Einheit im Lauf ihrer Geschichte erfahren hat, sondern die geschichtliche Entwicklung und Umformung von Traditionen im oben dargestellten Sinn. Vollständig kann die Geschichte eines Bedeutungssyndroms erst gezeichnet werden, wenn alle Einheiten, in denen es auftritt, analysiert sind. Vor allem ist die Kenntnis ihrer Entstehungszeit von Wichtigkeit. In manchen Fällen sind von der Geschichte eines Bedeutungssyndroms her auch Rückschlüsse auf die Entstehungszeit einer Einheit möglich.

§ 9 Überlieferungskritik, Kompositions- und Redaktionskritik, Zeit- und Verfasserfrage

Vorbemerkung

Anders als die vorhergehenden Paragraphen befaßt sich § 9 nicht mit einem einzigen, wenn auch komplexen methodischen Verfahren, sondern mit mehreren, getrennt zu behandelnden Problemkreisen:

1. Überlieferungskritik,
2. Kompositions- und Redaktionskritik,
3. Zeit- und Verfasserfrage.

Gegenstand der Untersuchung ist weiterhin die mittels der Literarkritik abgegrenzte und gesonderte Einheit, wobei wie in § 6 – nach der Differenzierung der beiden Aspekte in § 7 und 8 – die Ausdrucks- und die Bedeutungsseite des Textes in gleicher Weise zu beachten sind.

Im folgenden ist vom Verfasser einer Einheit die Rede. Unter „Verfasser" wird der Urheber als Schöpfer einer einfachen Einheit oder eines ursprünglich vollständigen, jedoch nur als Fragment überlieferten Textes verstanden (vgl. § 5), wobei jeweils spätere Erweiterungen außer acht bleiben. Es spielt keine Rolle, ob der „Verfasser" die schriftliche Fixierung des Textes selbst vorgenommen hat, wie es für die Einheiten der Königsbücher anzunehmen ist, oder ob sie durch andere Hände erfolgt ist, wie es für die Verschriftung der Prophetensprüche die Regel gewesen zu sein scheint. In jedem Fall werden im folgenden diese Verschriftungen als „endgültige schriftliche Niederlegung" und der sich dabei ergebende Text abzüglich der redaktionellen Veränderungen als „endgültige schriftliche Fassung" bezeichnet, um beide von möglichen früheren und daher „vorläufigen" Stadien unterscheiden zu können.

Bevor die genannten Fragestellungen und Methoden im einzelnen dargestellt und erläutert werden, ist zunächst die mögliche Frage nach der Berechtigung der obigen Anordnung und Reihenfolge zu beantworten. Man könnte ja die Zeit- und Verfasserfrage an den Anfang rücken und auf die bislang analysierte Einheit beziehen. Dagegen spricht, daß sie auch die Komposition betreffen kann, da die Urheber einer Einheit und einer Komposition identisch sind, wenn ein Verfasser mehrere seiner Einheiten zu einer Komposition zusammengefaßt hat. Ferner kann sie die Redaktion betreffen, wenn man nach deren Urhebern und ihrer möglichen zeitlichen Ansetzung fragt. Daher ist die Zeit- und Verfasserfrage zweckmäßig an den Schluß zu rücken, weil sie dann die Probleme sowohl der zeitlichen Ansetzung und Urheberschaft der vorläufigen Stadien des Textes (Überlieferungskritik) als auch der Entstehung und Urheberschaft von literarischen Kompositionen und der weiteren Bearbeitung (Kompositions- und Redaktionskritik) einbeziehen kann.

Die beiden anderen Fragestellungen und Methoden – Überlieferungskritik sowie Kompositions- und Redaktionskritik – stehen in dieser Anordnung in einer gewissen zeitlichen Abfolge. Von der jeweils untersuchten Einheit aus gesehen, betrifft die Überlieferungskritik das vorliterarische Stadium oder ein vorläufiges und nicht mehr unmittelbar greifbares Verschriftungsstadium und geht somit vor die vorliegende Einheit zurück. Die Kompositions- und Redaktionskritik dagegen geht gewöhnlich von dieser Einheit aus und fragt nach ihrer weiteren Bearbeitung. Dabei handelt es sich zunächst um die Zu- und Einordnung der Einheit in einen größeren und umfassenderen literarischen Zusammenhang, der entweder auf den Verfasser der Einheit zurückgeht oder im Verlauf der redaktionellen Bearbeitung hergestellt worden ist. Manchmal mag sich jedoch auch herausstellen, daß ein größerer Zusammenhang mehrerer Einheiten schon im vorliterarischen Stadium oder in einem vorläufigen Verschriftungsstadium erzielt worden ist. Trifft die Kompositions- und Redaktionskritik auf diesen Tatbestand, so kann dieser wieder überlieferungskritisch untersucht werden. Sie befaßt sich ferner mit der weiteren literarischen Bearbeitung und Einordnung der Einheit durch spätere Hände als diejenigen ihres Verfassers. Die Überlieferungskritik greift also hinter die Texteinheit zurück, die Kompositions- und Redaktionskritik muß dies manchmal ebenfalls tun, gilt aber meist der vorliegenden verschrifteten Einheit bzw. faßt ihr literarisches Schicksal nach der endgültigen schriftlichen Niederlegung ins Auge.

A. Überlieferungskritik

I. Fragestellung und Aufgabe

Die Überlieferungskritik fragt nach dem vorliterarischen Stadium einer Einheit oder nach einem eventuell vor ihrer überlieferten Gestalt liegenden vorläufigen und nicht mehr unmittelbar greifbaren Verschriftungsstadium. Sie befaßt sich mit dem Werdegang der literarkritisch abgegrenzten und gesonderten Einheit (einfache Einheit; Fragment) im gesamten Bereich der Überlieferung, der der Abfassung und Verschriftung durch den als ihren Verfasser geltenden Urheber der endgültigen schriftlichen Fassung vorangeht.

Der Ausdruck „Überlieferungskritik“ wird also auf die Ausgestaltung und Veränderung einer Einheit – sei sie selbständig oder schon mit anderen Einheiten zu einem Komplex zusammengefügt – im vorliterarischen Stadium der mündlichen Überlieferung oder im Stadium einer vorläufigen Verschriftung bezogen. Dies ist nicht überall der Fall. Manchmal wird der Ausdruck „Überlieferungsgeschichte“ benutzt und in einem weiteren Sinn verwendet, in den man die Redaktionskritik einbezieht[108]. Manchmal wird der Ausdruck „Traditionsgeschichte“ für die gemeinte Fragestellung und Methode gebraucht[109]. Jedoch sollte man einerseits zwischen dem methodischen Verfahren der Überlieferungskritik und der Überlieferungsgeschichte als einem Ergebnis, andererseits zwischen der ausgestaltenden Überlieferung und der bearbeitenden Redaktion unterscheiden, wie aus dem Folgenden deutlich werden wird, und den Ausdruck „Tradition“ im Sinne von § 8 anwenden.

Daß es Ausgestaltung und Veränderung sowohl bei der mündlichen Weitergabe einer Aussage als auch bei der Verwendung eines schriftlich vorliegenden Textes gibt, ist unbestreitbar. Ein einfaches Beispiel dafür bietet die Wiedergabe eines Märchens durch ein Kind, nachdem die Mutter es ihm zuvor erzählt hat. Zweifellos weicht die Nacherzählung von der Fassung der Mutter in mancherlei Hinsicht ab. Die Handlung kann auf das tragende Gerüst verkürzt werden, interessierende Einzelheiten werden vielleicht ausgemalt, Änderungen durch Mißverständnisse können eintreten und anderes mehr. Ähnlich ist das Ergebnis in dem Fall einer schriftlichen Nacherzählung von vorgelesenen Texten in der Schule. Ebenso ist bekannt, daß die Weitergabe einer Mitteilung, z.B. eines Gerüchts, durch eine Reihe von Personen oder durch mehrere Personenketten zur Aus- oder Umgestaltung vom bloßen Ausschmükken bis zu weitgehender Entstellung führen kann.

Nicht anders verhält es sich bei der bewußten Verwendung von verschrifteten Überlieferungen, z.B. durch einen Schriftsteller oder Dichter. So hat Goethe die Gestalt des Faust nicht erfunden. Geht man der Überlieferung nach[110], so stößt man auf eine geschichtliche Person (wahrscheinlich nicht Johann, sondern Georg Faust, geb. um 1480, gest. zwischen 1536 und 1539), hervorgetreten mit magischen Kunststücken und Horoskopstellen. Schon zu Lebzeiten Fausts setzte die Sagenbildung ein, wobei in bezeichnender Weise Berichte über ihn mit älteren Zaubergeschichten, die man auf ihn übertrug, verbunden wur-

---

[108] So z.B. M. Noth, Überlieferungsgeschichtliche Studien I, 1943.

[109] So z.B. A. H. J. Gunneweg in: BHH III, 1966, 2018–2020; W. Richter a.a.O. (Anm. 56) 152f.

[110] Vgl. Brockhaus Enzyklopädie, VI 1968, 94f. mit Literatur.

den. Um 1575 erfolgte eine erste schriftliche Darstellung, aufgrund deren wenig später ein strenger Lutheraner ein neues Buch mit anderer Absicht verfaßte (1587); er wollte vor allem unnützen Forschen und Spekulieren warnen und dessen schlimme Folgen am Schicksal Fausts illustrieren. Bald darauf erschien eine weitere Fassung (G. R. Widmann, 1599), die durch breite Betrachtungen und Gespräche aufgeschwemmt war. Eine spätere Umarbeitung dieses Buches (J. N. Pfizer, 1674) strich überflüssiges und fügte gewinnende Züge hinzu, so die Erzählung von der Liebe Fausts zu einer armen Magd, durch die Goethes Gretchentragödie vorbereitet wurde. In dem Auszug eines Unbekannten aus diesem Werk (1725) erhielt die Faustsage eine volkstümliche Form; sie bildete die Grundlage der Jahrmarktdrucke, aus denen Goethe die Sage kennenlernte.

1. Überlieferungskritik und Überlieferungsgeschichte

a) Die angeführten Beispiele verdeutlichen den möglichen Werdegang im Verlauf der Überlieferung. Um ihn zu erkennen, geht die *Überlieferungskritik* hinter die vorliegende endgültige schriftliche Fassung einer Einheit soweit wie möglich zurück, im günstigsten Falle bis zu ihrer Entstehung. Es geht dabei vor allem darum, die Wandlungen zu erfassen, denen der Text während der Überlieferung von seiner Entstehung bis zu seiner endgültigen schriftlichen Niederlegung unterworfen war[111]. Dies soll mittels einiger Ergebnisse einer überlieferungskritischen Analyse der Rahmenerzählung des Buches Hiob (Hi 1,1–2,13; 42,7–17) erläutert werden, wenn es auch aus Raumgründen bei einer Auswahl aus den Beobachtungen sein Bewenden haben muß[112]. Immerhin läßt sich erkennen, daß der Text Eigenheiten aufweist, die auf eine lange Vorgeschichte schließen lassen und die von einer vor- und außerisraelitischen Gestalt über verschiedene israelitische Bearbeitungen bis zum nachexilischen Hiobdichter führen. Der Werdegang der Erzählung läßt sich mit ihrer Hilfe zwar nicht dem Wortlaut, wohl aber dem Aufbau und der Tendenz nach von der nachexilischen Zeit

[111] Natürlich muß man auch mit dem Fall rechnen, daß zwischen Entstehung und Verschriftung nur eine kurze Zeitspanne ohne wesentliche Veränderungen liegt wie bei zahlreichen Prophetensprüchen oder daß die schriftliche Fassung sogar am Anfang steht wie gelegentlich bei Ezechiel.

[112] Für die Einzelheiten und weitere Beobachtungen vgl. G. Fohrer, Das Buch Hiob (KAT), 1963; ders., Überlieferung und Wandlung der Hioblegende, in: Studien zum Buche Hiob, 1963, 44–67.

Israels bis nahe an ihre Entstehung im 2. Jt. v. Chr. zurückverfolgen.

So ist der Name Hiob (Hi 1,1) in vorisraelitischer Form vom 20. bis zum 14. Jh. v. Chr. belegt und gehört mit zu den ältesten Elementen der Erzählung. Es handelt sich um einen vor allem in der mittleren Bronzezeit und im nordwestsemitischen Raum verbreiteten Namen Ajja-'abum > Aj-jâbum (Ajjâbu) > hebr. 'Ijjôb.

Hiobs Verhalten wird in 1,1 durch die beiden Wortpaare „recht und redlich" und „gottesfürchtig und fern vom Bösen" beschrieben. Sie entstammen der Weisheitslehre; das erste Wortpaar findet sich Prov 2,21; 29,10; Ps 25,21; 37,37, das zweite Wortpaar Prov 3,7; 14,16; 16,6.

Von 1,2f. an spielen die Drei- und Siebenzahl sowie die sich daraus ergebende Zehnzahl eine bedeutende Rolle (vgl. ferner 1,5; 2,13; 42,8.12f.). Darin begegnet eine alte und verbreitete Symbolik; sie liegt u.a. in den ugaritischen Texten vor, die z.B. jeweils sieben Söhne von El, Baal, Mot und Keret erwähnen.

Nach 1,5 und 42,8 bringt gemäß früher vorexilischer Sitte der Hausvater selbst die Opfer dar, die den Zorn Gottes beschwichtigen; insbesondere entspricht 42,8 den Opfern Bileams (Num 23,1.14.29, Elohist). In Verbindung mit dem zweiten Opfer erscheint die Fürbitte wie in Gen 20,7 (Elohist).

Altorientalisch und auch in den ugaritischen Texten belegt ist die Vorstellung vom Hofstaat der Gottheit und der himmlischen Ratsversammlung (1,6; 2,1). Ebenso geht der Ausdruck *b^enê ha'^älohîm* „Himmelswesen" auf kanaanäische Vorbilder zurück. Dagegen ist die Gestalt des Satans als eines der Himmelswesen (1,6) erst für die frühnachexilische Zeit charakteristisch.

In 1,10 wird die deuteronomische Segensformel verwendet (vgl. Dtn 2,7; 14,29; 15,10; 16,15). Auch die Verbindung von Kleiderzerreißen und Haarscheren als Trauerbrauch (1,20) ist nur einer dreigliedrigen Aufzählung in Jer 41,5 ähnlich. Beides führt in die Zeit um 600 v. Chr.

Der erste Teil des Hiobwortes in 1,21 bringt eine allgemeine Weisheit zum Ausdruck. Der Satz findet sich abgewandelt, aber noch deutlich erkennbar in Koh 5,14, so daß ein derartiger Weisheitssatz im Verlauf der Überlieferung in die Hioblegende aufgenommen worden ist.

Der Ausdruck „das Geschick wenden" in 42,10 wird erst seit der Zeit um 600 v. Chr. in gehäufter Weise verwendet, wenn man einige Psalmen, in denen er vorkommt, ebenfalls in diese oder eine jüngere Zeit datiert (Ps 14,7; 53,7; 85,2; 126,4). Hos 6,11 ist die einzige ältere Stelle. So wird auch Hi 42,10 in der Zeit um oder nach 600 geprägt worden sein.

Von der elohistischen Genesis-Erzählung scheint 42,11 abhängig zu sein, da die Qesita und die goldenen Ringe, die Hiobs Verwandte und Bekannte ihm schenken, in der Sichem-Überlieferung begegnen (Gen 33,19; 35,4). Bei der Qesita handelt es sich um ein altes Zahlungsmittel, das nur noch in Gen 33,19 und Jos 24,32 (Elohist) genannt wird, wie auch der goldene Ring gerade vom Elohisten als Nasenring der Frauen (Gen 24,22.30.47) und als Ohrring (Gen 35,4; Ex 32,2f.) mehrfach erwähnt wird.

Durch die Erzählweise der Priesterschrift scheint 42,16–17 beeinflußt zu sein: „leben nach (diesen Ereignissen)" nach Gen 5,7, Hiobs hohes Alter nach Gen 5, „alt und lebenssatt" nach Gen 25,8; 35,29.

Daß der Hiobdichter selbst die Hioblegende, die durch Züge und Ausdrücke so vieler Jahrhunderte charakterisiert ist, nicht einfach übernommen, sondern selbst in gewissem Maße nochmals umgestaltet hat, zeigt ein Vergleich von 2,11–13 mit 42,11: Die Hioblegende hat ursprünglich im Anschluß an die vergebliche Versuchung Hiobs durch seine Frau in der sechsten Szene des Prologs 2,11–13 nicht vom Besuch der Freunde Hiobs, sondern von demjenigen seiner Verwandten und Bekannten erzählt. Ein Teil der Schilderung ist in 42,11 erhalten: Sie kamen zu Hiob, bekundeten ihm ihre Teilnahme und trösteten ihn wegen all des Unglücks, das Jahwe über ihn gebracht hatte. Sie finden sich also nicht ein, weil es ihm wieder gut geht, nachdem sie sich vorher von dem Unglücklichen zurückgezogen hatten. Vielmehr wollen sie ihr Beileid bezeigen und sogar Hilfe leisten, indem sie einen Geldbetrag mitbringen. Dies steht zu der in 42,10 bereits berichteten Wendung des Geschicks Hiobs und der Wiederherstellung seines früheren Glücks mit dem Doppelten des ehemaligen Besitzes in Widerspruch. Obwohl Besuch und Geschenke der Verwandten und Bekannten nunmehr als erster Teil der Wiederherstellung Hiobs erscheinen sollen, ist doch nicht zu übersehen, daß ihre Stelle ursprünglich im Prolog war. Dort aber kommt, wie die Ähnlichkeit zwischen 42,11 und 2,11 lehrt, nur der jetzt durch 2,11–13 eingenommene Platz in Frage. Der Dichter hat also die Verwandten und Bekannten durch die drei Freunde Hiobs ersetzt, was weitere Änderungen der vorgefundenen Hioblegende nach sich zog.

b) Aufgrund einer derartigen Untersuchung kann man die *Überlieferungsgeschichte* einer Einheit rekonstruieren, indem man anhand der Wandlungen während des Werdegangs der Einheit diesen Werdegang von der ältesten noch erschließbaren mündlichen Form bis zu der endgültigen schriftlichen Fassung in seinem Ablauf nachzeichnet. Dabei kann man aus den eingetretenen Wandlungen oder vorgenommenen Veränderungen im Verlauf des Werdegangs möglicherweise die Absicht des Verfassers der endgültigen schriftlichen Fassung der Einheit klarer als zuvor erkennen. Als Beispiel diene wieder die Rahmenerzählung des Buches Hiob:

Eine Reihe von Ausdrücken und Zügen, die alle Veränderungen überdauert haben, weist auf eine älteste vorisraelitische Fassung der Hioblegende hin. Besonders Parallelen der ugaritischen Texte lassen alte Überlieferungselemente erschließen.

Die zahlreichsten Überlieferungszüge, die weithin die Gestalt der Hioblegende bestimmt haben, stammen aus der älteren vorexilischen Zeit, in der die israelitische Gestalt der Erzählung geprägt worden ist. Der patriarchalische Hintergrund des Inhalts, der Hiob als einen Zeitgenossen der Väter der Genesis erscheinen läßt, geht auf das Vorbild und die Zeit der älteren Erzähler des Pentateuchs/Hexateuchs zurück (9.–8.Jh. v.Chr.). Dem entspricht weithin auch die Erzählweise.

Danach hat die Beschäftigung mit der Hioblegende in der Zeit um 600 v.Chr., auf die die Bezugnahme in Ez 14,12–23 hinweist, einige Spuren im Wortschatz hinterlassen.

In der nachexilischen Zeit wurden die Himmelsszenen durch die Einführung des Satans umgestaltet. Ebenso wirkte die Weisheit ein, die – sieht man von der fragwürdigen Annahme einer alten Sippenweisheit ab[113] – erst damals weitere Kreise erfaßte. Dazu trat die stilistische Beeinflussung durch die Priesterschrift.

Schließlich hat der Hiobdichter selbst die Hioblegende umgestaltet, um sie als Rahmenerzählung für seine Dichtung verwenden zu können. Von dieser Dichtung her, die durch die Auseinandersetzung Hiobs mit seinen Freunden und mit Gott charakterisiert ist, muß nunmehr die vorliegende Fassung der Hioblegende als Rahmenerzählung des Buches verstanden werden.

2. *Ursprüngliche Überlieferungselemente*

Im Zurückgehen auf ältere Stadien der Überlieferung oder auf den Ursprung einer Einheit kann die Überlieferungskritik auf ursprüngliche Überlieferungselemente stoßen, deren Erfassen mehr oder weniger weitreichende Schlüsse ermöglicht. Beispiele dafür lassen sich einer Analyse der Exoduserzählung entnehmen[114].

In Ex 1,1–14 kann man Züge von vier Erzählungssträngen voneinander sondern, die in verschiedener Weise die Vermehrung und die Unterdrückung der Israeliten in Ägypten miteinander verbinden. Während das Element der Verwirklichung der Nachkommenverheißung jedoch der Verknüpfung der Patriarchen- mit der Mosegeschichte dient, handelt es sich bei demjenigen der Unterdrückung um ein ursprüngliches Überlieferungselement, das auf geschichtliche Erinnerungen unter dem Blickwinkel einer halbnomadischen Lebenshaltung hinweist. Ursprüngliche Überlieferungselemente liegen ebenso in den Bemerkungen über die Einheirat Moses in die Familie eines Midianiters (2,11–22) – die für die spätere Zeit, als die Midianiter gefürchtete Feinde der Israeliten waren, unerfindbar und eher anstößig ist – und in der Lokalisierung von Gottesoffenbarung und Berufung Moses vor. Ursprünglich sind die Erwähnung des Gottesberges in 3,1b und die Anspielung auf den Sinai als Offenbarungsort in 3,2 durch das Wortspiel mit dem Ausdruck *s^enă*. Gleiches gilt für die Landverheißung an die Moseschar in 3,8.17, deren Wortlaut sich von den Verheißungen

113 Vgl. E. Gerstenberger, Wesen und Herkunft des „apodiktischen Rechts", 1965; H. W. Wolff, Amos' geistige Heimat, 1964.

114 Für die Einzelheiten vgl. G. Fohrer, Überlieferung und Geschichte des Exodus, 1964.

der Patriarchenüberlieferung deutlich unterscheidet (Land, „das von Milch und Honig fließt“) und die letztlich als Kern der Moseüberlieferung eine Landanspruchs- und Landnahmeerzählung einer israelitischen Gruppe um Mose erschließen läßt. Überlieferungskritisch kann man des weiteren erkennen, daß die ersten neun Plagen, die die Ägypter treffen, ein sekundäres Element der Überlieferung bilden, daß nur die zehnte Plage, die Tötung der Erstgeborenen, ein ursprüngliches Überlieferungselement darstellt und daß dieser Erzählung ursprünglich weder eine geschichtliche noch eine kultische Beziehung zum Passa als Ausgangspunkt für ihre Entstehung oder ihren Ausbau zugrunde gelegen hat, vielmehr einer der Erzähler zur Erläuterung einen nomadischen Blutritus benötigte und verwendete und dafür denjenigen wählte, der einen Teil des Passa gebildet hat. Schließlich trifft man in 13,17–14,31 auf ein weiteres ursprüngliches Überlieferungselement – die Verfolgung und Rettung der auswandernden Israeliten –, das von den Erzählern sehr unterschiedlich ausgestaltet worden ist. Wahrscheinlich führt es, wie die meisten vorhergehenden ursprünglichen Überlieferungselemente, auf den geschichtlichen Kern der Überlieferung: den Untergang einer die flüchtenden Fronarbeiter verfolgenden Gruppe der Grenzwache.

3. Grundlegende Beobachtungen und Erkenntnisse

Überlieferungskritik in dem geschilderten Sinn fußt auf mehreren Beobachtungen und Erkenntnissen:

a) Zahlreiche, allerdings nicht alle Einheiten sind nicht in einem einmaligen Vorgang entworfen und schriftlich niedergelegt worden, sondern haben eine mehr oder weniger lange Vorgeschichte. Ihre Entstehung und Ausgestaltung reicht (über ein mögliches Stadium vorläufiger Verschriftung) in ein Stadium mündlicher Überlieferung zurück. Dies gilt z.B. für die meisten Sagen und Märchen.

b) Von der Entstehung bis zur endgültigen schriftlichen Niederlegung einer Einheit können mannigfache Wandlungen, Ausgestaltungen, Verkürzungen und sonstige Veränderungen eintreten. Diese mögen unbewußt erfolgen, wie im Falle der mündlichen Weitergabe einer Mitteilung, oder bewußt, wie im Falle der Bearbeitung der Faustsage oder der Änderung der Hioblegende durch den Hiobdichter.

c) Im frühen Stadium der Überlieferung liegen vor allem bei erzählenden Einheiten zwar oft die Abfolge des Geschehens, der Umriß des Überlieferten und wesentliche Einzelzüge fest. Anders aber verhält es sich mit den besonders wandelbaren Einzelformulierungen und der Gesamttendenz, die stärkeren Eingriffen und Veränderungen unterliegen können. Auch dafür bieten die Überlieferungsgeschichte der Faustsage und der Hioblegende genügend Belege.

4. Die dreifache Aufgabe der Überlieferungskritik

a) Die Überlieferungskritik soll die Art und Weise der im Verlauf der Überlieferung eingetretenen Veränderungen erfassen. Diese sind bei ursprünglich volkstümlichem Erzählgut am besten zu erkennen, da es zunächst „erst stoffmäßig festgelegt, aber ansonsten noch relativ offen [war] für Neuformulierung, breitere Ausgestaltung, Verbindung und Verschränkung mit anderen Erzählungen und Erzählungsteilen“[115]. In anderen Fällen, in denen überlegte Formulierungen zunächst mündlich weitergegeben worden sind (z.B. Propheten- und Weisheitssprüche), ist kaum mit einer wesentlichen Veränderung im Verlauf des – meist kurzen – Zeitraums der mündlichen Überlieferung zu rechnen. Die Analyse wird nur auf sammelnde Anordnung (sofern nicht auf Komposition oder Redaktion beruhend), interpretierende und aktualisierende Vorschaltungen, Erweiterungen, Verbindungstexte oder Anhänge treffen.

b) Die Überlieferungskritik soll die sachlich-inhaltliche Eigenart der Veränderungen erfassen, die von mannigfacher Art sein kann. Einmal kann es sich um Veränderungen im Zusammenhang mit der in der mündlichen Überlieferung oder einem vorläufigen schriftlichen Überlieferungsstadium erfolgten Verbindung mehrerer Einheiten zu einer Sammlung, einer Komposition oder einem Zyklus handeln. Dann bemerkt man Angleichungen, Verklammerungen usw., wie sie häufig bei der Analyse des Pentateuchs/Hexateuchs festgestellt worden sind. Ferner kann es sich um sachliche Umgestaltungen infolge einer veränderten religiös-theologischen Grundlage handeln. Dies gilt für die Aufnahme von ursprünglich kanaanäischen Erzählungen, für die schon die Patriarchenüberlieferung eine Reihe von geradezu klassischen Beispielen liefert. Des weiteren kann es sich um Veränderungen aufgrund eines Wechsels im Überliefererkreis oder Überliefererbereich handeln. So verhält es sich bei der gesamtisraelitischen Übernahme der ursprünglich gruppengebundenen Patriarchenüberlieferungen und bei der gesamtisraelitischen Interpretation der ursprünglich auf Stammesebene geschil-

---

[115] H. Barth–O.H. Steck a.a.O. (Anm. 70) 40.

derten Richter. Schließlich kann es sich um neue inhaltliche, aber auch erzählerische Akzente handeln; ein Beispiel dafür bildet die Hioblegende.

c) Die Überlieferungskritik soll, sofern und soweit dies im Einzelfall möglich ist, unter Berücksichtigung der Veränderungen und ihrer Eigenart die ursprünglichen Überlieferungselemente einer Einheit erfassen, aus denen sich gegebenenfalls wieder übergreifende literarische oder geschichtliche Schlüsse ziehen lassen.

II. Methodik

Wie läßt sich die dreifache Aufgabe der Überlieferungskritik lösen? Welche Ansatzpunkte können dazu führen, auf einen kürzeren oder längeren Werdegang einer Einheit zu schließen und ihn zu verfolgen? Was weist auf Veränderungen hin, die an einer Einheit im Verlauf einer kürzeren oder längeren Zeit vorgenommen worden sind, so daß man unter Berücksichtigung dessen eine ältere Gestalt der Einheit ausfindig machen kann? Folgende Möglichkeiten sind bei der Analyse einer Einheit zu prüfen.

1. Spannungen und Auffälligkeiten

In einer Einheit, die nach der literarkritischen Analyse als ein in sich geschlossenes Ganzes erscheint, können dennoch Spannungen und Auffälligkeiten von unterschiedlicher Art begegnen, die nicht zu einer weiteren literarkritischen Differenzierung ausreichen. Sie legen die Annahme nahe, daß die Einheit nicht in dieser Gestalt verfaßt und niedergeschrieben worden ist, sondern eine gewisse Vorgeschichte aufweist.

a) Auf dergleichen trifft man in der Erzählung von Hagars Flucht und Ismaels Geburt (Gen 16). In der Wüste, in die sie geflohen ist, hört Hagar die Stimme des Jahweboten, der in v. 10 und 13 mit Jahwe praktisch gleichgesetzt wird:

(11) Da sagte der Jahwebote zu ihr: „Siehe, du bist schwanger und wirst einen Sohn gebären. Du sollst ihn Ismael nennen, denn Jahwe hat dein Elend gehört."

Danach müßte das Kind eigentlich Schemaja(hu) oder Jischmaja(hu) heißen. Der tatsächliche Name dagegen geht auf eine El-Tradition zurück. Und da El in der syrisch-palästinischen Götterwelt eine der wichtigsten Gestalten war, werden wir auf außerisraelitische Zusammenhänge hingewiesen. Schwieriger ist die Sachlage in 16,13–14, in denen das Stichwort „sehen" und nicht „hören" lautet:

(13) Da nannte sie den Namen Jahwes, der zu ihr geredet hatte: „Du bist ein Gott des Schauens (wörtlich: El Roï)." Denn sie sagte: „Habe ich auch hier hinter dem hergeschaut, der mich geschaut hat?" (14) Darum nennt man den Brunnen: „Brunnen des Lebendigen, der mich schaut". Er liegt zwischen Qadesch und Bared.

Hagar benennt also den Jahweboten (den sie nicht geschaut, sondern der zu ihr gesprochen hat!), und andere benennen den Ort des Ereignisses. Der Erzähler hat dies wahrscheinlich schon in der Überlieferung vorgefunden, da die Benennungen in seiner Darstellung keine Rolle spielen, sondern nur ein Anhängsel an sie bilden. So werden wir eine Stufe zurückgeführt: Ursprünglich wurde erzählt, wie die Oase Beerlachajroï zum Heiligtum wurde und daß sie den Namen einer Gottheit, des El Roï, erhielt.

Die beiden Erzählungsteile in 16,11 und 16,13–14 wurden vom Erzähler vorgefunden und übernommen; sie waren schon im mündlichen Überlieferungsstadium miteinander verbunden. Für den Erzähler war nur mehr der erste Teil über Ismael wichtig, der andere (in dem er in v. 13a „Gottheit" durch „Jahwe" ersetzte) trat zurück und erhielt wortspielartigen Charakter. Damit hängt wohl auch der schwierige Textzustand in v. 13b zusammen: „hinter dem, der mich geschaut hat". Setzt man statt dessen den Namen der Gottheit ein, so hat der ursprüngliche Satz gelautet: „Wirklich, ich habe den El Roï geschaut." Daran schließt v. 14 unmittelbar an. All diese Beobachtungen führen weit in die vorisraelitische Vorgeschichte von Gen 16 zurück.

b) In § 2 wurde auf die Auffälligkeiten in Gen 1,1–2,4a hingewiesen: auf den Widerspruch zwischen den acht Schöpfungswerken und den sechs Schöpfungstagen und auf das Nebeneinander von zwei Arten des göttlichen Schaffens durch das „Machen" und das „Sprechen". Auch diese Auffälligkeiten lassen sich durch das Zusammenwachsen von zwei Überlieferungen im vorliterarischen, mündlichen Stadium erklären. Es kann sich um zwei Erzählungen mit zusammen acht Schöpfungswerken gehandelt haben (die erst der jetzige Erzähler auf sechs Tage verteilte), von denen die eine einen Tatbericht und die andere einen Befehlsbericht darstellte.

Ebenso lassen sich die Auffälligkeiten in Gen 11,1–9 verstehen. Die Erzählung nennt zwei Bauwerke: Stadt und Turm, zwei mit ihnen verfolgte Ziele: sich nicht zerstreuen und sich Ruhm verschaffen, zweimaliges Herabfahren Jahwes in v. 5 und 7, zweifaches Handeln Jahwes:

Zerstreuung der Menschen und Verwirrung ihrer Sprache. Da es sich in Gen 11,1–9 um eine in sich geschlossene Erzählung handelt, ist zu folgern, daß zwei ursprünglich selbständige Geschichten bestanden haben: Die Menschheit baute eine Stadt, um sich nicht zu zerstreuen – die Menschheit baute einen riesigen Turm, um sich Ruhm zu verschaffen.

c) Demgegenüber kann – um ein Gegenbeispiel anzuführen – eine Einheit auch Spannungen und Auffälligkeiten aufweisen, die sich nicht überlieferungskritisch erklären lassen, sondern auf Kompositions- und Redaktionsvorgängen beruhen. So verhält es sich in Gen 18–19 mit dem folgenden seltsamen Nebeneinander:

18,1 Da erschien ihm Jahwe bei den großen Bäumen von Mamre ...
18,2 Als er die Augen aufhob, sah er plötzlich drei Männer ...
18,3 Er sprach: „Mein Herr, habe ich Gunst in deinen Augen gefunden ...“
18,4 Man hole doch etwas Wasser, dann wascht eure Füße und legt euch unter den Baum.
18,5b Sie sprachen: „Tu so, wie du gesagt hast.“
18,9 Danach fragten sie ihn: „Wo ist deine Frau Sara?“
18,10 Da sagte er:
18,13 Da sagte Jahwe zu Sara ...
18,16 Dann erhoben sich die Männer von dort ...
18,33 Dann ging Jahwe weg, als er das Gespräch mit Abraham beendet hatte ...
19,1 Die zwei Boten kamen abends nach Sodom ...
19,12 Dann sprachen die Männer zu Lot ...
19,17 Während sie sie hinausführten, sprach er: „Rette dich ...“
19,18 Da sagte Lot zu ihnen ...
19,19 Sieh doch, dein Knecht hat Gunst in deinen Augen gefunden ...

Der Wechsel zwischen Jahwe und den drei „Männern“ (die in 19,1 wegen des Weggehens Jahwes nach 18,33 nachträglich auf zwei verringert und als „Boten“ Jahwes bezeichnet worden sind) weist nicht auf eine Spannung in einer sonst in sich geschlossenen Einheit hin, sondern erfordert eine literarkritische Scheidung in zwei nebeneinander verlaufende Darstellungen, die zu zwei Quellenschichten des Pentateuchs/Hexateuchs gehört haben und redaktionell zusammengearbeitet worden sind. Eine überlieferungskritische Erklärung scheidet für Gen 18–19 wie in zahlreichen anderen Fällen aus.

2. *Hinweise aufgrund des ätiologischen Charakters*

Eine Einheit mit ätiologischem Charakter, die keine überlieferungskritisch relevanten Spannungen aufweist, kann dennoch eine vorliterarische Geschichte haben. Unter Ätiologie versteht man die Erklärung eines Tatbestandes in der Gegenwart der Erzählung aus einem angeblichen Geschehen, das sich meist in ferner Vergangenheit abgespielt haben soll. Insbesondere werden erklärt 1. Naturerscheinungen, z.B. die Öde der Landschaft am Toten Meer (Gen 19), 2. Namen, z.B. der Name des Ortes Beerseba (Gen 21,22ff.), 3. Kultstätten, -bräuche oder -gegenstände, z.B. das Bild der ehernen Schlange (Num 21,6ff.), 4. Eigenarten eines Stammes oder Volkes, z.B. der Lebensweise und Wohngegend der Ismaeliten (Gen 16,11f.).

Zwei Arten von Einheiten mit Ätiologien lassen sich unterscheiden: a) Es gibt Einheiten, auf deren ätiologischen Charakter vor allem folgende Merkmale hinweisen: die typische Schlußformel „bis auf diesen Tag" (z.B. Jos 4,9;6,25;7,26;8,28.29;9,27;10,27) und die Weitergabeformel „Wenn eure Kinder künftig fragen werden ..., dann sollt ihr ihnen sagen" oder ähnlich (z.B. Jos 4,6f.21f.). b) Doch auch wenn diese Formeln nicht begegnen, kann eine Einheit in der vorliegenden Form einen Stoff mit ätiologischem Charakter enthalten, der ursprünglich selbst eine Einheit mit ätiologischem Charakter gewesen sein kann. Folgende Beobachtungen, die an solchen Einheiten gemacht worden sind, lassen den Schluß auf eine vorliterarische Geschichte einer Einheit zu.

a) In einer Einheit mit ätiologischem Charakter sind die in der jetzigen Überlieferung verwendeten Namen der in der Einheit erwähnten Personen nicht ursprünglich mit dem Stoff der Einheit verbunden, sondern erst im Verlauf der Überlieferung mit ihm verknüpft worden. Zu diesem Ergebnis führen unter anderem folgende Überlegungen: Ätiologische Erzählungen haben sich mit Vorliebe an bereits berühmte Namen geheftet, unter Umständen sogar wahlweise an mehrere. Im Gegensatz zu Erzählungen, die um eine bestimmte, unersetzbare Person kreisen und die man Erzählungen mit personalem Charakter nennen kann (herkömmlich z.B. Heldensage oder Märtyrerlegende), sind derartige Zuweisungen stets nachträglich in der Ausgestaltung der Überlieferung erfolgt. Deutlich ist dies auch, wenn – wie im Falle Josuas und der Erzählungen in Jos 2–10* – der herangezogene Name in einer anderen Menschengruppe und Landschaft als die Erzählung oder Erzählungsreihe verwurzelt war: Josua war Ephraimit, der Erzählungskranz dagegen benjaminitisch.

Aufgrund der oben erwähnten Formeln erweist sich der Hauptteil der Erzählungen in Jos 2–10 als ätiologisch: die Erzählungen vom Jordanübergang, von der Eroberung Jerichos, von der Versündigung und Bestrafung Achans, von der Eroberung Ais, vom Vertrag mit den

Gibeoniten und von den Königen in der Höhle bei Makkeda. Die geschilderten Begebenheiten – und wahrscheinlich noch andere in Erzählungen oder Formeln – standen in keiner Beziehung zu Josua und sind ursprünglich unabhängig von ihm erzählt worden. Dies weist auf eine vorliterarische Geschichte der Einheiten hin, zumal schon die Übertragung auf Josua in einem vorliterarischen Stadium erfolgt sein dürfte[116].

b) Es kann aber auch sein, daß die Ätiologie nicht den ganzen Horizont und das Hauptziel der Einheit deckt, sondern sich lediglich auf ein Neben- oder Teilziel bezieht. Dann scheint es so, als seien in der Einheit verschiedenartige Stoffe zusammengearbeitet worden, von denen ein Stoff ätiologischen Charakter aufweist. In diesem Fall läßt sich die sekundäre Zuweisung an eine bestimmte Person und die Beziehung auf ein bestimmtes Ereignis aufgrund der sprachlichen Analyse der Einheit erkennen: Es stellt sich eine Zwei- oder Mehrgipfligkeit der Einheit mit einer Verlagerung des Erzählinteresses bzw. der Überlagerung eines Interesses durch ein anderes heraus. Ergibt sich dies, so sind wahrscheinlich Person und / oder Ereignis erst im Verlauf der Überlieferung eingeführt worden; ursprünglich dagegen hat es sich um eine Erzählung mit ätiologischem Charakter gehandelt.

Ein Beispiel dafür bildet die Erzählung von der Vernichtung Sodoms und Gomorras in Gen 18–19. In ihr lassen sich unschwer mehrere Gipfel und Interessen erkennen: Die Erzählung soll über Abraham und Lot berichten, sie soll religiöse und theologische Aussagen illustrieren, sie soll eine Nachkommenverheißung an Abraham bringen, sie soll aber auch die Entstehung des Toten Meers und der Eigenarten seiner Umgebung erklären. Durch letzteres werden die Oasen am Toten Meer und in der Wüste des unteren Jordangrabens als dürftiger Rest und Zeuge einer vergangenen üppigen Pracht der Landschaft hingestellt. Ein Ziel der Erzählung ist die Schilderung der Gefährdung und Rettung Lots, der sich bei der Trennung von Abraham in eigennütziger Weise jenes reiche Gebiet als Wohnsitz gewählt hatte und eben dadurch anders als der bescheidene Abraham in Gefahr geriet. Ein anderes Ziel der Erzählung ist die Begründung und Schilderung der Vernichtung von Sodom und Gomorra. An alledem läßt sich bereits erkennen, daß eine ursprünglich ätiologische Erzählung zur Ausgestaltung des Abraham-Lot-Zyklus herangezogen worden ist. Dabei ist die Vernichtung

---

[116] Vgl. die Analyse der Josuaüberlieferung durch A. ALT, Josua, in: Werden und Wesen des Alten Testaments, 1936, 13–24, und M. NOTH, Das Buch Josua (HAT), 1938 (1953^2).

der Städte nach der verbreiteten Sagenart von der versunkenen Alm geschildert worden[117], die in diesem Fall mit den Namen Abrahams und Lots verknüpft worden ist wie in anderen Fällen mit anderen Namen.

c) Die unter a und b genannten Fälle können auch in einer Einheit zusammentreffen. So enthält die Erzählung von der Herkunft der Moabiter und Ammoniter von Lot und seinen Töchtern in Gen 19,30–38 zwei verschiedenartige Ätiologien: einen ätiologischen Stoff über das Leben einiger einer Katastrophe entronnener Menschen in einer Gebirgshöhle oberhalb von Zoar und eine Ätiologie mit Schlußformel über die Abstammung der ostjordanischen Moabiter und Ammoniter. Im jetzigen Zusammenhang soll die Erzählung Lot und sein Haus wegen Blutschande verurteilen. Doch die Schlußsätze über Moabiter und Ammoniter lassen erkennen, daß man sie schon davor in Israel mit dem Zweck erzählt hat, die beiden ihm meist feindlichen Nachbarvölker mit Schmach und Schande zu belegen. Von hier aus hat sich die weitere Frage gestellt, ob die Schlußsätze nicht auf eine ältere moabitisch-ammonitische Stammessage schließen lassen, die ein positives Urteil über die Abstammungsverhältnisse enthielt: einen Preis auf „den Heroismus ihrer Mutter ... und die Reinheit ihres Blutes: sie sind nicht aus fremdem Samen erzeugt, sondern von Vater und Tochter, reinstes Vollblut!"[118] Daneben führt die Erwähnung der Höhlen oberhalb von Zoar zu der Annahme einer Abstammungssage der Höhlenbewohner, die sich von einer ähnlich heroischen Tat nach einer vernichtenden Katastrophe herleiteten.

3. Hinweise aufgrund von Struktur und Alter einer Einheit

a) Daß im Verlauf der Überlieferung des Textes einer Einheit von seiner ursprünglichen Gestalt bis zur endgültigen schriftlichen Niederlegung Wandlungen eingetreten sind, kann aus der Struktur der zu exegesierenden Einheit hervorgehen. Dies zeigt sich an einer Analyse von Jer 29[119]. Den Ausgangspunkt bildet die Einführung eines Briefes Jeremias in v. 1 und 3 (unterbrochen durch den später zugefügten v. 2), die die

[117] M. Haller, Die Blüemlialpsage religionsgeschichtlich gesehen, in: Festschrift A. Bertholet, 1950, 208–221.

[118] H. Gunkel, Genesis, 1964^6, 218.

[119] Vgl. im einzelnen G. Wanke, Untersuchungen zur sogenannten Baruchschrift, 1971, 36–59.

ursprünglichen Angaben des Briefes über Absender und Empfänger ersetzt hat. Der in v. 4–7 überlieferte Brief ist also nicht mehr vollständig; sein Text war infolge der neuen Einführung einer Wandlung unterworfen. In einem weiteren Überlieferungsstadium sind Verse mit der Darstellung der brieflichen Auseinandersetzung zwischen Jeremia und dem Exilspropheten Schemaja in v. 24–32 verbunden worden. Der Schemajabrief bezieht sich nur auf v. 4–7 und nicht auf die Erweiterungen des Jeremiabriefes, die daher nicht berücksichtigt worden sind, und weist in seiner Einleitung eine andere Stilform als die Einführung des Jeremiabriefes auf, so daß er auf einer eigenen Überlieferung beruht und von anderer Hand als derjenigen des Verfassers von v. 1 und 3 mit dem Jeremiabrief verbunden worden ist. Aus der Verbindung ergab sich eine Erzählung von einer Auseinandersetzung zwischen Jeremia und Schemaja (Jer 29,1.3–7.24–32) mit einem auch sonst zu beobachtenden dreigliedrigen Aufbau: Aktion Jeremias – Gegenaktion Schemajas – Verurteilung von und Unheilsankündigung für Schemaja. Abgesehen von späteren Erweiterungen (v. 10–14; v. 15.21–23; v. 16–20) ist die Erzählung in einem eigenen Überlieferungsstadium mit Jer 27–28 (Auseinandersetzung zwischen Jeremia und Chananja) zu einer programmatischen Schrift gegen die falschen Propheten zusammengefügt worden, auf die sich Jer 29,8f. bezieht.

b) In zahlreichen anderen Fällen ist aufgrund des großen zeitlichen Abstandes zwischen der endgültigen schriftlichen Niederlegung einer Einheit und dem in ihr geschilderten Ereignis bzw. der ersten mündlichen Erzählung von dem Ereignis anzunehmen, daß die Überlieferung des Textes im Verlauf des langen Weges mancherlei Wandlungen unterworfen war. Dies gilt beispielsweise für die ganze Patriarchen- und Moseüberlieferung. Ihre endgültige schriftliche Niederlegung ist frühestens im 10. Jh. v. Chr., wahrscheinlich aber noch später erfolgt, so daß zwischen ihr und den Ereignissen bzw. den ältesten Erzählungen mehrere Jahrhunderte liegen. Für diese Zeit ist trotz der großen Beständigkeit der mündlichen Überlieferung im Orient mit einer Umformung und Weiterbildung der Überlieferung zu rechnen, erst recht im Verlauf der endgültigen schriftlichen Niederlegung in den älteren Quellenschichten des Pentateuchs/Hexateuchs mit ihren jeweils eigenen literarischen und theologischen Konzeptionen.

Freilich lassen sich für die Feststellung der anzunehmenden Wandlungen des Textes wahrscheinlich keine allgemeingültigen Maßstäbe niederlegen. Vielmehr wird man von Fall zu Fall nach ihnen suchen müssen. Hinweise können liefern: der nach Ausweis einer Konkordanz ältere oder jüngere Wortschatz, die nach unserer Kenntnis der altorientalischen und israelitischen Kulturgeschichte älteren oder jüngeren Vorstellungen, Bräuche oder Institutionen sowie die religions- und theologiegeschichtlich bestimmbaren älteren oder jüngeren Glaubensformen.

4. Zeitlich differenzierte Schichtung des Textes

In einer Einheit, die als ein in sich geschlossenes Ganzes erscheint, kann eine eingehende Untersuchung der Einzelzüge, des Stils und der Ausdrücke eine gewisse periodische und kultur- oder geistesgeschichtliche Schichtung ergeben. Aufgrund des Vergleichs mit anderer, im großen Rahmen datierbarer Literatur des Alten Orients und des Alten Testaments lassen sich die Einzelzüge und der Stil vielfach verschiedenen Perioden zuordnen, die um Jahrhunderte voneinander getrennt sein können. In ähnlicher Weise kann man aufgrund der sprachgeschichtlichen Sonderung[120], vor allem mit Hilfe einer Konkordanz, die Ausdrücke eines Textes häufig verschiedenen sprachlichen Perioden des Hebräischen zuweisen. Durch die Feststellung der Schichten und deren eventuelles Abtragen zeichnet sich allmählich ein Gesamtbild der Schichtung ab. Das beste Beispiel bildet die Rahmenerzählung des Buches Hiob, für die sich in Abschnitt I,2 folgende Schichtung zeigte: vorisraelitische Fassung, israelitische Fassung der älteren vorexilischen Zeit, Einwirkungen in der Zeit um 600 v. Chr., mehrfache Bearbeitung in der nachexilischen Zeit, Veränderungen durch den Hiobdichter.

5. Schriftliche Vorlage

Manchmal ist eine schriftliche Vorlage bekannt, die – sei sie in Israel nun durch schriftliche oder durch mündliche Überlieferung bekannt gewesen – den Ausgangspunkt für die zu analysierende Einheit des Alten Testaments gebildet hat. In einem solchen Fall sind Anfang und Ende des Werdegangs der Einheit greifbar, während sich die Zwischenstufen gewöhnlich nicht rekonstruieren lassen.

a) Die jetzige Sintfluterzählung Gen 6–8 ist in einem redaktionellen Prozeß aus einer jahwistischen und einer priesterschriftlichen Erzählung zusammengefügt worden. Beide lassen sich auf wesentlich ältere

---

[120] Ein sehr gutes Beispiel bietet P. HUMBERT, Problèmes du livre d'Habacuc, 1944.

mesopotamische Darstellungen zurückführen, an die sie anknüpfen und deren Einzelzüge teilweise noch in den alttestamentlichen Erzählungen wiederkehren.

b) Prov 22,17–23,11 läßt sich auf die ägyptische Weisheitslehre des Amenemope zurückführen (entstanden zwischen dem 10. und 6. Jh. v. Chr.). Das Einleitungsgedicht 22,17–21 und die behandelten 10 Themen 22,22–23,11 entsprechen oft wörtlich dem ägyptischen Text. Vielleicht hat der israelitische Weise sogar dessen Einteilung in 30 Kapitel („Häuser") übernommen, wenn in 22,20 „dreißig" an Stelle von „vorgestern" oder „Adjutanten" zu lesen ist. Es handelt sich jedoch nicht um eine einfache Übersetzung aus dem Ägyptischen. Vielmehr zeigt ein Vergleich, daß der israelitische Weise aus einem Drittel der ägyptischen Lehre eine Anthologie hergestellt, die Themen in anderer Reihenfolge behandelt und in 22,26f. einen eigenen Spruch eingefügt hat. Jedenfalls führt der überlieferungskritische Vergleich sofort auf die ägyptische Quelle zurück.

6. *Hinweise aus dem Vergleich von Einheiten*

Während in den Abschnitten 1.–4. der überlieferungskritische Ansatz in den einzelnen Einheiten selbst lag und sich in Abschnitt 5. durch die anderweitig bekannt gewordenen Textvorlagen ergab, ist in anderen Fällen vom Vergleich mehrerer Einheiten des Alten Testaments miteinander auszugehen. Dabei ist gegebenenfalls auf Ergebnisse der Motiv- und Traditionskritik zurückzugreifen, da selbständige Motive, geprägte Themen und Traditionen auf Vorstufen schließen lassen können.

a) In Gen 28,10–22 sind zwei Erzählungen über Jakobs Traum in Betel miteinander vereinigt: die jahwistische und die elohistische Version des Geschehens. Ungeachtet dessen, daß schon die jahwistische Version infolge ihrer inneren Spannung einen Ansatzpunkt für die überlieferungskritische Untersuchung enthält, führt auch der Vergleich zwischen beiden Versionen zu ähnlichen Überlegungen und Erkenntnissen, die auf eine kanaanäische Erzählung als Ausgangspunkt schließen lassen. Für die Einzelheiten sei auf die Analyse der Einheit in § 12 verwiesen.

b) Dreimal erzählt die Genesis von der Gefährdung der Ahnfrau – zweimal der Sara (Gen 12,10–20; 20,1–18) und einmal der Rebekka (Gen 26,1–17a). Man kann die Frage stellen, ob die Einheiten sich auf ein gemeinsames Schema zurückführen lassen, das wiederum die Grundlage für eine volkstümliche Erzählung von den Erfahrungen eines

Nomaden und seiner Frau in einem fremden Land oder einer fremden Stadt gebildet hat – dies um so mehr, als die Patriarchenfrauen in der Genesis keine eigene Rolle spielen, keine selbständige Überlieferung aufweisen und möglicherweise keinen historischen Hintergrund besitzen.

c) Von David, der zweifellos eine historische Gestalt war, wird zweimal erzählt, wie er an den Hof Sauls und in dessen Dienst kommt: nach I Sam 16,14–23 als ein den Höflingen bekannter Saitenspieler, nach I Sam 17 infolge seines Sieges über den Philister Goliat. Dieses unverträgliche Nebeneinander gibt zu der Frage Anlaß, ob sich nicht eine der beiden Darstellungen ursprünglich auf eine andere Person bezogen hat. Einem Vergleich kommt die Notiz II Sam 21,19 zu Hilfe, nach der Elchanan aus Betlehem den Goliat getötet hat. Im Verlauf der Überlieferung ist diese Tat auf David übertragen worden.

III. Ergebnisse

1. Die Überlieferungskritik gewährt Einblick in Ursprung und Wandlungen einer Einheit im Verlauf der Überlieferung, wobei sich in unterschiedlichem Maße einerseits die Art und Weise der Veränderungen, andererseits die sachlich-inhaltliche Eigenart der Veränderungen erkennen lassen. Daraus läßt sich die Überlieferungsgeschichte der Einheit in gewissen Grenzen rekonstruieren.

2. Die Überlieferungskritik gewährt Einblick in das Verhältnis von Tradition und Interpretation, indem sie zeigt, daß ältere Überlieferungen nicht nur aufgenommen und weitergegeben, sondern dabei gemäß neuen Absichten und Zielen in immer neuer Weise interpretiert werden. An Stelle bloßer Wiederholung findet sich die interpretierende Weiterbildung.

3. Die Überlieferungskritik gewährt Einblick in die Geschichte der israelitischen Religion und des alttestamentlichen Glaubens – von der Übernahme und Umwandlung ursprünglich nichtisraelitischer Überlieferungen und ihrer Integration in die Geschichte Israels und den Jahweglauben bis zur einmaligen oder mehrfachen Veränderung und Prägung der Überlieferung in verschiedenen religiösen oder theologischen Überliefererkreisen oder in verschiedenen Phasen der geistigen und religiös-theologischen Geschichte Israels. Dadurch werden Überliefererkreise und geschichtliche Phasen besser erkennbar.

4. Die Überlieferungskritik liefert einen Zugang zu historischen und religionsgeschichtlichen Kenntnissen und Erkenntnissen, die in ur-

sprünglichen Überlieferungselementen in den Stadien vor der endgültigen Verschriftung der Einheiten noch erfaßbar sind oder den Entstehungsort bzw. den Haftpunkt der Überlieferung darstellen, an anderer Stelle oder unmittelbar jedoch nicht überliefert sind.

B. Kompositions- und Redaktionskritik

I. Fragestellung und Aufgabe

1. Fragestellung

Gegenstand der Untersuchung ist weiterhin die mit Hilfe der Literarkritik abgegrenzte und gesonderte Einheit, und zwar die einfache, erweiterte und zusammengesetzte Einheit. Außerdem muß für die Frage nach der Komposition und teilweise für diejenige nach der Redaktion der engere und weitere Kontext herangezogen werden.

Die Untersuchung der Komposition und der Redaktion betrifft in erster Linie alle erkennbaren literarischen Bearbeitungen im Anschluß an die endgültige schriftliche Niederlegung (sofern sich auf überlieferungskritischem Wege frühere Überlieferungsstadien erfassen lassen) oder an die sogleich nach der Abfassung erfolgte Niederschrift der Einheit. Darüber hinaus kann die Frage nach der Komposition schon den Bereich der Überlieferung in Stadien vor der endgültigen schriftlichen Niederlegung betreffen. Im wesentlichen wird danach gefragt, wie die Teile des Textes, die literarkritisch voneinander geschieden werden mußten, zu der jetzt vorliegenden Form der Einheit zusammengefügt worden sind.

a) Einmal handelt es sich um die Frage nach der teils literarischen, teils vorliterarischen Zusammenfügung einzelner Einheiten zu größeren Komplexen, sofern diese Kompositionen darstellen. Eine Komposition liegt vor, wenn ein Bearbeiter aus mindestens zwei Einheiten ein größeres Werk hergestellt hat und wenn er sie sinnvoll und gezielt zusammengefügt, gegebenenfalls in vorliegende Überlieferungen in stärkerem Maße eingegriffen oder eigene Abschnitte an geeigneter Stelle eingefügt hat. Dieser Vorgang ist während dreier Stadien möglich: Er kann sich vor der Tätigkeit des Verfassers in einem mündlichen oder einem vorläufigen schriftlichen Stadium der Überlieferung abgespielt haben. Er kann durch den Verfasser der Einheiten im Zusammenhang mit der endgültigen schriftlichen Niederlegung der Einheiten vorgenommen worden sein. Er kann im Zuge der redaktionellen Bearbeitung nach der endgültigen schriftlichen Niederlegung der Einheiten durch die Hand eines Redaktors erfolgt sein. Der Urheber kann also ein Kompositor oder ein Redaktor sein.

b) Ferner handelt es sich um die Frage nach der – auf die Tätigkeit des Verfassers möglicherweise folgenden – redaktionellen Bearbeitung von Einheiten oder Kompositionen und deren weitere Zusammenfügung zu umfassenden Werken und Büchern. Solche Redaktionen sind literarische Bearbeitungen durch andere und spätere Hände als diejenigen der Verfasser.

Die redaktionskritische Frage stellt sich also entgegen anderen Auffassungen noch nicht bei der ersten Verschriftung von mündlicher Überlieferung[121] – weder bei rein kodifizierender Verschriftung als Frage nach der Funktion einer Einheit im literarischen Zusammenhang, sofern ein solcher besteht;
noch bei einer mehr oder weniger weitreichenden Neuformulierung oder Neufassung durch den verschriftenden Verfasser als Frage nach dem Verhältnis von „Tradition und Redaktion";
noch beim Einbringen von selbständigen und isolierbaren Wissensstoffen durch den Verfasser bei der Formulierung eines Textes;
noch bei der Komposition von Werken durch einen Verfasser mittels Auswahl, Anordnung und Zusammenstellung alter Überlieferungen und deren Neuformulierung und Neufassung.

In all diesen Fällen trifft die Bezeichnung Redaktion nicht zu, sofern es sich um Neuformulierungen und Neufassungen und also um schriftstellerisch-schöpferische Vorgänge handelt.

Ebensowenig darf die Redaktionskritik als führende Grundmethode für die Untersuchung alttestamentlicher Bücher betrieben werden, so daß beispielsweise die redaktionskritische Fragestellung im Gesamtrahmen eines Prophetenbuches institutionsgeschichtlich zu fassen wäre, die Prophetenbücher als „Predigten" der nachexilischen Gemeinde zunächst über das religiöse und gesellschaftlich-politische Selbstverständnis dieser Gemeinde auf der Grundlage bestimmter Institutionen Aufschluß gäben und die alttestamentliche Prophetie überwiegend Ausdruck gottesdienstlicher Auseinandersetzung mit den Problemen der nachexilischen Zeit wäre, während aus vorexilischer Zeit nur wenig Prophetisches – und dies durchweg in Überarbeitungen – vorläge[122]. Eine solch einseitige Übersteigerung der Redaktionskritik und Überbewertung ihrer Reichweite, verbunden mit einer maßlosen Überschätzung der – in gewissen Grenzen durchaus nachweisbaren – redaktionellen Bearbeitung alttestamentlicher Bücher in nachexilischer Zeit, ist nicht akzeptabel.

Gegenüber den genannten Auffassungen umfaßt die Redaktion die literarische Bearbeitung im Anschluß an die Verschriftung von mündlich überliefertem Gut – sei sie vorläufig oder endgültig – oder an die

---

[121] H. Barth-O.H. Steck a.a.O. (Anm. 70) 49f.

[122] H. Schulz, Das Buch Nahum, 1973.

sogleich erfolgte endgültige schriftliche Niederlegung. Dabei reicht die Redaktion bis hin zur kleinsten Glosse. Bei größeren Textabschnitten ist es gleichgültig, ob durch die Redaktion mehrere Einheiten unverbunden nebeneinandergestellt oder zu einem gegliederten und gezielten Ganzen verbunden worden sind. Das bedeutet, daß mittels einer Redaktion auch eine Komposition hergestellt werden kann. Diese Redaktionskritik sollte wertfrei gesehen werden, d.h. sie sollte absehen von einer negativen Wertung redaktioneller Zusätze und Bearbeitungen und diese nicht einfach als „sekundär“ oder „unecht“ im abwertenden Sinn bezeichnen. Vielmehr muß sie sich mit der redaktionellen Geschichte einer Einheit und mit den Neuinterpretationen eines Textes, die mittels Zusätzen und Bearbeitungen erfolgt sind, ernsthaft befassen.

2. *Was sind Kompositionen und redaktionelle Bearbeitungen?*

Wann eine Komposition vorliegt und wann es sich um das Ergebnis einer Redaktion handelt, läßt sich aufgrund der bisherigen Untersuchung der alttestamentlichen Bücher wenigstens in großen Zügen darlegen.

a) Als Kompositionen können gelten:
die mehr oder weniger kunstvolle Zusammenstellung oder Verknüpfung von mehreren Einheiten zu Erzählungszyklen (Abraham, Jakob), zu fortlaufenden Großerzählungen (Josefgeschichte) und zu Sammlungen, sofern es sich nicht nur um ein unverbundenes Nebeneinander handelt;
die ähnliche Zusammenstellung oder Verknüpfung von Propheten- und Weisheitssprüchen oder Liedern zu ersten Sammlungskomplexen, sofern es sich nicht nur um ein unverbundenes Nebeneinander handelt (Jesajasammlungen, z.T. Kohelet);
die Verknüpfung von zahlreichen Einheiten zu umfassenden Erzählungsfäden (Jahwist, Elohist, Priesterschrift) und die Zusammenstellung von ersten prophetischen Sammlungskomplexen zu Großsammlungen oder Büchern nach einem zwei- oder dreigliedrigen eschatologischen Schema (Unheil-Heil; Unheil für Israel – Unheil für andere Völker – Heil);
die Komposition eines Buches, sei sie primär erfolgt (Königsbücher) oder überarbeitend (Richterbuch).

b) Zur redaktionellen Bearbeitung gehören insbesondere:
das Ineinanderarbeiten der Quellenschichten des Pentateuchs/Hexateuchs;

die Bearbeitung von schon fertigen Schriften (z.B. deuteronomistische Redaktion);

die Herstellung von ersten Sammlungskomplexen mit Erzählungen, Sprüchen oder Liedern und die Anordnung von solchen ersten Sammlungskomplexen zu Großsammlungen, sofern in beiden Fällen kein kompositorisches Schema zu erkennen ist, vielmehr ein unverbundenes Nebeneinander der einzelnen Einheiten oder Sammlungskomplexe vorliegt;

Änderungen im Text von Einheiten durch Umstellen, Weglassen, Erweitern (vor allem durch Glossen).

3. Aufgaben der Kompositions- und Redaktionskritik

a) Die Kompositionskritik soll die Art und Weise der Zusammenfügung von Einheiten und gegebenenfalls die Art und Weise der von einem Kompositor vorgenommenen Änderungen und eingefügten eigenen Abschnitte erklären. Sie untersucht die Frage, wie z.B. der Abraham- und der Jakobzyklus, die Erzählungsfäden des Pentateuchs/Hexateuchs, die ersten komponierten Sammlungskomplexe von Sprüchen und Liedern oder die Königsbücher zusammengestellt worden sind. Welche Wege haben die Kompositoren dabei beschritten? Welche Funktion hat die zu exegesierende Einheit innerhalb der Komposition?

b) Die Redaktionskritik soll das Ausmaß und die Art und Weise der redaktionellen Bearbeitung erklären. Diese kann bei Änderungen im Text von Einheiten im Hinzufügen von Rand-, Kontext- oder Interlineargiossen oder von größeren Zusätzen (z.B. Hymnenteile im Amosbuch), in bewußten Eingriffen in den Textbestand oder in Textumstellungen bestehen. Die Redaktionskritik soll ferner den Umfang, das Zustandekommen und die mogliche Bearbeitung von nichtkomponierten ersten Sammlungskomplexen und Großsammlungen erläutern, die Verfahrensweisen bei der Bearbeitung fertiger Schriften, z.B. durch die deuteronomistische Redaktion, erfassen und ebenso nach dem Verfahren beim Ineinanderarbeiten der Erzählungsfäden des Pentateuchs/ Hexateuchs fragen. Dabei muß sie stets bedenken, ob und welche Folgerungen sich für das Verständnis der zu exegesierenden Einheit ergeben.

c) Die Kompositionskritik soll die religiös-theologische Eigenart der kleineren und größeren Kompositionen erfassen, da diese je nach der theologischen Richtung der Kompositoren und der von ihnen verfolgten Absicht und Tendenz sehr unterschiedlich sein kann, und danach fragen, ob und gegebenenfalls was sich daraus für das Verständnis der zu exegesierenden Einheit ergibt. Entsprechend soll die Redaktionskritik die religiös-theologische Eigenart der jeweiligen redaktionellen Bearbeitung feststellen, soweit dies möglich ist, um ihre Tendenz und Absicht zu erkennen und gegebenenfalls von Tendenz und Absicht der zu exegesierenden Einheit unterscheiden zu können.

II. Methodik

Wie lassen sich die Aufgaben der Kompositions- und Redaktionskritik lösen? Es handelt sich um so viele und unterschiedliche Einzelfragen, die zudem öfters über die zu exegesierende Einheit hinaus in deren engeren oder weiteren Kontext führen, daß es kaum möglich ist, allen Aspekten gerecht zu werden. Im folgenden wird eine Konzentration der mannigfaltigen Gesichtspunkte in wenigen Grundsätzen versucht.

1. Hinweise auf redaktionelle Bearbeitung

Faßt man zunächst weiterhin nur die literarisch abgegrenzte Einheit als Gegenstand der Untersuchung ins Auge, so ist nach ihrer redaktionellen Bearbeitung zu fragen. Dabei sind Erkenntnisse und Ergebnisse der Textkritik (§ 4), der Literarkritik (§ 5: Erweiterung der Einheit, zusammengesetzte Einheit, Fragment), der sprachlichen Analyse (§ 6: insbesondere Erkennen von Textstörungen aufgrund der Untersuchung von Syntax, Metrum und Rhythmus; Horizont) und der Formen- und Gattungskritik (§ 7: Strukturvergleich, der nicht auf eine literarische Gattung führt) aufzunehmen und auszuwerten.

a) Änderungen im Konsonantenbestand und in der Vokalisierung des Textes können auf absichtlichen und bewußten Eingriffen durch spätere Hände als diejenigen des Verfassers der Einheit beruhen. Läßt sich dies aufgrund der Textkritik oder der Entstehungsgeschichte des Textes wahrscheinlich machen, so liegt den Änderungen ein redaktioneller Vorgang zugrunde.

Besonders auffällige Beispiele dafür sind das Ersetzen der anstößigen Gottesbezeichnungen *băʿăl* durch das Wort *bošät* „Schande" wie in dem Namen des Saulsohnes Ischbaal (oder Eschbaal), die Vokalisierung der Konsonanten des Namens Jahwe mit den Vokalen von ʾ^{a}*donaj*, ʾ^{ä}*lohîm* oder *š*^{e}*maʾ* und der Namen fremder Götter mit den Vokalen des Wortes *šiqqûṣ* „Abscheuliches" wie in Am 5,26. Die Absicht derartiger Änderungen ist klar.

b) Manchmal ist zwar der Text voll erhalten und überliefert, aber man hat Umstellungen von Wörtern, Satzteilen oder Sätzen vorgenommen, wie sich aufgrund von Literarkritik oder sprachlicher Analyse herausstellt. Vielleicht wollte man damit vielfach scheinbare Schwierigkeiten für das Verstehen des Textes beheben, doch können auch religiös-theologische Gründe maßgeblich gewesen sein. Ein Beispiel für die erste Möglichkeit ist in Am 1,3–5 die Umstellung des ursprünglich auf v. 5aγ folgenden Halbverses an seine jetzige Stelle v. 5aα, da er ebenfalls das in v. 3 genannte Damaskus erwähnt, so daß die schwer deutbaren Landschaften von v. 5aα.β erst darauf folgen. Ein Beispiel für die zweite Möglichkeit ist die in Gen 18,22b vorgenommene Umstellung der Namen, die – wie die Textgeschichte zeigt (Tiq soph) – aus „Jahwe blieb noch vor Abraham stehen" (um ihm die Gelegenheit zum Sprechen mit Jahwe zu bieten) ein „Abraham blieb vor Jahwe stehen" machte (da doch der Mensch vor Gott steht und nicht umgekehrt).

c) Nach der endgültigen schriftlichen Niederlegung kann der Text durch Weglassen von Wörtern, Satzteilen oder Sätzen verkürzt worden sein, wie die Literarkritik oder die sprachliche Analyse zeigen.

So ist in Am 4,12a nur mehr die Einführung der Unheilsankündigung für Israel erhalten geblieben, während die Ankündigung selbst weggelassen worden ist.

d) Ebenso kann der Text nach der endgültigen schriftlichen Niederlegung durch Zufügungen erweitert worden sein, wie sich gleichfalls aus der literarkritischen Analyse ergibt. Die meisten Erweiterungen einer Einheit lassen sich als Glossen bezeichnen, da sie der Erläuterung eines erklärungsbedürftigen Ausdrucks, Satzteils oder Satzes innerhalb der Einheit dienen. Folgende Arten von Glossen lassen sich unterscheiden[123]:

1) erklärende Glossen (näherbestimmend, erläuternd, deutend, Stichwort, lexikalisch, ätiologisch-etymologisch);
2) ergänzende Glossen (einfach ergänzend, kreuzweise ergänzend, zur Bildung eines neuen Satzes, angleichend; hymnisch-doxologisch);
3) ändernde Glossen (dogmatisch, nichtdogmatisch);
4) redaktionelle Glossen im engeren Sinn (verknüpfend, vervollständigend, Über- oder Unterschrift).

---

123 Vgl. im einzelnen die Definitionen und Beispiele bei G. Fohrer, Die Glossen im Buche Ezechiel, in: Studien zur alttestamentlichen Prophetie (1949–1965), 1967, 204–221.

Verwendet man den Begriff in einem weiteren Sinn, so lassen sich hinzurechnen:

5) wiederholende Glossen (dittographisch, wiederholend, variierend, zitierend).

2. *Hinweise auf eine Komposition als Kontext der Einheit*

Ferner ist danach zu fragen, ob die Einheit in eine Komposition, d.h. in einen sinnvoll und gezielt zusammengefügten Komplex mehrerer Einheiten, eingefügt ist oder war. Eine solche Komposition kann in der vorliegenden Überlieferung des Alten Testaments noch bestehen, sie kann durch redaktionelle Eingriffe auseinandergerissen worden sein oder sie kann sich für Überlieferungsstadien vor der endgültigen schriftlichen Niederlegung wahrscheinlich machen lassen. Um sie zu erkennen, muß man über die bisher untersuchte, literarkritisch abgegrenzte Einheit hinausgehen und den Kontext heranziehen, in den die Einheit eingebettet ist.

Einen Hinweis auf Kompositionen (aber auch auf bloße redaktionelle Sammlungen) können Über- oder Unterschriften bilden, sofern sie sich nicht auf eine einzelne Einheit (z. B. Ez 8,1), sondern auf einen größeren Zusammenhang beziehen (z. B. Jer 46,1), ferner Hinweise im Text, die auf größere Zusammenhänge schließen lassen (z. B. auf Erzählungszyklen, vgl. Horizont in der sprachlichen Analyse § 6,II,6). Wichtiger sind Strukturvergleiche zwischen mehreren Sammlungen, in denen man Kompositionen vermutet und bei denen sich tatsächlich der gleiche Aufbau ergeben kann (vgl. die unter a genannten Jesaja-Sammlungen). Auch formale und inhaltlich-sprachliche Eigenarten, die in den eine Komposition bildenden Einheiten immer wiederkehren, können eine Rolle spielen; darauf kann ein Strukturvergleich der Einheiten führen, die vielleicht zu einer Komposition gehören. Entscheidend ist das sinnvolle und gezielte Gefüge der Sammlung.

a) Noch vorliegende und erkennbare Kompositionen bilden die Sammlungen der Sprüche und Berichte Jesajas. Sie bestehen aus dem Korpus der Sammlung (zusammengestellt nach thematischen oder chronologischen Gesichtspunkten und nach gleichlautenden Stichwörtern), einem angehängten Fragment eines Jesajaspruchs und einer abschließenden jüngeren Verheißung[124].

---

[124] Vgl. im einzelnen G. Fohrer, Entstehung, Komposition und Überlieferung von Jesaja 1–39, in: Studien zur alttestamentlichen Prophetie (1949–1965), 1967, 113–147; ders., Jesaja 1 als Zusammenfassung der Verkündigung Jesajas, ebd. 148–166.

b) Kompositionen, die redaktionell auseinandergerissen worden sind, waren die Quellenschichten des Pentateuchs / Hexateuchs oder die nach Liedarten geordnete Sammlung von Psalmen der Sängergilde der Korachiten[125].

c) Kompositionen, die schon in einem Überlieferungsstadium vor der endgültigen schriftlichen Niederlegung bestanden haben, waren die Erzählungszyklen, die von den Quellenschichten des Pentateuchs / Hexateuchs aufgenommen und verarbeitet worden sind. So lassen sich jetzt noch ohne Schwierigkeiten ein Jakob-Laban- und ein Jakob-Esau-Zyklus erkennen.

d) Es gibt auch nachträglich erweiterte und / oder redaktionell bearbeitete Kompositionen wie die Königsbücher.

3. Hinweise auf eine redaktionelle Sammlung als Kontext der Einheit

Nicht jede Sammlung von Einheiten ist eine Komposition. Weist eine Sammlung keinen sinnvollen und gezielten Aufbau auf, sondern bildet lediglich eine ungegliederte Zusammenstellung, so liegt eine redaktionelle Sammlung vor. Sie diente nur der Zusammenfassung und weiteren Überlieferung der in ihr enthaltenen Einheiten. Sie kann an einer Überschrift erkennbar sein. Beispiele bilden die Spruchsammlungen in Prov 10–22,16 mit der Überschrift „Sprüche Salomos" und Prov 25–29 mit der Überschrift „Auch dies Sprüche Salomos, die die Männer Hiskias, des Königs von Juda, zusammengestellt haben".

4. Hinweise auf redaktionelle Bearbeitung des Buches der Einheit

Schließlich hat es die redaktionelle Bearbeitung von ganzen Büchern oder von ursprünglich selbständigen Schriften gegeben, die diesen ein bestimmtes Gepräge verleihen wollte. Die zu exegesierende Einheit kann zu einem Buch oder einer Schrift dieser Art gehören. In solchen Fällen ist im Blick auf die Einheit zu fragen, ob die redaktionelle Bearbeitung auch ihren Text beeinflußt und zu Änderungen, Kürzungen oder Erweiterungen geführt hat. Insbesondere ist aufgrund der redaktionskritischen Untersuchung des Buches nach der Eigenart der Redaktion und ihrem Vorkommen in der zu exegesierenden Einheit zu fragen.

a) Als Bearbeitung eines Buches ist diejenige des ersten deuteronomistischen Richterbuches zu nennen, die in mehreren Schritten erfolgt

[125] Vgl. im einzelnen G. Wanke a.a.O. (Anm. 106) 1–3.

ist: 1. jüngere deuteronomistische Einleitung Jdc 2,11–19 und Erweiterung 6,2–6a, die vom älteren deuteronomistischen Schema abweichen (kein Hilfeschrei und keine Bekehrung Israels; Jahwes Hilfe reine Gnadentat), Hinzufügung der Simsonerzählungen in 16 mit der Schlußformel 16,31b; 2. Charakteristik der Richterzeit als Probezeit für Israel in 2,6–10 und 2,20–3,6; 3. mehrere Zusätze aus nachexilischer Zeit, die im chronologischen Schema des Buches unberücksichtigt bleiben: 10,1–5 und 12,8–15; 17–18; 19–21.

b) Als Bearbeitung von ursprünglich selbständigen Schriften ist die Zusammenfügung der verschiedenen Quellenschichten des Pentateuchs/Hexateuchs zu nennen. Die bearbeitende Zusammenfügung hat die Eigenarten der ursprünglich selbständigen Schriften weitgehend erhalten, wie an dem Nebeneinander von Jahwe und den Männern in Gen 18–19 zu erkennen ist (vgl. § 9,A,II,1c).

III. Ergebnis

1. Die Kompositions- und Redaktionskritik beleuchtet vor allem die Nachgeschichte der Einheiten nach ihrer endgültigen schriftlichen Niederlegung und ergibt die Redaktionsgeschichte. Manchmal liefert sie auch Erkenntnisse für die Vorgeschichte über die Ergebnisse der Überlieferungskritik hinaus.

2. Die Kompositions- und Redaktionskritik bietet Einsichten in den literarischen Werdegang von Sammlungen und Büchern, in denen eine zu exegesierende Einheit überliefert ist.

3. Die Kompositions- und Redaktionskritik vermittelt Erkenntnisse über theologische Tendenzen späterer Bearbeiter.

C. Zeit- und Verfasserfrage

I. Fragestellung und Aufgabe

Ein Text, wie er in einer literarkritisch abgegrenzten und gesonderten Einheit vorliegt, die exegesiert werden soll, ist zu einem bestimmten Zeitpunkt entstanden und schriftlich niedergelegt worden und war zunächst auch für eine bestimmte Zeit gedacht. Eine bestimmte Person war sein geistiger Urheber und Verfasser. Auch die mögliche Vor- und Nachgeschichte des Textes hat sich in bestimmten Zeiträumen abgespielt und war mit anderen Personen verbunden. So geht es bei dem spielt und war mit anderen Personen verbunden. So geht es bei dem neuen Schritt der Untersuchung darum, die Entstehungszeit der Einheit und möglichst auch die Person des Verfassers, gegebenenfalls außerdem entsprechende Daten für die Vor- und Nachgeschichte und für die daran beteiligten Personen festzustellen.

Man kann die Fragen nach Zeit und Verfasser nur für die literarkritisch differenzierte und zu exegesierende Einheit stellen, ohne deren Vor- und Nachgeschichte in dieser Hinsicht zu berücksichtigen. Vielfach wird man sich aus praktischen Gründen damit begnügen. Doch lassen sich die Fragen darüber hinaus für alle Stadien von der mündlichen Überlieferung bis zur letzten Redaktion stellen.

II. Methodik

1. Bestimmung der Zeit

Zur Feststellung der Zeit der endgültigen schriftlichen Niederlegung einer Einheit, um die es in erster Linie geht, gibt es mehrere Möglichkeiten. Nur die letzte von ihnen ist für eine ungefähre Datierung von Phasen der Vor- und Nachgeschichte anwendbar.

a) Recht zuverlässig ist die Datierung in (teilweise späteren) Überschriften von Büchern (z.B. Jer 1,1–3; Hos 1,1; Am 1,1) bzw. Kompositionen oder Sammlungen (z.B. Jes 1,1) und die Datierung von einzelnen Einheiten, die sich öfters bei Ezechiel findet (z.B. Ez 1,1; 8,1; 20,1).

b) Die unter a genannte Datierung kann weiter differenziert werden, wenn sich verschiedene Tätigkeitsperioden eines Propheten erschließen lassen wie für Jesaja, Jeremia und Ezechiel.

c) Es finden sich Erwähnungen von oder Anspielungen auf zeitgenössische oder unmittelbar vorhergegangene Ereignisse, z.B. Deuterojesajas auf das babylonische Exil und auf Kyros. Manchmal lassen sich auch Schlüsse aus der Kenntnis oder Unkenntnis von bestimmten Ereignissen ziehen. So ist der Hauptteil der Königsbücher vor 609 v.Chr. niedergeschrieben worden, da sein Verfasser den in dieses Jahr zu datierenden Schlachtentod des Königs Josia und erst recht das babylonische Exil nicht kennt. Eine andere Hand hat die Darstellung später fortgesetzt, ergänzt und beendet; dieser Ergänzer weiß noch von der Begnadigung des Königs Jojachin, jedoch nichts mehr vom Ende des Exils und hat zwischen diesen Ereignissen an den Büchern gearbeitet.

d) Das hebräische Vokabular des Alten Testaments weist eine gewisse zeitliche Schichtung auf, aus deren Auftreten in einem alttestamentlichen Buch sich manchmal Hinweise auf seine Entstehungszeit ergeben, z.B. für Habakuk[126].

e) Die Abhängigkeit einer Einheit oder eines größeren Textkomplexes von anderer Literatur des Alten Testaments läßt eine relative Datierung in großen Zügen zu. So sind Jes 34–35 und große Teile von Jes 56–66 von Deuterojesaja beeinflußt oder abhängig und also erst im Anschluß an seine Verkündigung nach 540 v.Chr. entstanden.

f) Manchmal ist eine Zuweisung zu einer datierbaren religiös-theologischen Richtung oder Strömung und damit eine ungefähre Datierung der Einheit möglich. Dies gilt insbesondere für die leicht erkennbare deuteronomistische und priesterschriftliche Theologie.

2. *Bestimmung des Verfassers*

Der Verfasser ist nur feststellbar, wenn er namentlich genannt wird (z.B. Prophetenbücher) und wenn keine Gründe gegen diese ausdrücklich erklärte Verfasserschaft sprechen, wie es gegenüber den Angaben in zahlreichen Psalmenüberschriften (Herleitung von Mose, David und Salomo) der Fall ist. Es kann sich auch die Annahme einer Verfassergruppe nahelegen wie bei den Psalmen der Korachiten.

Wird kein Verfasser genannt, so bleibt nur der Versuch einer Zuordnung zu einer religiös-theologischen Richtung oder Strömung, z.B. deuteronomistische Verfasser oder Redaktoren. Tatsächlich bleiben Verfasser und Redaktoren schon in diesen Fällen anonym und lassen sich nur hinsichtlich ihrer Theologie in allgemeiner Weise kennzeichnen. Solche Anonymität findet sich überwiegend; sie besteht auch dort, wo die alttestamentliche Wissenschaft die Verfasser oder Redaktoren mit Kunstnamen bezeichnet hat, z.B. für die Quellenschichten des Pentateuchs/Hexateuchs: Jahwist, Elohist usw.

Schließlich ist ein Sonderproblem zu erwähnen. In alttestamentlichen Büchern, die einem namentlich genannten Verfasser zugeschrieben worden sind, finden sich auch einzelne Einheiten, die nicht von jenem Verfasser stammen können, sondern anonymen Verfassern zugeschrieben werden müssen. Eine solche Feststellung erfordert eine sorgfältige Untersuchung der Einheit und einen umfassenden Vergleich mit den Einheiten des namentlich genannten Verfassers.

---

[126] Vgl. P. Humbert a.a.O. (Anm. 120).

III. Ergebnisse

1. Für die Zeit der endgültigen schriftlichen Niederlegung einer Einheit ergeben sich häufig mannigfache Hinweise und Angaben, die den Situationshintergrund zu erhellen vermögen. Wenn sich die Zeit auch oft nur ungenau durch großräumige Einordnung in ein Jahrhundert oder sogar in einen größeren Zeitraum bestimmen läßt, dann mindert dies den Wert jener Angaben nicht, da für die damalige Zeit nicht mit schnellen Veränderungen im wirtschaftlichen, kulturellen oder religiösen Bereich zu rechnen ist. Phasen der Vor- und Nachgeschichte lassen sich meist schwieriger festlegen als die Zeit der endgültigen schriftlichen Niederlegung.

2. Nur in verhältnismäßig wenigen Fällen läßt sich ein Verfasser namentlich bezeichnen. Überwiegend handelt es sich um anonyme Verfasser, die höchstens einer bestimmten religiös-theologischen Richtung oder Strömung zugeordnet werden können.

3. Kapitel: Interpretation

§ 10 Einzelauslegung und zusammenfassende Exegese

I. Fragestellungen und Aufgabe

Einzelauslegung und zusammenfassende Exegese sind nicht auf einer Linie mit jenen exegetischen Methoden zu sehen, die in § 4–9 dargestellt wurden. Ihr Verhältnis zu ihnen ist vielmehr wie folgt zu beschreiben:

Mit den methodischen Schritten der § 4–9 wurden gewissermaßen parallel zueinander verlaufende Frageebenen durch einen Textabschnitt gelegt, die freilich bereits insoweit miteinander zusammenhängen, als jeweils Ergebnisse vorausgehender methodischer Schritte auf der neuen Frageebene berücksichtigt sind. So ist etwa die literarkritische Scheidung eines Textes bei allen weiteren Schritten vorausgesetzt. Die Einzelauslegung und die zusammenfassende Exegese verbinden nun diese verschiedenen Ebenen, die auch als Trägerebenen der auf ihnen gefundenen Antworten anzusehen sind, derart miteinander, daß sie den Text gleichsam senkrecht zu jenen Ebenen unter bestimmten Gesichtspunkten durchdringen. Aufgabe der Einzelauslegung ist es, Einzelheiten des Textes zu erörtern, die für sein Verständnis von Bedeutung sind; im allgemeinen folgt sie versweise dem Textverlauf, wie es aus den Kommentarwerken vertraut ist. Die zusammenfassende Exegese sucht den Inhalt, das was der Text aussagen soll, zu erfassen und darzustellen und fragt daraufhin nach seiner Intention, also danach, was sein Verfasser mit ihm beabsichtigt hat. Die Fragen der Einzelauslegung und der zusammenfassenden Exegese treffen dabei – sozusagen im Schnittpunkt mit den Frage- bzw. Trägerebenen der § 4–9 – auf bereits durch die Schritte der § 4–9 gewonnene Ergebnisse, die sie zu berücksichtigen, miteinander in Beziehung zu setzen und gegebenenfalls zu ergänzen haben. Es kommt somit auf dieser Stufe zu einer Verdichtung der Erträge aller vorausgehenden methodischen Schritte.

Eine entscheidende Rolle für die Erfassung des Inhalts eines Textes und seiner Intention spielt der Kontext. Jeder Text wurzelt in einer bestimmten Situation samt ihren Voraussetzungen, Vorstellungen und Bezügen; sie redet gleichsam mit, so daß der Text selbst nur ein mehr oder minder großes Bruchstück der Aussage seines Verfassers ist; ohne ausreichende Kenntnis seines Situationshintergrundes kann er darum völlig mißverstanden werden. Zu seiner Erhellung kann der Exeget z. T. auf Beobachtungen zurückgreifen, die sich im Zuge der bisherigen Analyse ergeben haben bzw. vonnöten waren[127].

Dem Ergebnis der Literarkritik zufolge sind Gegenstand der Einzelauslegung und der zusammenfassenden Exegese zunächst die einfache Einheit und das Fragment[128], dann aber auch die Erweiterung, die natürlich erst im Kontext dessen, was sie erweitert hat, verstanden werden kann, wobei im Falle mehrerer Erweiterungen einer Einheit die zeitliche Abfolge genau zu beachten ist.

Neben den exegetischen Kardinalfragen nach dem Inhalt und der Intention eines Textes kann das ihm entgegengebrachte Interesse auch lediglich bestimmten Einzelheiten gelten, die der Erhellung einer außerhalb des Textes stehenden Fragestellung dienen sollen. Wer sich z.B. mit dem israelitischen Kult in der vorexilischen Zeit befaßt, wird Jes 1,10–17 speziell als Zeugnis für die kultischen Verhältnisse in Jerusalem in der zweiten Hälfte des 8. Jh. v.Chr. heranziehen. Je nach Interessenlage kommt so den im folgenden dargelegten Fragestellungen ein unterschiedliches Gewicht zu, wobei freilich immer die Gesamtinterpretation des Textes, d.h. die Erfassung seines Inhalts und seiner Intention, angestrebt bleiben muß, weil nur auf dieser Grundlage gesicherte Einzelaussagen zu erwarten sind.

II. Methodische Gesichtspunkte

1. Zur Einzelauslegung

a) *Klärung der Ausdrücke*, und zwar ihrer spezifischen Bedeutung im gegebenen Zusammenhang, die im allgemeinen nur ein Ausschnitt aus dem lexikalisch zu erfassenden Bedeutungsspektrum des Wortes ist. Neben den einzelnen Wörtern sind auch Wortverbindungen bzw. Wendungen dahingehend zu untersuchen. Dabei darf die Frage nach einer anderweitigen Verwendung der Wörter und Wortverbindungen in der speziellen Bedeutung, besonders auch nach ihrer etwaigen Zuge-

---

[127] Z.B. ist die Frage nach der funktionstypischen oder funktionsatypischen Verwendung einer Gattung, die sich innerhalb der Gattungskritik stellt, nur von einer zumindest groben Kenntnis des Situationshintergrundes her zu beantworten; vgl. § 7, II, 2e. Genauere Erhebungen zur Situation werden bei der Behandlung der Zeit- und Verfasserfrage angestellt.

[128] Die Bestimmung des Inhalts von Fragmenten ist wegen ihres fragmentarischen Charakters nur bedingt möglich, die ihrer Intention wohl kaum zu wagen.

hörigkeit zum Wortfeld bestimmter Vorstellungskomplexe[129], sowie nach möglichen Bedeutungsverschiebungen im Laufe der Zeit nicht übergangen werden; dies kann nämlich einerseits zur weiteren Klärung der spezifischen Bedeutung im untersuchten Fall beitragen, andererseits der Erfassung bestimmter Vorstellungen und Tendenzen dienen, denen der Text zuzuordnen ist. Letzteres kann somit den Blick auf einen Kontext lenken, der wichtige Hinweise für die sachgemäße Interpretation des Textes liefert.

Notwendigstes Hilfsmittel ist die Konkordanz. Eine wertvolle Hilfe bieten auch die wissenschaftlichen Wörterbücher, die das Bedeutungsspektrum eines Wortes nach seinem Vorkommen aufzuschlüsseln versuchen. Teilweise hat der Exeget bereits wichtige Ergebnisse zu dieser Fragestellung in den vorausgehenden methodischen Schritten gewonnen, die hier wieder aufzunehmen, miteinander zu verknüpfen und zu ergänzen sind. Dies gilt im übrigen – wie eingangs dargelegt – für alle Fragestellungen des § 10, so daß im folgenden nicht jeweils erneut darauf hingewiesen werden soll.

b) *Erhebung von Personen und Orten*, evtl. samt der Bildung und Bedeutung ihrer Namen[130], *von Gegenständen, Handlungen und Sachverhalten* (z.B. soziale, kulturelle, rechtliche Tatbestände) sowie deren historische, kultur- und religionsgeschichtliche Einordnung, falls bzw. soweit dies nicht schon im Zuge der semantischen Analyse geschah[131]. Durch ein umfassendes Ausloten jener Realien samt ihrer Verwurzelung und Bezüge ist einem unkontrollierten Eintrag eigener, der Sache nicht gerecht werdender Vorstellungen entgegenzuwirken mit dem positiven Ziel, die Aussagen eines Textes möglichst genauso zu verstehen, wie sie der damalige Hörer oder Leser verstehen mußte. Der heutige Leser muß sich den Hintergrund erst künstlich schaffen, der damals das Verständnis der Textaussagen bestimmt hat.

Wichtige Vorarbeiten hierfür liegen in den Werken der sog. exegetischen Hilfswissenschaften (z.B. Landeskunde und Geschichte Israels, Religionsgeschichte) und entsprechenden Nachschlagewerken[132] vor.

---

[129] Ein Spezialfall ist z.B. die Zugehörigkeit zum Wortfeld einer Gattung mit dem dahinterstehenden Sitz im Leben.

[130] Für die Erfassung des Inhalts und der Intention eines Textes ist die Bildung und Bedeutung darin enthaltener Namen im allgemeinen wenig oder überhaupt nicht relevant. Zur Fragestellung s. z.B. M. Noth, Die israelitischen Personennamen im Rahmen der gemeinsemitischen Namengebung, 1928.

[131] S. § 6, II, 3.

[132] Z.B. BHH.

2. *Zur zusammenfassenden Exegese*

a) *Erfassung des Inhalts eines Textes.* Durch die methodischen Schritte der § 4–9 sowie durch die Einzelauslegung, die in besonderer Weise den Kontext herangezogen hat, wurde der zu untersuchende Text auf Eindeutigkeit hin eingeengt, wobei freilich im allgemeinen nur ein mehr oder minder großer Grad der Annäherung zu erreichen ist. Unter Berücksichtigung aller bisherigen Ergebnisse soll hier nun die Formulierung seines Inhalts versucht werden; sein Duktus und sein Höhepunkt müssen dabei deutlich herausgearbeitet werden[133]. Praktisch geht es um eine straffe Darlegung seiner Gedanken in ihrer Zuordnung und Abfolge.

Handelt es sich bei dem untersuchten Text um eine Erweiterung, so muß ihr Bezug auf das, was sie erweitert, berücksichtigt werden, wobei freilich die Tatsache, daß sie als Erweiterung erkannt wurde, Spannungen und Ungereimtheiten in der Gedankenführung innerhalb der erweiterten Einheit erwarten läßt.

Demgegenüber ist bei einer einfachen Einheit davon auszugehen, daß alle ihre Einzelaussagen sinnvoll aufeinander bezogen sind und sich harmonisch zu einer Gesamtaussage zusammenfügen. Die Formulierung des Inhalts ist somit gleichzeitig ein Prüfstein für die Richtigkeit der bisherigen exegetischen Erhebungen. Denn verbleibt ein nicht sinnvoll in den Gesamtzusammenhang einzuordnender Rest, so ist die Wahrscheinlichkeit einer Fehlinterpretation weitaus größer, als wenn sich *alle* Einzelaussagen glatt zu einem sinnvollen Ganzen fügen, wobei freilich auch hier keine absolute Sicherheit behauptet werden kann. So gilt es also alle Einzelaussagen auf ihren Ort im Gesamttext hin zu prüfen und darzustellen. Dabei ist zu berücksichtigen, daß ein Verfasser bei funktionsatypischer Verwendung einer Gattung sich deren Aussagemöglichkeit bewußt bedient, mit ihr somit ein eigenständiges Aussageelement in seine Gedankenführung einbringt, dem Rechnung zu tragen ist.

Am Beispiel Am 5,1–3 sei letzteres verdeutlicht:

Die Gattungskritik ist unter Beachtung der Zeit und Verfasserfrage sowie des politisch-religiösen und literarischen Kontextes von Am 5,1–3 zur Feststellung gelangt, daß die in Am 5,2 vorliegende Gattung des Leichenklageliedes nicht ihrer eigentlichen Funktion entsprechend angewendet ist, vielmehr die

[133] Dabei ist besonders auf die Ergebnisse der sprachlichen Analyse (§ 6) zurückzugreifen.

einer Unheilsankündigung hat[134]. Der Grund für die funktionsatypische Verwendung jener Gattung kann nur in der besonderen Aussagemöglichkeit gesehen werden, die sie Amos hier bietet: Israel steuert nach Meinung des Propheten so zielgerichtet dem Untergang zu, daß man bereits das Leichenklagelied über es anstimmen kann. Durch diese Antizipation mit Hilfe der funktionsatypischen Anwendung der Gattung des Leichenklageliedes verleiht so der Prophet seiner Unheilsankündigung in Am 5,1–3 eine besondere Schärfe und Eindringlichkeit.

Aus der Zuordnung und Abfolge der einzelnen Gedanken in einer einfachen Einheit können sich auch wichtige Beobachtungen für die Interpretation anderer Texte ergeben, wie das folgende Beispiel Jes 1,10–17 zeigt[135]:

Die gattungskritische Analyse bestimmt das Wort Jes 1,10–17 als prophetische Nachahmung einer kultischen bzw. priesterlichen Tora. Der eigentlichen Belehrung in v. 11–17 geht in v. 10 eine Aufforderung zum Aufmerken und Hören voraus, die eine auffällige Besonderheit aufweist: Die Adressaten werden als „Sodomsführer" und „Gomorravolk" bezeichnet. Dadurch kommt der Einleitung die Funktion einer Unheilsankündigung zu, die die Hörer darauf aufmerksam macht, daß sie wie Sodom und Gomorra einem Vernichtungsgericht entgegengehen.

Die folgende Belehrung in v. 11–17 will zweifellos unter diesem Aspekt verstanden sein, also als Weisung über das Verhalten angesichts der in v. 10 aufgezeigten Situation. Sie gipfelt nach kultkritischen Ausführungen in einem Ruf zur Umkehr, dessen Kernsatz lautet:

Hört auf, Böses zu tun,
lernt, Gutes zu tun! (v. 16b.17aα)

Aus dem Zusammenhang mit v. 10 ergibt sich eindeutig, daß der Prophet seinen Hörern die Umkehr als Rettungsmöglichkeit vor dem Sodom-Gomorra-Geschick aufzeigt. Die kultische Passage kann in jenem Zusammenhang nur als Ablehnung des Kultus als Heilsmittel, nicht aber als prinzipielle Kultkritik verstanden werden. Sie hat eine die Umkehrforderung unterstützende oder Brückenfunktion, indem sie eine vermeintliche Alternative zur Umkehr abzubauen sucht.

Höhepunkt des Wortes ist die Umkehrforderung. Ihr ist die kultkritische Passage ebenso zu- und untergeordnet wie der v. 10 in seiner Funktion als Unheilsankündigung. Dies ist nun aber für die Beurteilung anderer jesajanischer Unheilsankündigungen nicht ohne Belang, denn es erhebt sich angesichts dieser Beobachtung die Frage, ob Jesaja nicht auch in anderen Fällen über die unheilvolle Zukunft redet, um auf das gegenwärtige Verhalten seiner Hörer einzuwirken, ohne es jeweils ausdrücklich in eine Forderung zu kleiden.

Damit ist bereits das Problem der Intention berührt, dem im folgenden nachgegangen werden soll.

---

[134] S. § 7, II, 2e.

[135] Für Einzelheiten sei auf H. W. HOFFMANN, Die Intention der Verkündigung Jesajas, 1974, verwiesen (Teil C, Abschnitt d).

b) *Erhebung der Intention eines Textes.* Für die überwiegende Mehrzahl alttestamentlicher Texte kann die Feststellung getroffen werden, daß sie in Sicht auf bestimmte Hörer oder Leser geschaffen wurden, wobei auch Gott der Adressat einer sprachlichen Handlung sein kann, so etwa bei Psalmen. Als Ausnahmen kommen z.B. Notizen in Frage, die lediglich für den eigenen Gebrauch ihres Verfassers entstanden und niedergeschrieben worden sind. Die Tatsache allerdings, daß sie Eingang in das Alte Testament gefunden haben, läßt zumindest eine nachträgliche und wohl kaum unmotivierte Übergabe an einen Hörer- bzw. Leserkreis annehmen.

Es ist also im allgemeinen davon auszugehen, daß der Verfasser eines Textes mit ihm eine bestimmte Absicht bezüglich der ins Auge gefaßten Hörer oder Leser verfolgt hat. Diese Absicht muß dabei aber keineswegs expressis verbis dargelegt sein; sie kann sich vielmehr für den Hörer oder Leser aus der Situation heraus klar ergeben, so daß der Verfasser auf ihre ausdrückliche Formulierung verzichten kann.

So kann etwa ein Lehrer damit rechnen, daß ein im Unterricht sich ungebührlich benehmender Schüler die Intention folgender Ankündigung erfaßt: „Du wirst gleich eine Strafarbeit bekommen!" Ohne explizite Ausführung ist aus der Situation heraus diese Unheilsankündigung intentional als Aufforderung an den Schüler zur Besserung seines Verhaltens zu verstehen.

Eine möglichst genaue Kenntnis der Situation, in die der zu untersuchende Text von seinem Verfasser gestellt bzw. aus der heraus er formuliert wurde, ist somit entscheidend für die Erhebung der Intention. Zwar kann die Zeit- und Verfasserfrage für alttestamentliche Texte häufig nur ungenau beantwortet werden, doch finden sich in ihnen eine Menge von Angaben, die den Situationshintergrund zu erhellen vermögen. Der Exeget kann hier auf Beobachtungen im Rahmen der Zeit- und Verfasserfrage sowie der Einzelauslegung zurückgreifen, die ihrerseits z.T. auf Erträgen vorausgehender methodischer Schritte beruhen.

Vor dem erarbeiteten Situationshintergrund ist der Text auf seine Intention hin zu befragen, wobei zunächst durchaus mehrere Möglichkeiten zur Debatte stehen können, deren Wahrscheinlichkeit durch weitere Untersuchungen abzuwägen ist; denn nicht immer ist die Intention so klar zu erheben wie z.B. in Jes 1,10–17 wo der Prophet deutlich auf die Umkehr seiner Hörer abzielt. Häufig fördert aber eine genaue Analyse des Textes versteckte Hinweise zutage, die für eine bestimmte Absicht sprechen. So ist z.B. die bisherige Exegese bezüglich Am 5,1–3 zur Feststellung gelangt, daß Amos offensichtlich ganz bewußt seine hier vorliegende Unheilsankündigung durch die funktionsatypische Verwendung der Gattung des Leichenklageliedes in v. 2 zu verschärfen sucht[136]. Warum? Als Antwort legt sich nahe, daß der Prophet der Unheilsankündigung darum eine besondere Schärfe und Eindringlichkeit verleihen will, um seine Hörer aufzurütteln und erschrecken zu machen über die Konsequenzen ihres derzeitigen sündigen Verhaltens mit dem Ziel, sie zur Umkehr zu bewegen. Auf ähnliche Überlegungen kommt man z.B. auch im Anschluß an die drastische Schilderung des angekündigten Unheils in Jes 3,1–9.

Natürlich bedürfen solche ersten Vermutungen einer weiteren Prüfung bzw. Erhärtung. Hierfür sind dann besonders andere Texte desselben Verfassers heranzuziehen, vor allem wenn sie derselben Gruppe gelten und einen ähnlichen Situationshintergrund aufweisen, weil ja von einer gewissen Kontinuität in der Absicht ein und desselben Menschen ausgegangen werden kann, falls nicht Hinweise auf Umbrüche und Wandlungen zu konstatieren sind, die die Intention betreffen. Sind solche Umbrüche und Wandlungen zu erheben, so lassen jene aber wiederum Rückschlüsse auf die Intention vorher und nachher zu.

Als Kontext für das oben erwähnte Beispiel Jes 3,1–9 bietet sich natürlich sogleich Jes 1,10–17 an. Dieses Wort zielt deutlich auf Umkehr ab, so daß deshalb schon gefragt werden muß, ob diese Intention nicht auch für andere Worte Jesajas anzunehmen ist. Darüber hinaus läßt sich diesem Wort aber auch noch ein spezieller Hinweis auf ein derartiges Verständnis von Unheilsankündigungen des Propheten entnehmen[137]. Die aufgrund des Inhalts von Jes 3,1–9 und unabhängig von Jes 1,10–17 geäußerte erste Vermutung, Jes 3,1–9 sei möglicherweise intentional als Ruf zur Umkehr zu verstehen, gewinnt durch die Heranziehung von Jes 1,10–17 an Wahrscheinlichkeit. Sie bedarf freilich noch weiterer stützender Hinweise und vor allem auch einer Prüfung gegenüber der übrigen Verkündigung Jesajas, um als wahrscheinliche Annahme vorgebracht werden zu können.

Als Beispiel aus dem Psalter sei Ps 13 gewählt, der gattungskritisch als Klagelied eines einzelnen zu bestimmen ist. An der funktionstypischen Verwendung der Gattung durch den Verfasser ist kaum zu zweifeln, d.h. daß sich dieser, mit dem „Ich“ seines Liedes identifizierend, damit betend an Jahwe gewendet hat. Die Intention des Psalmisten

---

[136] S. Abschnitt II, 2a.
[137] S. Abschnitt II, 2a.

liegt dann aber deutlich zutage: Das Lied soll Jahwe bewegen, sein schlimmes Geschick zu wenden.

Von dieser ursprünglichen Intention des Textes ist – wie auch in anderen Fällen – die seiner Tradenten zu unterscheiden: Der Psalm, zunächst ausschließlich eine Sache zwischen seinem Verfasser und Gott als Hörer, wurde entweder von dem Verfasser selbst oder von einem zufälligen Ohrenzeugen des Gebetes einem weiteren Hörer- bzw. Leserkreis übergeben. Diesem Vorgang, dem der heutige Bibelleser jenen Psalm verdankt, liegt in jedem Fall eine andere als die ursprüngliche Intention des Verfassers zugrunde. Zu denken ist an die Absicht, anderen Menschen für vergleichbare Situationen eine Gebetsvorlage an die Hand zu geben oder sie vorbildhaft auf das rechte Verhalten gegenüber Jahwe in Krankheit hinzuweisen o.ä.

Die Mehrzahl der Prosatexte des Alten Testaments bilden Erzählungen, die öfters ätiologischen Charakter haben. U.a. begegnen Heiligtumserzählungen, deren Funktion darin besteht zu erklären, warum ein Ort als heilig gilt, oder Kulterzählungen mit der Funktion, einen Kultus oder Ritus zu begründen[138]. Die Frage nach der Intention lautet nun: Warum hat der jeweilige Verfasser diese Erklärung bzw. Begründung gegeben, was beabsichtigte er damit bei seinen Hörern bzw. Lesern? Als allgemeine Antwort, die dann im einzelnen spezifiziert und abgesichert werden muß, legt sich nahe, daß er ein der dargelegten Bedeutung der jeweiligen Einrichtung entsprechendes Verhalten initiieren oder festigen wollte.

Als letztes Beispiel sei schließlich noch die Erzählung vom Stierbild am Gottesberg in Ex 32 genannt, die wohl erst nach der Reichsteilung entstanden ist, um gegen die von Jerobeam I. in Betel und Dan aufgestellten Stierbilder (I Reg 12,28ff.) zu polemisieren. Die Intention jener Erzählung ist somit darin zu sehen, die Hörer bzw. Leser zur Ablehnung jener Bilder und des mit ihnen verbundenen Kultus zu bewegen.

Bislang ist die Frage nach der Intention in unzulässiger Weise mit der nach der Gattung und ihrer Funktion vermengt worden. Es handelt sich jedoch um ganz verschiedene Fragestellungen, die hier zur Verdeutlichung nochmals nebeneinandergestellt seien: Die Erhebung der Gattung und ihrer Funktion bzw. funktionsatypischen Verwendung dient der Erfassung dessen, was der Text in der Situation, in die er vom Verfasser hineingestellt wurde, unmittelbar leistete; die Erhebung der Intention geht von der Frage aus, warum der Verfasser diese Aussage machte, welche Erwartungen hinsichtlich der Hörer bzw. Leser er damit verband, wobei jene Absicht im Text ausdrücklich dargelegt

---

[138] Vgl. (E. Sellin–)G. Fohrer a.a.O. (Anm. 14) § 12,6.

sein kann, jedoch keineswegs muß. Natürlich können auch die Ergebnisse der Gattungskritik wichtige Hinweise auf die Absicht geben, die ein Redender oder Verfasser eines Schriftstückes mit seinem Text verfolgt[139]. Aber sie reichen nicht für eine abschließende Antwort aus; vielmehr kann sie erst nach dem Durchlaufen aller methodischen Schritte, nach der Einzelauslegung und nach der Erhebung des Inhalts des untersuchten Textes im Sinne der obigen Ausführungen versucht werden.

III. Ergebnis

In der Einzelauslegung und zusammenfassenden Exegese laufen alle Ergebnisse der einzelnen methodischen Schritte zusammen. Der Versuch und das Ziel jeder Exegese, einen Text auf Eindeutigkeit hin einzuengen, findet damit seinen Abschluß, wobei freilich das Ideal, ihn genauso zu verstehen, wie ihn der damalige Hörer oder Leser verstand, sowie die mit ihm verbundene Intention genau zu erfassen, im allgemeinen nur in je unterschiedlichem Grad der Annäherung erreicht werden kann. Der Grund hierfür ist der zeitliche und räumliche Abstand, der den Exegeten von den damaligen sprachlichen Handlungen trennt und der nur bedingt und je nach Text verschieden durch die Forschung überbrückt werden kann.

§ 11 Theologische Kritik

I. Fragestellung und Aufgabe

Der Großteil alttestamentlicher Texte redet von Jahwe bzw. Elohim. Die jüdisch-christliche Tradition redet von Gott und bezieht sich in ihrem Reden von Gott unter anderem auf das Alte Testament zurück, indem sie eine Identifikation von Jahwe/Elohim mit Gott vornimmt. Dieser Rückbezug ist Ausdruck eines bestimmten Interesses an den Texten, der sich in einer Fülle von Fragestellungen konkretisiert hat, die an die Texte herangetragen werden. Aus diesem Spektrum von Fragestellungen greift die theologische Kritik im Rahmen der Exegese den-

[139] Dies ist von H. W. Hoffmann a. a. O. (Anm. 95) nicht bestritten worden, wie H. Barth-O.H. Steck a.a.O. (Anm. 70) 65 unterstellen. Diese Arbeit hat lediglich auf die notwendige Unterscheidung von gattungskritisch erhobener Funktion (typische und konkrete) und von Intention hingewiesen.

jenigen Bereich heraus, der in unmittelbarem oder mittelbarem Zusammenhang mit dem Reden von Gott im Alten Testament steht.

Wo immer die christliche Tradition und wo immer die alttestamentlichen Texte von Gott reden, beziehen sie sich auf menschliches Leben, auf menschliches Verhalten, auf die Stellung des Menschen in seiner Umwelt und das Verstehen seiner Welt. Dies läßt sich ohne Schwierigkeiten bereits durch einen groben Überblick über alttestamentliche Texte belegen, welche von Gott reden: z.B. „Gott segnet, schenkt, gibt, verheißt" (Gen 12,2f.; Jos 1,2; Jer 31,31–34), „Gott fordert, will, verlangt" (Ex 20,1ff.; Dtn 26,16ff.), „Gott schafft die Welt" (Gen 1,1ff.), „Gott tut Wunder in Natur und Menschengeschick" (Ps 104 und 105), „der Mensch gehorcht, widerstrebt" (Ez 1,7; Ps 1) u.a.m.[140]. Diese Zusammenhänge zwischen dem Reden von Gott und menschlichem Leben sind im Blick, wenn im folgenden von „Daseins- und Handlungsorientierung" die Rede ist.

Wie in allem Bemühen um die alttestamentlichen Texte, so geht es auch unter dem Frageaspekt der theologischen Kritik um das Verstehen der Texte und zwar um das Verstehen bzw. Verständlichmachen dessen, was mit dem Reden von Gott an Daseins- und Handlungsorientierung durch die Texte zur Sprache kommen will. Worum es aber in der theologischen Kritik nicht gehen kann, ist, bestimmte festgefügte Inhalte, Vorstellungen und Gedanken unserer Zeit und unserer Welt oberflächlich im Alten Testament aufspüren zu wollen. Dies verführte dazu, nur die eigene Position ohne ein wirkliches Verstehenwollen der Texte durch die Texte bestätigen zu lassen.

Um dieser Gefahr der Selbstlegitimation zu entgehen und zu einem Verstehen der Texte zu gelangen, ist es für das folgende Vorgehen wesentlich, daß man sich die *Bedingungen solchen Verstehens* bewußt macht. „Verstehen" wird hier zunächst als ein mögliches Ergebnis eines Dialogs begriffen, für den in diesem Fall als Dialogpartner der Text auf der einen Seite und der den Text befragende Exeget auf der anderen Seite vorgegeben sind.

---

[140] Dieses Verständnis der Texte und ihres Redens von Gott, das durch die jüdisch-christliche Tradition bestimmt wird, stellt natürlich ein Vorverständnis der Texte dar; es bedarf darum immer der Überprüfung (s. Abschnitt I, 1b).

1. Text und Exeget als Dialogpartner

1. Sollen Text und Exeget in einen sinnvollen Dialog miteinander eintreten, so müssen sie in ihren jeweiligen Bezügen ernst genommen werden.

a) Dies fordert für den *Text*, der als Dialogpartner ja nur beschränkt auskunftfähig ist, daß alle möglichen exegetischen Arbeitsschritte zur Erhellung seines Inhalts an ihm vorweg durchgeführt worden sind. Dabei muß im Auge behalten werden, daß nicht erst an dieser Stelle, sondern bei jedem vorlaufenden exegetischen Bemühen die Bedingungen des Verstehens angegeben werden müssen.

So ist schon in den ersten Paragraphen dieses Buches darauf hingewiesen worden, welche Schwierigkeiten dem Verstehen von Texten der Vergangenheit entgegenstehen (§ 1 und 2), und der Versuch unternommen worden, erste Rahmenbedingungen für ein Verstehen von solchen Texten anzugeben (§ 6,I). Auf diesen Bedingungen bauten die folgenden Abschnitte (§ 6,II–9) auf, indem sie neben anderem diese Rahmenbedingungen aufgrund bestimmter Frageaspekte noch spezifizierten, so daß im vorausgehenden Abschnitt (§ 10) eine zunächst abschließende Zusammenfassung möglich wurde, die den Inhalt eines Textes zu beschreiben gestattete.

Dieses Vorgehen hat auch deutlich gemacht, daß für unterschiedliche Bereiche menschlichen Redens und menschlicher Erfahrung ein unterschiedlicher Grad von Verständigungsmöglichkeit anzusetzen ist[141]. Dies gilt verstärkt dann, wenn man sich dem Inhalt eines Textes und seinem Verstehen zuwendet. So kann man sich beispielsweise sehr viel leichter über einen überprüfbaren Gegenstandsbereich (z.B. Pflanzen, Werkzeuge u.a.) sprachlich vereinbaren und verständigen als über den Bereich menschlicher Gefühle und Wertungen (z.B. Liebe, Sinnhaftigkeit u.a.). Hat man sich dies einmal klar gemacht, so wird man folgerichtig dazu angehalten, um so sorgfältiger vorzugehen, je schwieriger die Verständigung sich gestaltet.

Das bedeutet für den Text, daß alles zu unterlassen ist, was ihn aus seinen historischen, sozialen und geistigen Bindungen herauslösen könnte.

b) Das Ernstnehmen der jeweiligen Bezüge, in welchen die Dialogpartner sich vorfinden, bedeutet für den *Exegeten*, daß er sich sein

---

[141] Als Beispiel möge der Vergleich zwischen Textkritik und Gattungskritik dienen; beide Methoden differieren erheblich voneinander, vor allem was die Vereinbarung über mögliche Ergebnisse betrifft, da Frageaspekt und Art des zugrunde liegenden Materials in der Textkritik sehr viel eher Ergebnisse und Verständigung erlauben als in der Gattungskritik.

Vorverständnis bewußt macht. Dieses Vorverständnis hat er innerhalb einer bestimmten Tradition gewonnen, und es ist innerhalb seiner historischen, sozialen und geistigen Bindungen gestaltet und geformt worden. Mit der Klärung des Vorverständnisses ist naturgemäß die Klärung seiner eigenen Konstitution und seiner Umwelt verbunden. Allerdings – und das muß an dieser Stelle betont werden, um einem universalistischen Mißverstehen dieser Forderung von vornherein zu begegnen – sind der Klärung des Vorverständnisses Grenzen gesetzt. Sie sind bedingt durch die Unmöglichkeit für den einzelnen, jeweils seine Konstitution und Situation vollständig und umfassend verstehen und beschreiben zu können – bedingt durch die Beschränkung menschlichen Aufnahmevermögens und bedingt durch die Schwierigkeit der Distanzierung des einzelnen von seinen eigenen Vorgegebenheiten. Dennoch sollte von der Forderung, der Exeget habe sich sein Vorverständnis bewußt zu machen, nicht abgewichen werden; denn sie verhilft dazu, daß der Ausleger bestimmte Bedingungen als seine eigenen Voraussetzungen erkennt und so vermeidet, sein Vorverständnis als vermeintlich jedermann einsichtig dem Dialogpartner Text einfach überzustülpen. Darüber hinaus setzt er mit der Darlegung seines Vorverständnisses andere Exegeten dazu instand, seine Auslegungsergebnisse kritisch zu überprüfen bzw. besser zu verstehen.

Erleichtert wird die Erfüllung dieser Forderung dadurch, daß das eigene Vorverständnis im ständigen Dialog mit den Zeitgenossen und der Tradition[142] immer wieder überprüft, korrigiert und damit bewußter wird oder werden sollte. Und erleichtert wird die Erfüllung dieser Forderung auch dadurch, daß der eben skizzierte dialogische Vorgang nicht eine einmalige literarische Leistung darstellt, sondern vielmehr zum Lebensvollzug eines Exegeten hinzugehört, ihn also stets begleitet.

c) Die Berücksichtigung der Bezüge der Dialogpartner macht die *Differenz* zwischen beiden deutlich. Dabei befindet sich der Dialog Text-Ausleger im Vergleich mit einem Dialog zwischen Zeitgenossen noch in einer besonderen Situation. Der eine der Dialogpartner, der Text, ist nur beschränkt auskunftfähig. Er kann nicht mehr umfassend

---

[142] Damit ist besonders derjenige Ausschnitt aus der christlich-jüdischen Überlieferung gemeint, der den Umgang Früherer mit dem Alten Testament als Ganzem sichtbar macht. – Möglicherweise liefert die Auslegungsgeschichte eines konkreten Textes Hinweise dafür, wie der Text diese Auslegungstradition mitbestimmt hat. Vgl. z.B. D. LERCH, Isaaks Opferung christlich gedeutet. Eine auslegungsgeschichtliche Untersuchung, 1950; H. CHR. KNUTH, Zur Auslegungsgeschichte von Psalm 6, 1971.

befragt werden, er kann seine Aussagen nicht mehr verbessern, aber auch den Ausleger nicht mehr zurechtweisen. Er kann keine Zusatzinformationen liefern und seine Stimmungen, Absichten oder Umweltbedingungen nicht mehr selbständig interpretieren. Der Text ist also in seiner Beschränkung kein gleichwertiger Dialogpartner, und zwar was die Möglichkeit der Kommunikation betrifft.

Diese Differenz sowie die Differenz in den jeweiligen Bezügen der Dialogpartner dürften ein voreiliges Konstatieren von „Verständnis" oder „Verstandenhaben" erst gar nicht aufkommen lassen. So selbstverständlich dies auf den ersten Blick erscheint, so wenig wird diese Erkenntnis beachtet. Die Verführung zu einer voreiligen Interpretation alttestamentlicher Texte besonders in theologischer Hinsicht ist nämlich um so größer, je gewohnter man das Reden von Gott ist – entweder aufgrund der theologischen Arbeit, die man betreibt, oder aufgrund der Tradition, der man entstammt und in die man eingebunden ist. Je gewohnter der Umgang mit alttestamentlichen Texten wird, desto leichter vergißt man, diese Differenzen zu beachten. Dabei ist die Gefahr, die Besonderheiten und Eigenarten des Textes zu übersehen, weniger groß als die Gefahr, seine eigenen Bedingtheiten und Eigenarten zu vergessen.

2. *Offenheit und Angemessenheit der Fragestellung*

a) Soll der Dialog zwischen den Partnern Ausleger und Text zu einem hinreichenden Verstehen führen, so muß die an die Texte herangetragene *Fragestellung* so *offen* sein, daß Antworten, Daten und Informationen nicht von vornherein inhaltlich bestimmt sind. Diese Forderung unterliegt jedoch einer Einschränkung, denn jede Fragestellung, welche an den Text herangetragen wird, bestimmt natürlich in erheblichem Maße die möglichen Antworten. Um also die Ergebnisse des Dialogs dadurch nicht schon von Anfang an einzuschränken, ist es nötig, die Fragestellungen so zu wählen, daß sie nur den Rahmen angeben, innerhalb dessen man sich die Antworten erwartet. Die Fragestellung sollte dagegen nicht so formuliert werden, daß sie den Rahmen so eng zieht, daß nur eine, meistens ganz bestimmte Antwort zu erwarten ist. Zu eng wäre beispielsweise der Rahmen der theologischen Kritik als Fragestellung gezogen, wollte sie nur Äußerungen über das Wesen Gottes in den alttestamentlichen Texten aufspüren und systematisch zusammenstellen, ohne zu fragen, welche Haltungen von Menschen sich in solchen Sätzen aussprechen.

b) Neben der Offenheit von Fragestellungen muß als weitere Bedingung für das Verstehen von Texten die *Angemessenheit der Fragestellung* berücksichtigt werden. Diese Bedingung ist immer dann zu beachten, wenn der Dialogpartner nicht unbeschränkt auskunftfähig ist, d.h. wenn die Verfasser von Texten für den Fragenden nicht mehr zugänglich sind bzw. wenn keine Möglichkeit mehr besteht, über die fixierten sprachlichen Handlungen eines Verfassers hinaus Informationen von ihm einzuholen. Angemessene Fragestellung muß darum im Rahmen der Struktur und des Inhalts des Textes sowie im Rahmen einer möglicherweise zu erhebenden Intention seines Verfassers in seinem historischen, sozialen und geistigen Bezugssystem bleiben. Es muß überprüft werden, ob überhaupt eine Antwort auf eine an den Text herangetragene Fragestellung zu erwarten ist.

Für die Fragestellung nach dem Reden von Gott bedeutet dies, daß vorläufige Hinweise auf ein solches Reden von Gott im Text aufgesucht werden müssen. Dabei können solche Hinweise einen expliziten, aber auch einen impliziten Bezug zur Frage nach dem Reden von Gott aufweisen (s. Abschnitt II, 2).

Daß dieser Bedingung für das Verstehen von Texten eine entscheidende Rolle zukommt, wird man dann leichter einsehen, wenn man einen Blick z.B. in die Geschichte der Interpretation des Hohenliedes wirft[143], die zeigt, wie wichtig die Angemessenheit einer Fragestellung für die Interpretation eines Textes ist.

c) Die Bedingung der Offenheit und Angemessenheit der Fragestellung, die an den Text herangetragen wird, soll den Exegeten vor zweierlei schützen:

1) in den Text Vorstellungen, Gedanken und Inhalte eines fremden Bezugssystems hineinzulesen (z.B. im dreifachen „heilig" von Jes 6 oder in den drei Männern von Gen 18,2 die Trinität wiederzufinden, um neben sehr subtilen Formen einen der gröbsten Verstöße gegen diese Forderung zu erwähnen);

2) eine an den Text herangetragene *Teil*fragestellung als einzig sachgemäße Fragestellung in Anspruch zu nehmen (z.B. aus diesem Grund nur die Frage „was steht da?", nicht aber auch die Frage nach den Vorbedingungen des Textes und den Kommunikationsabsichten seines Autors zuzulassen, oder nur die Beobachtungen der Oberflächenstruktur, nicht aber die der Tiefenstruktur [s. Abschnitt I,3] als relevant zuzulassen).

[143] S. die Einleitungen in das Alte Testament und W. Rudolph, Das Buch Ruth, Das Hohelied, Die Klagelieder (KAT), 1962, 88ff.

Der Dialog, der schließlich zum Verstehen von alttestamentlichen Texten führen soll, ist eine sprachliche Handlung, die zwischen der Sprache des Auslegers und der Sprache des Textes eine Beziehung herstellen soll. Dieser Vermittlungsvorgang stößt nicht nur deshalb auf Schwierigkeiten, weil Text und Ausleger in sehr verschiedenen Sprachwelten angesiedelt sind, sondern weil auch die Sprachstrukturen, deren sich beide bedienen, außerordentlich verschieden sein können. Diesen Schwierigkeiten versuchten die Überlegungen der vorangegangenen Paragraphen durch die Untersuchung von Struktur und Inhalt einer Texteinheit zu begegnen und sie zu überwinden. Dabei ist vor allem die oberflächengrammatische Struktur eines Textes bzw. seiner Sprache zum Ausgangspunkt genommen worden. Unausgesprochen ist jedoch die tiefengrammatische Struktur eines Satzes bzw. Textes (s. den folgenden Exkurs) immer mit berücksichtigt worden. Die tiefengrammatische Struktur von Sätzen und ihre Transformation in oberflächengrammatische Sätze sowie die bei der Transformation zu berücksichtigenden Regeln werden heute vor allem von der generativen Transformationsgrammatik, einem Teilgebiet der Linguistik, erarbeitet[144].

Es ist also erkannt worden, daß Sätze auf eine ihnen zugrunde liegende Tiefenstruktur zurückgeführt werden können und – was besonders wichtig ist – daß in der Tiefenstruktur von Sätzen die gesamte semantische Information, d.h. alle Elemente der Bedeutungsseite eines Satzes, bereits enthalten sind. Bei der Transformation in die Oberflächenstruktur geht davon nichts verloren bzw. wird nichts mehr an Information hinzugefügt.

Die moderne sprachwissenschaftlich orientierte Logik hat darüber hinaus gezeigt, daß in allen Sprachen bei noch so unterschiedlicher oberflächengrammatischer Struktur die sprachlichen Handlungsschemata auf wenige, allen Sprachen gemeinsame tiefengrammatische Elemente und Redeweisen zurückgeführt werden können[145].

---

[144] Einführende Literatur: J. LYONS a.a.O. (Anm. 55); J. BECHERT, D. CLÉMENT u.a. a.a.O. (Anm. 55) mit weiterführenden Literaturhinweisen.

[145] Vgl. W. KAMLAH–P. LORENZEN a.a.O. (Anm. 55). Daß das Verhältnis von Logik und Linguistik allerdings in der wissenschaftlichen Diskussion nicht als völlig problemlos empfunden wird, muß hier angemerkt werden, um nicht den Eindruck entstehen zu lassen, als würden an dieser Stelle ausschließlich allgemein anerkannte wissenschaftliche Ergebnisse benützt. Vgl. zu dieser Frage

Exkurs: Dies soll an einem Beispiel verdeutlicht werden. In § 8,I,4 ist schon einmal kurz auf den Satz „Warst du es nicht, der das Meer austrocknete?" (Jes 51,10) eingegangen und festgestellt worden, daß es sich bei diesem Satz nicht um eine Informationsfrage, sondern um eine Aussage handelt. Diese Feststellung ist möglich, weil aufgrund des Kontextes gezeigt werden kann, daß hinter dieser oberflächengrammatischen Struktur eine Tiefenstruktur zu erheben ist, in der die Bedeutung des Satzes erst eindeutig erkannt werden kann.

„Warst du es nicht, der das Meer austrocknete?" ist gleichbedeutend mit dem Satz „Du warst es doch, der das Meer austrocknete" und gleichbedeutend mit dem Satz „Du hast das Meer ausgetrocknet". Alle drei Sätze gehen auf eine gemeinsame Tiefenstruktur zurück, die aufgrund bestimmter Transformationsregeln[146] in jeweils kontextgemäße (= der Redesituation angepaßte) Oberflächenstrukturen übergeführt werden kann. Die Tiefenstruktur enthält alle notwendigen semantischen und syntaktischen Informationen, welche sich bei der Transformation in die Oberflächenstruktur nicht mehr verändern. Die Tiefenstruktur des Beispielsatzes könnte etwa folgendermaßen dargestellt werden[147]:

$$\text{Du (=Jahwe)} \xleftrightarrow{\text{austrocknen (Perfekt)}} \text{das Meer.}$$

Diese Basisstruktur läßt weiter erkennen, welche Elemente und Redeweisen sie bestimmen. Zunächst ist festzuhalten, daß eine Prädikation vorliegt. Es wird jemandem etwas zugesprochen, nämlich „austrocknen (Perfekt)". Alle Ausdrücke, die verwendet werden, um jemandem etwas zuzusprechen oder auch abzusprechen, sollen *Prädikatoren* (P) heißen. Sie dienen zur Differenzierung von Gegenständen und ihrer näheren Bestimmung. Prädikatoren werden immer mehreren Gegenständen zugesprochen. Ausdrücke hingegen, die nur einem einzigen Gegenstand zugesprochen werden können, sollen *Nominatoren* (N) heißen. In der Beispielstruktur liegen zwei solcher Nominatoren vor: „Jahwe" und „das Meer", wobei „Jahwe" einen *Eigennamen* und „das Meer" eine *Kennzeichnung* darstellen. Zu beachten ist, daß die Kennzeichnung aus einem Prädikator „Meer" (er wird mehreren Gegenständen zugesprochen) und einer hinweisenden Partikel „das" zusammengesetzt ist, die ein ganz bestimmtes Meer aus anderen Meeren ausgrenzt. Die Kennzeichnung weist also auf nur einen einzigen Gegenstand hin, ist also ein Nominator. Die hinweisende Partikel „das" wiederum ist nur verständlich, wenn der Kontext bekannt ist; das gleiche gilt für den Ausdruck „du" der Basisstruktur, der erst aufgrund eines bekannten Kontextes, in diesem Fall mit „Jahwe", besetzt ist bzw. auf „Jahwe" hinweist. Solche Ausdrücke nennt man gewöhnlich *Indikatoren* (I). Sie sind nur verständlich innerhalb der Bezüge eines komplexeren sprachlichen Gebildes, haben also

---

neben vielen anderen J. Lyons a.a.O. (Anm. 55) 345 u.ö.; W. Dressler a.a.O. (Anm. 55) 109f.

[146] Die Transformationsregeln werden, wie oben schon einmal festgestellt wurde, von der generativen Transformationsgrammatik erarbeitet.

[147] Die Form der Darstellung der Tiefenstruktur entspricht nicht den üblichen Mustern in linguistischen bzw. logischen Untersuchungen, sondern versucht – der Absicht des Exkurses entsprechend – die angesprochenen Sachverhalte unter Berücksichtigung der logisch-linguistischen Aspekte zu veranschaulichen.

unselbständige Bedeutung. Hierher gehören alle Ausdrücke, welche Relationen unterschiedlicher Art herstellen (z. B. Ausdrücke wie: gestern, links, dies, dort, oben, und, viele, alle).

Auf diese drei Klassen von Ausdrücken (P, N und I) lassen sich alle sprachlichen Zeichen zurückführen, und alle Sätze sind aus Elementen dieser Klassen zusammengesetzt. Auf die Basisstruktur angewendet und formal dargestellt ergibt sich folgendes Bild:

$$\text{Du (=Jahwe)} \xleftrightarrow{\text{austrocknen (Perfekt)}} \text{das Meer.} \rightarrow$$

$$\text{I} (\rightarrow \text{N}) \xleftrightarrow{\text{P (+ I der Zeit)}} \text{N} (= \text{I} + \text{P}).$$

Es ist schon festgestellt worden, daß diese Basisstruktur eine Prädikation darstellt, also diejenige Redeweise repräsentiert, mit deren Hilfe beschreibende, *deskriptive Sätze* gebildet werden.

Daneben sind noch weitere Redeweisen zu erwähnen, deren sich die Sprache bedient, wobei ausschließlich die Tiefenstruktur von Sätzen berücksichtigt wird: normative, ideative und performative Redeweise. *Normative Sätze* sind wie die deskriptiven Sätze aus Elementen der drei Grundklassen zusammengesetzt, nur enthalten sie als konstitutives Element anstelle der Prädikation die „Forderung". Würde die Beispielstruktur in Form eines normativen Satzes geschrieben, so hätte sie folgendes Aussehen: „du *sollst* das Meer austrocknen" bzw.

$$\text{I} (\rightarrow \text{N})\ \text{soll} \xleftrightarrow{\text{P (+ I der Zeit)}} \text{N} (= \text{I} + \text{P}).$$

Deskriptive und normative Redeweise sind die grundlegenden tiefengrammatischen Redeweisen. Ihnen können weitere Formen untergeordnet werden, die in der Oberflächenstruktur häufig als *Modal- oder Fragesätze* begegnen und in der Sprache eine erhebliche Rolle spielen. Es muß bei beiden jedoch immer genau überprüft werden, ob ihre Tiefenstruktur auch der Oberflächenstruktur ohne weiteres entspricht. So war ja der Satz „Warst du es nicht, der das Meer austrocknete?" beispielsweise aufgrund des Kontextes als deskriptiver Satz erkannt worden. Geht man einmal davon aus, daß dieser Satz ein echter Fragesatz ist, dann müßte er in der Tiefenstruktur als normativer Satz ausgewiesen sein und hätte folgendes Aussehen:

$$\text{I} (\rightarrow \text{N})\ \text{soll} \xleftarrow{\text{P (= sagen): deskriptiver Satz}}$$

$$\xrightarrow{\text{(Jahwe trocknet das Meer aus)\ \ wahr oder falsch}} \text{N} (= \text{Fragender}).$$

Modal- und Fragesätze sind nach ihrer Tiefenstruktur meist Spezialformen der deskriptiven oder normativen Sätze.

Neben der deskriptiven und normativen Redeweise spricht die Sprachkritik von weiteren Redeweisen, die jedoch bisher nicht endgültig erarbeitet und darum noch umstritten sind, nämlich von der ideativen und der performativen Redeweise. Weil diese beiden Redeweisen für die Theologie von Belang sein könnten, seien sie hier der Vollständigkeit halber erwähnt. *Ideative Redeweise* entwirft ideale oder abstrakte Vorstellungen und Bilder, denen die Realität nahekommen kann, jedoch nie ganz entspricht, deren Gebrauch aber sinnvoll erscheint, z.B. die Rede vom Kreis als dem geometrischen Ort aller Punkte einer Ebene, die von einem gegebenen Punkt gleichen Abstand haben, oder in der Theologie die Rede von einem neuen Himmel und einer neuen Erde. Die *performativen Sätze* schließlich sind solche, die aufgrund bestimmter Sprachkonventionen und ihrer Bedingungen und indem sie ausgesprochen werden, wirksam und gültig sind. D.h. der ausgesprochene Sachverhalt wird, indem er ausgesprochen wird, zur Tatsache, wenn die Rahmenbedingungen der entsprechenden Sprachkonvention zutreffen. So ist z.B. der Satz „Die Autobahn ist eröffnet" nur dann ein wirksamer performativer Satz, wenn er aus Anlaß der offiziellen Eröffnung eines Autobahnteilstücks durch eine hierfür autorisierte Person (normalerweise den Verkehrsminister) ausgesprochen wird. Andere Beispiele solcher performativen Sätze wären das „Ja" von Brautleuten bei einer Trauungszeremonie oder das „Dir sind deine Sünden vergeben!" innerhalb einer Beichtzeremonie. Unwirksam sind solche performativen Sätze, wenn die Rahmenbedingungen der Sprachkonvention nicht hinreichend erfüllt sind oder aber die Rahmenbedingungen nur fiktiv hergestellt sind, z.B. im Spiel von Kindern (Hochzeitsspiel).

Auf diesem Grundgerüst von Elementen (Prädikatoren, Nominatoren und Indikatoren) und Redeweisen (deskriptiv, normativ [ideativ und performativ]) bauen – tiefengrammatisch gesehen – alle Sprachen auf.

Diese Gemeinsamkeit der Sprachstrukturen stellt eine weitere Bedingung des Verstehens dar, die man sich bewußt machen sollte, auch wenn Einzelheiten der Beurteilung dieser Gemeinsamkeit in der wissenschaftlichen Diskussion nicht immer unumstritten sind. Unbewußt ist nämlich diese tiefengrammatische und logische Struktur von Sprache immer schon Grundlage und Bedingung von Auslegung, Interpretation, Verständigung und Verstehen gewesen. Der bewußte und explizite methodische Einsatz dieses Wissens um die logische Struktur und Tiefenstruktur der Sprache erleichtert jedoch wesentlich die Mitteilbarkeit und Nachvollziehbarkeit von Methoden und Ergebnissen von Auslegung, wie sie in § 1 gefordert wurden.

II. Methodik

Im folgenden wird der Versuch unternommen, einige methodische Hinweise für die Interpretation des Redens von Gott zu geben, die natürlich im wesentlichen eine Folgerung aus den oben beschriebenen Bedingungen des Verstehens darstellen. Sie wollen weder den Anspruch erheben, die gesamte hermeneutische Diskussion aufgenommen und verarbeitet zu haben[148], noch mit dem Anspruch auftreten, eine für jedermann akzeptable Auslegungsbasis zu schaffen. Sie stellen allerdings für denjenigen, der sich den Ausführungen des Abschnitts I anschließen kann, notwendige und unerläßliche Arbeitsschritte dar, vor allem, wenn er auf Intersubjektivität seiner Auslegung Wert legt.

1. Standort des Auslegers in bezug auf den Text

Um dem Benutzer einer Auslegung diese verständlich zu machen, ist es nötig, das Vorverständnis des Auslegers und die Fragestellung, mit welcher er an den Text herangeht, auszubreiten. Meist geschieht dies im Zusammenhang theologischer Fragestellungen, indem ein theologiegeschichtlicher Rückblick, bezogen auf den Text oder die Fragestellung, geboten wird, innerhalb dessen man seinen Standort beschreibt. Die gleichen Dienste leistet die Darlegung des gegenwärtigen Forschungsstandes, natürlich ebenfalls wieder bezogen auf Text und Fragestellung. Besonders wichtig ist die Darlegung des Vorverständnisses, wenn alttestamentliche Texte mit einem systematisch-dogmatischen Interesse ausgelegt werden sollen; Ort und Stellung des Exegeten innerhalb der christlichen Tradition (z.B. seine theologische und weltanschauliche Position) sollten dann unter allen Umständen bekannt sein.

Zweckmäßig ist es auch, Absicht und Ziel des Auslegungsbemühens (z.B. Predigt, Unterricht, Vortrag, wissenschaftliche Untersuchung u.a.m.) nicht aus dem Auge zu lassen, damit nicht unversehens und unbewußt Haltungen und Einstellungen die Auslegung derart beeinflussen, daß wesentliche Fragestellungen unbeachtet bleiben, vielleicht wichtige Ergebnisse als irrelevant beiseite geschoben werden oder umgekehrt unwesentliche Dinge in den Vordergrund treten.

2. Die Angemessenheit der Fragestellung

Nach der Darlegung des Vorverständnisses und der Fragestellung ist zu überprüfen, ob der auszulegende Text auch Antworten auf die Fragen erwarten läßt, die gestellt werden. Es ist zu erheben, ob der Text ausdrückliche oder indirekte Bezugnahmen auf das Reden von Gott erlaubt. Zutage liegt dies, wenn der Text selbst von Jahwe oder Elohim

[148] Als erste Einführung in die Literatur und Problematik der hermeneutischen Frage im Zusammenhang mit dem Alten Testament seien erwähnt: C. Westermann (Hg.), Probleme alttestamentlicher Hermeneutik, 1968³; O. Loretz–W. Strolz (Hg.), Die hermeneutische Frage in der Theologie, 1968.

redet. Schwieriger wird die Situation, wenn die Texte nicht mehr ausdrücklich Jahwe oder Elohim erwähnen. Dann müssen die Bezüge aufgedeckt werden, die der Text unter Umständen zu einem Reden von Gott bzw. Jahwe/Elohim aufweist. Es kann sein, daß der weitere literarische Zusammenhang, in welchen eine Texteinheit eingebettet ist, die nicht explizit von Gott redet, dennoch eine Überprüfung des Redens von Gott auch dieses Textes zuläßt. Als Beispiel sei die Thronfolgegeschichte Davids (II Sam 9–20; I Reg 1–2) erwähnt, die nur sehr selten von Gott redet. Legt man eine Texteinheit dieses Komplexes aus und fragt nach dem Reden dieses Textes von Gott, so wird man auf dem Umweg über den literarischen Gesamtzusammenhang die Frage doch für angemessen halten dürfen.

Abzulehnen und als unangemessen zu bezeichnen ist die Frage nach dem Reden von Gott dann, wenn sich weder direkte noch indirekte Bezüge auf ein Reden von Jahwe/Elohim wahrscheinlich machen lassen, was im Alten Testament doch für einige Texte Gültigkeit hat: Listen, Liebeslieder u.a.

3. *Oberflächen- und Tiefenstruktur des Textes*[149]

Oberflächen- und Tiefenstruktur eines Textes werden insbesondere im Blick auf die Verwendung des Wortes „Gott" bzw. „Jahwe/Elohim" untersucht. Dabei ist für die Oberflächenstruktur zu berücksichtigen, ob die Ausdrücke für Gott als Prädikatoren, Indikatoren oder Eigennamen begegnen. Die Verwendung als Prädikator ist dann gegeben, wenn der Ausdruck für ein Exemplar der Klasse „Götter" verwendet wird (z.B. Ex 20,2–3). Normalerweise werden die Ausdrücke für Gott oberflächengrammatisch als Eigennamen gebraucht (z.B. Gen 18,22ff.). Nur selten wird im Alten Testament in der Oberflächenstruktur deutlich, daß die Ausdrücke für Jahwe auch als Indikatoren für eine bestimmte Daseins- und Handlungsorientierung gebraucht werden können (Jer 22,15–16 ist einer der seltenen Hinweise für diese Art des Gebrauchs: „Jahwe kennen" heißt, Recht und Gerechtigkeit üben und den Elenden und Armen zum Recht verhelfen).

Der Gebrauch der Ausdrücke für Gott (später nur noch „Gott")

[149] Terminologie und methodische Überlegungen dieses Abschnitts sind das Ergebnis eines gemeinsamen alttestamentlich-systematischen Seminars über das Reden von Gott im Alten Testament, gehalten von J. Track und G. Wanke. Eine ausführliche systematisch-theologische Untersuchung dieser Fragestellung wird von J. Track in absehbarer Zeit vorgelegt.

ist also zunächst zu klassifizieren. Für den Fall, daß „Gott“ als Eigenname oder Kennzeichnung (z.B. „mein Gott“) begegnet, ist die Verwendung und Art der Prädikatoren zu überprüfen und zu ordnen, die „Gott“ zugesprochen werden. Dabei ist darauf zu achten, wie die Prädikatoren sonst verwendet werden, ob sie etwa im Zusammenhang mit dem Reden von Gott uneigentlich gebraucht werden, ob sie sonst gewöhnlich Menschen zugesprochen werden oder ob sie für das Reden von Gott typische Prädikatoren darstellen. Es ist weiter zu beachten, welche Relationen durch die Prädikatoren hergestellt werden. Diese Relationen sind dann für die Beschreibung der Verhältnisse Gott-Mensch, Gott-Welt und Mensch-Welt heranzuziehen. Hier spielen erstmals die tiefengrammatisch erhobenen Redeweisen eine entscheidende Rolle, so daß auch jeweils die Differenzierung zwischen deskriptiver, normativer, ideativer und performativer Redeweise und ihrer Verwendung im Zusammenhang mit dem Reden von „Gott“ beschrieben werden muß.

Diese Untersuchung führt zunächst zu einer oberflächengrammatischen Beschreibung des Redens von „Gott“ und zu ersten möglichen Erkenntnissen über die hinter solchem Reden liegende Daseins- und Handlungsorientierung. Diese Erkenntnisse sollten in einem weiteren Schritt – und zwar auf der Ebene der Tiefenstruktur – noch einmal behandelt werden. Vor allem ist es wichtig zu erarbeiten, welche Arten der Einführung des Redens von Gott den jeweiligen Texten zugrunde liegen. Im Gegensatz zum Reden von Gott in der Oberflächenstruktur, das im Alten Testament gewöhnlich für „Gott“ Eigennamen verwendet, wird in der Tiefenstruktur das Reden von Gott eingeführt über Daseins- und Handlungsorientierungen, so daß „Gott“ hier als Indikator für diese erscheint. Gewinnt man nämlich in der Oberflächenstruktur sehr leicht den Eindruck, daß das Wort „Gott“ eingeführt wird wie andere Eigennamen auch, indem man nämlich den singulären Gegenstand zeigt, den man so benennt, so läßt die Tiefenstruktur erkennen, daß der Ausdruck „Gott“ nur verständlich ist in Relation zu Daseins- und Handlungsorientierungen.

Andere Wege der Einführung des Ausdrucks „Gott“ und des Redens von Gott werden über besondere Erfahrungen beschritten, deren Sprache zu analysieren ist. Die Analyse solcher Berichte über besondere Erfahrungen (z.B. prophetische Berufungsberichte), also die Analyse ihrer Sprache und vor allem ihrer Sprachkonvention, muß dann zeigen, wie „Gott“ im Zusammenhang mit diesen Erfahrungen eingeführt wird. In diesen Kontexten ist es möglich, daß „Gott“ nicht mehr nur als Indikator für eine bestimmte Daseins- und Handlungsorientierung erscheint, sondern auch tiefengrammatisch als Eigenname eingeführt wird.

Es zeigt sich bei solcher Überprüfung der Einführungsbedingungen des Redens von Gott, die nur auf der tiefengrammatischen Ebene möglich ist, welche Bedeutung jeweils dem Reden von Gott in bestimmten Kontexten beizumessen ist. Vor allem aber zeigt sich, welche Weisen des Redens von Gott leichter und welche schwerer kommunikabel und damit verstehbar gemacht werden können.

4. Die weiteren Bezüge des Redens von Gott

Der auf das Reden von Gott hin zu untersuchende Text ist außerdem in seinem weiteren theologie- und religionsgeschichtlichen Kontext zu untersuchen. Besonders zu beachten ist in diesem Zusammenhang die Erarbeitung des Weltbildes, innerhalb dessen ein Text von Gott redet oder gegen das sich ein Text in seinem Reden von Gott absetzt. So wird bei vielen Texten das mythische Weltbild des Alten Orients wie mythisches Reden überhaupt als Hintergrund zu berücksichtigen sein. Gen 1 z.B. kann ohne eine Kenntnis davon, wie die Umwelt Israels die Erschaffung von Welt und Menschen sah, welchem Weltbild Israel selbst verhaftet war und wie beide, Israel und seine Umwelt, in diesen Bezügen von Gott redeten, gar nicht recht verstanden werden.

Ähnliches gilt auch für die Untersuchung von Normen im Zusammenhang mit dem Reden von Gott. Auch hier ist es nötig, die weiteren Bezüge normativer Sätze zu erheben. Insbesondere muß geklärt werden, ob es sich bei normativen Sätzen um singuläre oder generelle Normen handelt und in welches normative System sie gegebenenfalls einzuordnen sind. Nur wenn der weitere Kontext normativer Systeme bekannt ist, kann die Stellung eines einzelnen normativen Satzes erfaßt werden. Und nur wenn die Einbettung normativer Systeme in theologische Bezüge deutlich ist, werden die solchen Systemen entstammenden Einzelnormen in ihrem Zusammenhang mit dem Reden von Gott hinreichend verstanden werden können. Entscheidend für diese normative Analyse ist die Frage nach der Begründung und Herleitung von Normen, wie sie im Alten Testament ja schon im Dekalog und an anderen Stellen (z.B. Ex 20,1–17; Dtn 5,1–21; Lev 17–26) ausreichend Anhalt hat.

5. *Überprüfung und Korrektur des Vorverständnisses*

Das Ergebnis der kritischen Analyse des Redens von Gott in einem konkreten Text kann zu einer Bestätigung, einer Korrektur oder einer völligen Veränderung des Vorverständnisses des Auslegers führen. Diese Wandlungen und Veränderungen des Vorverständnisses sollten in einem abschließenden Arbeitsgang noch einmal überlegt und vielleicht auch niedergeschrieben werden. In keinem Fall darf auf die Überprüfung des Vorverständnisses verzichtet werden, weil ein Verzicht auf das Bewußtmachen der möglichen Veränderung Auslegung und Ausleger in ihrer Ernsthaftigkeit in Frage stellt. Im übrigen wird es meist so sein, daß die Veränderung des Vorverständnisses nicht erst an diesem Punkt festzustellen ist, sondern sich allmählich im Verlauf der Auslegung eines Textes vollzieht. Gerade dann aber scheint dieser Arbeitsschritt um so nötiger zu sein, damit zwischeneingekommene Veränderungen des Vorverständnisses klar ins Bewußtsein treten.

III. Ergebnis

Angestrebtes Ergebnis solcher theologisch-kritischen Auslegung ist das Verstehen des Redens von Gott in einem konkreten Text. Genauer: Ergebnis solcher Auslegung sollte das bessere Verstehen des Menschen sein, der sich in seinem Reden von Gott ausspricht, und sollte das bessere Verstehen der Daseins- und Handlungsorientierung sein, die in dem Reden von Gott zur Geltung kommt. Ist nun einmal schon von einem besseren Verstehen die Rede gewesen, so kann als weiteres Ergebnis dieses Abschnittes die Korrektur des Vorverständnisses des Auslegers und möglicherweise eine Vertiefung seines eigenen Verstehens erwartet werden.

Der christliche oder jüdische Ausleger wird, soweit es sich bei dem Alten Testament um die ihm vorgegebene normative Tradition handelt, eine neue Sicht dieser Tradition gewinnen, die es ihm ermöglicht, wiederum in den Dialog mit seinen Zeitgenossen über diese Tradition einzutreten. Der christliche Ausleger macht durch die Aufarbeitung der normativen Texte seiner Tradition Material für eine neue christliche Theorie der Gegenwart zugänglich. Indem solche Auslegung außerdem Daseins- und Handlungsorientierung aus der christlichen Tradition zur Sprache bringt, setzt sie Impulse frei für die Bewältigung christlicher Praxis.

Die zuletzt genannten möglichen Ergebnisse der theologischen Kritik alttestamentlicher Texte betreffen natürlich vorwiegend den christlichen Exegeten. Das Verstehen des sich im Text unter dem Reden von Gott aussprechenden Menschen und seiner Daseins- und Handlungsorientierung sowie die Korrektur von Vorverständnissen sind hingegen jedem Ausleger möglich und zugänglich. Sie sollten darum aber besonders vom christlichen Ausleger ernst genommen werden, weil sie ihm den Dialog mit dem nichtchristlichen Ausleger wesentlich erleichtern. Vorausgesetzt ist bei alledem natürlich, daß der Auslegungsvorgang intersubjektiv angelegt ist.

Das Verstehen der Texte und ihres Redens von Gott darf auch nicht verwechselt werden mit dem Nachvollzug dessen, was man verstanden hat. Ob der Nachvollzug erhobener Antworten sinnvoll oder nicht sinnvoll ist, kann in der theologischen Kritik nicht entschieden werden. Hier liegt die Grenze der theologischen Kritik. Mehr kann sie nicht leisten.

4. Kapitel: Praktische Hinweise

§ 12 Exegese von Gen 28,10–22

(Zugleich als Beispiel für die Anfertigung einer wissenschaftlichen Arbeit)

Das Ziel der folgenden Ausführungen ist darin zu sehen, den Gang einer Exegese nach den in § 3–11 dargelegten Grundsätzen an einem konkreten Beispiel vorzuführen. Allerdings muß gleich einschränkend hinzugefügt werden, daß unbeschadet der notwendigen Abfolge der einzelnen exegetischen Schritte (s. § 3) deren Ergebnisse auch in anderen als in der hier gewählten Weise dargeboten werden können: So werden z.B. in Kommentarwerken häufig die § 4–9 entsprechenden Erhebungen als Vorarbeiten angesehen, die großenteils nicht vorweg, sondern im Rahmen der Einzelauslegung und zusammenfassenden Exegese erscheinen. Freilich wird durch diese Anlage der Ausführlichkeit der Darlegungen eine Grenze gesetzt, weil der Zusammenhang deutlich bleiben muß. Für die exemplarische Anwendung der exegetischen Methoden ist jedenfalls eine der Abfolge jener Fragestellungen entsprechende Darlegung vorzuziehen.

Auf die Voranstellung einer Übersetzung wird hier verzichtet, denn jede Übersetzung stellt sogleich eine Interpretation dar. Methodisch gerechtfertigt könnte sie daher ohnehin erst nach Abschluß der exegetischen Untersuchung und unter Berücksichtigung ihrer Ergebnisse angefertigt werden, wenn sie Gültigkeit besitzen soll und nicht lediglich eine vorläufige Arbeitsübersetzung darstellt. Daß z.B. in Kommentarwerken die aus der Exegese resultierende Übersetzung an den Anfang gestellt wird, ist eine Sache der Zweckmäßigkeit, die nicht in Frage gestellt werden soll. Basis und Bezugspunkt aller Arbeit am Alten Testament kann aber nie eine Übersetzung sein, sondern immer nur der Urtext.

Textkritik

Der Abschnitt Gen 28,10–22 ist textlich so gut erhalten, daß keine Änderung in 𝔐 vorzunehmen ist. BHS gibt überhaupt keine abweichenden Lesarten an, BHK führt lediglich im ersten Apparat einige

Abweichungen in 𝔊, 𝔖 und versio Arabica (𝔄) auf. Bemerkenswert ist die Tatsache, daß jene Lesarten bis auf einen Fall *Zusätze* bringen. Nachdem der Text auch ohne sie sinnvoll erscheint bzw. die Abweichungen nicht sehr ins Gewicht fallen (vgl. im einzelnen unten), dürften die im folgenden aufgeführten Lesarten allesamt sekundär sein. Zu berücksichtigen ist bei der Entscheidung der methodische Grundsatz, daß die schwierigere / kürzere Lesart in der Regel den Vorzug vor der glatteren / längeren verdient.

1. In v. 13 liest 𝔊 zusätzlich μὴ φοβοῦ hinter *jṣḥq* – eine ergänzende Glosse aufgrund von v. 17?

2. Nach 𝔊 wäre in v. 15a hinter *bkl* zusätzlich *hdrk* zu lesen (?; 𝔊: ἐν τῇ ὁδῷ πάσῃ, οὗ ...). Die Lesart von 𝔊 ist als Textglättung zu beurteilen.

3. 𝔊 bietet in v. 15b ... πάντα, ὅσα ... und verstärkt damit 𝔐, vielleicht in Angleichung an *kl* in v. 15aα.

4. Nach 𝔖 wäre zusätzlich zu *wjjrʾ* in v. 17a *jrʾh gdwlh* zu lesen. Es dürfte sich um eine verstärkende Glosse handeln.

5. Außerdem bietet 𝔖 in v. 17a noch eine ergänzende Glosse zu *hmqwm hzh*, die ins Hebräische übertragen *hjwm* lautet (Ort *und* Zeit!).

6. In v. 21 setzt 𝔊 statt *w^{e}šăbtî* (1. pers. sg. pf. cons. Qal) *wäh^{a}šibănî* (3. pers. sg. pf. cons. Hif. + Suffix) voraus, so daß der Subjektwechsel von 𝔐 vermieden ist. Diese Lesart dürfte aber als syntaktisch glättende Angleichung zu beurteilen sein.

7. In v. 22 wäre nach 𝔊 und versio Arabica (𝔄) zusätzlich zu *jhjh* noch *lj* zu lesen. Aberratio oculi? Angleichung (vgl. *lj* in v. 21b, auch v. 20b.22b)? Hervorhebender Zusatz? Nach dem Grundsatz, daß von zwei unterschiedlichen Lesarten diejenige zu wählen ist, die die Entstehung der anderen am ehesten zu erklären vermag, verdient 𝔐 den Vorzug.

Literarkritik und Literargeschichte

I. Beginn und Ende der Texteinheit

In den ersten Versen von Gen 28 wird erzählt, daß Jakob von seinem Vater nach Paddan-Aram geschickt wird, damit er sich dort eine Frau suche, und daß Esau eine Ismaeliterin heiratete. V. 10 gehört nicht mehr zu diesem Bericht, denn ihm zufolge geht Jakob nach Haran, nicht nach Paddan-Aram, wie man von 28,2 her erwarten sollte. Dagegen ist v. 10 eng mit v. 11ff. verbunden, da das zu den Verben von v. 11ff. gehörende Subjekt der in v. 10 genannte Name „Jakob“ ist. Mit v. 10 beginnt also die folgende Einheit.

Diese reicht bis v. 22. Die Zugehörigkeit dieses Verses zur Betel-Erzählung zeigt sich erstens darin, daß mit den Worten „dieser Stein, den ich als Mazzebe aufgestellt habe“ ausdrücklich auf v. 18 zurückverwiesen wird und daß zweitens mit *bêt-ʾᵃlohîm* auf den Namen Betel angespielt wird. Dagegen leitet der mit Gen 28,10 konkurrierende Vers 29,1 ein neues Geschehen ein. Die Texteinheit, wie sie jetzt in der zweiten Hälfte von Gen 28 vorliegt, beginnt also mit Gen 28,10 und endet mit Gen 28,22.

II. Scheidung nicht zusammengehöriger und Verbindung zusammengehöriger Teile innerhalb von Gen 28,10–22

Die in der Überschrift genannte Aufgabe wird in vier Schritten durchgeführt:

1. Sammlung von Spannungen und Wiederholungen
2. Scheidung nicht zusammengehöriger Teile
3. Verbindung zusammengehöriger Teile
   a) Zueinanderordnung von Teilen, die zu anderen in Spannung stehen
   b) Zuordnung der Teile, die nicht in Spannung zu anderen stehen
4. literarkritische Klassifizierung.

1. Spannungen und Wiederholungen in Gen 28,10–22

a) Während v. 12 von den Boten Elohims spricht, verwendet v. 13 den Gottesnamen Jahwe. „Jahwe“ und „Elohim“ stehen dann in Spannung zueinander, wenn Elohim als Name, nicht als Gattungsbezeichnung gebraucht ist. Dies ist in v. 12.17 und 20 der Fall; in v. 22 läßt es sich nicht mit Bestimmtheit sagen.

b) Das letzte Wort von v. 14 hinkt syntaktisch nach. Es fehlt zudem in der ansonsten wörtlich gleichen Verheißung von Gen 12,3. Da schließlich unter dem „du“ von v. 14aβ.b wohl schon die Nachkommen Jakobs zu verstehen sind, die dieser verkörpert, ist das letzte Wort von v. 14 eine unnötige Wiederholung.

c) V. 16 und v. 17 konstatiert Jakob zweimal die Heiligkeit des Ortes. Es liegt also eine Wiederholung vor.

d) Nach v. 16 wohnt „Jahwe“ an „diesem Ort“; nach v. 17 befindet sich hier das Haus „Elohims“ und das Tor des Himmels.

e) In v. 17b zieht Jakob zwei verschiedene Konsequenzen aus seinem Traumerlebnis: v. 17bα dies muß Gottes Haus sein; v. 17bβ dies ist das Tor des Himmels.

f) „Jahwe“ (v. 16) steht in Spannung zu „El“ (v. 19).

g) Die Bedingungen des Gelübdes sind teilweise der Verheißung Jahwes parallel; „beides zusammen wäre dem Frommen unerträglich: was Gott zugesagt hat, würde der Mensch durch sein Gelübde (‚wenn‘ 20) nur in Zweifel ziehen.“[150]

h) In v. 21b.22a und 22b finden sich drei Angaben dessen, was Jakob tun will, wenn Gott die in v. 20.21a genannten Bedingungen erfüllt:

v. 21b: „dann soll Jahwe mein Gott sein“
v. 22a: „dieser Stein, den ich als Mazzebe aufgestellt habe, soll ein Haus Gottes werden“
v. 22b: „alles, was du mir gibst, will ich dir gewiß verzehnten“.

Es ist zu fragen, ob alle drei Versprechungen ursprünglich zum Gelübde gehörten.

i) Innerhalb von v. 20–22 besteht eine Spannung darin, daß Jakob gelobt, Jahwe solle sein Elohim sein (v. 21b), wenn „Elohim“ mit ihm sei (v. 21a). Zu erwarten wäre: Wenn „Jahwe“ mit mir ist, dann soll Jahwe mein Elohim sein.

k) V. 20–22a reden von Gott in 3. Person; in v. 22b wird Jahwe (in 2. Person) angeredet.

2. *Scheidung nicht zusammengehöriger Teile*

Aufgrund der eben genannten Beobachtungen läßt sich sagen, daß folgende Textteile nicht in der ursprünglichen einfachen Einheit nebeneinander standen:

v. 12	– v. 13 (vgl. a)
v. 14 (letztes Wort)	– v. 14 ohne letztes Wort (vgl. b)
v. 16	– v. 17 (vgl. c und d)
v. 13–15	– v. 20–22 (vgl. g)
v. 20.21a	– v. 21b (vgl. h und i)
v. 20–22a	– v. 22b (vgl. h und k).

Dagegen sind die Spannungen e und f wohl nicht literarkritisch relevant. Möglicherweise finden sie ihre Erklärung durch die Überlieferungskritik.

---

[150] H. GUNKEL a.a.O. (Anm. 39) 317.

3. Verbindung zusammengehöriger Teile

a) Zueinanderordnung von Teilen, die zu anderen in Spannung stehen.

Die eben voneinander getrennten Bestandteile von Gen 28,10–22 lassen sich folgendermaßen einander zuordnen: Zu v. 13–15 gehört v. 16, da in v. 13 und v. 16 der Gottesname Jahwe verwendet wird. V. 17 ist mit v. 20.21a.22a durch die Verwendung von „Elohim" verbunden. Zu diesen Versen gehört auch v. 12: Weil an dieser Stelle die Boten Elohims zum Himmel hinauf- und vom Himmel herabsteigen (v. 12), deshalb muß hier das Tor zum Himmel sein (v. 17). Es ergibt sich folgende Gruppierung:

v. 13–16 (ohne das letzte Wort von v. 14)
v. 12.17.20.21a.22a
v. 14 (letztes Wort).21b.22b.

b) Zuordnung der Teile, die nicht in Spannung zu anderen stehen.

Von den Versen, in denen keine literarkritisch relevanten Spannungen oder Wiederholungen festgestellt wurden, lassen sich v. 17.20.21a.22a als Fortsetzung von v. 10–11 verstehen. Hierzu gehört auch v. 18, der v. 11 aufgreift.

V. 19 dürfte eher mit v. 16 zusammengehören: Weil hier Jahwe anwesend ist, nennt Jakob den Ort Betel.

4. Literarkritische Klassifizierung

Gen 28,10–22 setzt sich aus folgenden Bestandteilen zusammen:
a) der *einfachen Einheit* A: v. 10–12.17.18.20.21a.22a
b) dem *Fragment* B: v. 13–16 (ohne letztes Wort von v. 14).19. Daß es sich um ein Fragment handelt, geht daraus hervor, daß den Versen einmal eine Einleitung vorausgegangen sein muß, die inhaltlich etwa dem in v. 10f. Erzählten entsprochen haben muß.
c) den *Erweiterungen* C: v. 21b und D: v. 22b sowie dem letzten Wort von v. 14. Zu erwägen wäre allerdings auch, ob in v. 21b nur der Name „Jahwe" Erweiterung ist. Hier wird der ganze v. 21b als Erweiterung behandelt, weil dadurch die leichte Spannung eines doppelten Versprechens beseitigt ist.

Im ganzen ist Gen 28,10–22 als zusammengesetzte und erweiterte Einheit zu bezeichnen.

III. Zur Literargeschichte

Zur zeitlichen Ansetzung der einzelnen Teile von Gen 28,10–22 läßt sich im Augenblick nur sagen, daß die Erweiterungen v. 14 (letztes Wort).21b.22b nicht für sich allein existiert haben können, bei ihrer Entstehung also vermutlich die Teile, die jetzt durch sie erweitert werden, schon bestanden.

Sprachliche Analyse

Aufgrund der Ergebnisse der Literarkritik erfolgen die sprachliche Analyse von Gen 28,10–22 wie auch alle weiteren Schritte in mehreren Abschnitten: für die einfache Einheit A (28,10–12.17–18.20–21a.22a), für das Fragment B (28,13–16 [ausgenommen die Erweiterung am Ende von v. 14, nämlich: *bzrʿk*]. 19) und für die Erweiterungen C (28,21b) und D (28,22b).

A. Gen 28,10–12.17–18.20–21a.22a

1a. Syntaktische Analyse

Der Text gliedert sich in die folgenden Sätze[151]:

10a	wjṣʾ jʿqb mbʾr šbʿ
10b	wjlk ḥrnh
11a	wjpgʿ bmqwm
11b	wjln šm
11c	kj bʾ hšmš
11d	wjqḥ mʾbnj hmqwm
11e	wjśm mrʾštjw
11f	wjškb bmqwm hhwʾ
12a	wjḥlm
12b	whnh slm mṣb ʾrṣh
12c	wrʾšw mgjʿ hšmjmh
12d	whnh mlʾkj ʾlhjm ʿljm wjrdjm bw

[151] Abweichend von der gängigen Versunterteilung erfolgt in diesem Abschnitt die Bezeichnung der Sätze innerhalb der Verse in alphabetischer Reihenfolge. Der Text wird der Einfachheit halber in nichtvokalisierter Form transkribiert wiedergegeben.

17a	wjjrʾ
17b	wjʾmr:
17c	„mh nwr ʾ hmqwm hzh
17d	ʾjn zh kj ʾm bjt ʾlhjm wzh šʿr hšmjm“.
18a	wjškm jʿqb bbqr
18b	wjqḥ ʾt hʾbn
18c	ʾšr šm mrʾštjw
18d	wjśm ʾth mṣbh
18e	wjṣq šmn ʿl rʾšh
20a	wjdr jʿqb ndr lʾmr:
20b	„ʾm jhjh ʾlhjm ʿmdj
20c	wšmrnj bdrk hzh
20d	ʾšr ʾnkj hwlk
20e	wntn lj
20f	lḥm lʾkl wbgd llbš
21a	wšbtj bšlwm ʾl bjt ʾbj
$22a_{1+2}$	whʾbn hzʾt ____ jhjh bjt ʾlhjm“.
22b	ʾšr śmtj mṣbh

Der Großteil der Sätze der einfachen Einheit A wird durch *waw*-consecutivum eingeleitet. *Waw* als Satzweiser fehlt in den Relativsätzen 18c. 20d.22b, in dem begründenden Umstandssatz 11c und in den durch *ʾmr* markierten ersten Sätzen der direkten Reden 17c.d.20b.

In der Texteinheit herrschen eindeutig die Verbalsätze vor; invertierte Verbalsätze finden sich nur in 11c wegen des Umstands der Begründung, in 20b wegen des Umstands der Bedingung und in 22a wegen Hervorhebung des Subjekts am Ende des Textes. Nominalsätze liegen in 12b-d.20d (= Partizipialkonstruktionen) und 17c-d vor. Eine Infinitivkonstruktion findet sich in 20f.

Für die Satzreihengliederung sind die folgenden Beobachtungen relevant: Die enklitischen Personalpronomina in 12c.d weisen auf das Subjekt von 12b, in 18d.e auf das Subjekt von 18b, in 20b.c.e auf das Subjekt von 20a zurück. In der gleichen rückweisenden Funktion sind auch die Demonstrativpronomina *zh* und *hwʾ* zu beobachten: Sie verweisen von 11f.17c auf 11a, von 17d auf 17c zurück. In 20c und 22a allerdings weisen sie auf die folgenden Relativsätze 20d und 22b. Sieht man von den durch Relativsätze bedingten Subjektwechseln ab, so haben die Sätze 10a–12a.17a–17b.18a–20a und 20b–20ef jeweils gemeinsame Subjekte, wobei die ersten drei Satzreihen dasselbe Subjekt aufweisen und das Subjekt von 20a als Objekt von 20b–20ef erscheint, welches in

Tabelle I

Satzarten VS iVS NS	Nebensätze PK IK RS US	Aufnahmen gemS	gemO	S→O	O→S	Verbinder 'mr ḥlm	Rückw. ePP	Trenner SW
10a		10a						
10b								
11a							11a	
11b							11b	
[11c]	11c							[11c]
11d							11d	
11e							11e	
11f							11f	
12a		12a				12a		
12b	12b					12b	12b	12b
12c	12c						12c	12c
12d	12d					12d	12d	12d
17a		17a						17a
17b		17b				17b		
17c						17c	17c	17c
17d						17d	17d	
18a		18a						18a
18b			18b				18b	
[18c]	18c						18c	[18c]
18d							18d	
18e			18e				18e	
20a		20a		(20aS)		20a	20a	
20b	[20b]	20b	20b			20b	20b	20b
20c → [20d]				20b–f			20c	
	[20d] 20d						20d	[20d]
20e →	20f	20ef	20ef		(20efO)		20e	
21a					21a			21a
$22a_{1+2}$							22a	22a
[22b]	22b					22b	22b	[22b]

Trenner SW	Temp. Mod.	Verben H Z M	Substantiva	selb. gram. Morpheme	Lautanalyse
	N Ind	H	*Km(E)*; Ku(O)	Präp	
	N Ind	H	Ku(O)		
	N Ind	H	Ku(O)	Präp	
	N Ind	H		Adv	
[11c]	[P] Ind	H	Ku	Konj	
	N Ind	H	Ku	Präp	
	N Ind	H	Km		
	N Ind	H	Ku(O)	ProD; Präp	
	N Ind	Z			
12b	[Pt]	H	Ku(O) Ku		Assonanz
12c	[Pt]	H	Ku(O) Ku		
12d	[Pt]	H 2×	Km(G)	Präp	
17a	N Ind	Z			
	N Ind	H			
17c			Ku(O)	Pro I; ProD	Assonanz
			2× Ku(O) = Ku(hl)	Adv; ProD 2×	
18a					
	N Ind	H	*Km(E)* A	Präp	
[18c]	N Ind	H	Ku		
	[P] Ind	H	Km		
	N Ind	H	Ku(hl)		
	N Ind	H	Ku 2×	Präp	
20b	N Ind	H	*Km(E)* A		Paronomasie
	I Ind	hjh	Km(G)	Konj; Präp	
[20d]	Pc Ind	H	Ku	Präp; ProD	
	[Pt]	H		ProP	
	Pc Ind	H			
	Inf	H 2×	Ku 2×		
21a	Pc Ind	H	Km(koll.) A	Präp 2×	
22a	I Ind	hjh	Ku+Ku (hl)	ProD	
[22b]	[P] Ind	H	Ku(hl)		

slm (12b): ist eine aus Steinen gefertigte Treppe oder treppenartige Rampe; im vorliegenden Text hat sie die Funktion, den Himmel als Wohnort der Elohimwesen mit der Erde zu verbinden; die Stelle, da diese Treppe steht, wird in 17d Gotteshaus und Himmelstor genannt; offenbar sollte der Ort des Jakobtraums diejenige Stelle sein, an welcher die „Gottesboten" vom Himmel auf die Erde kamen, um ihre Aufträge auszuführen, und an welcher sie wieder zum Himmel zurückkehrten; es ist also ein besonders ausgezeichneter Ort.

jr' und *nwr'* (17a.b): „fürchten", „furchtbar" bezeichnet im Zusammenhang mit einem heiligen Ort und einem ungewöhnlichen Geschehen an ihm das Erschrecken und Erschauern vor dem Numinosen, Geheimnisvollen.

mṣbh (18d): ist ein meist behauener Stein, der eine Gottheit repräsentiert und darum heilig ist; als solcher kann er auch gesalbt werden, wie Satz 18e zeigt.

4a. Die äußere Struktur

Die Ergebnisse vor allem der syntaktisch-stilistischen und der Lautanalyse, aber auch Teile der semantischen Analyse sind nun im Blick auf den Gesamttext zusammenzuordnen. In der folgenden Tabelle I sind die wichtigsten Elemente in ihrer Anordnung und gegenseitigen Beziehung sowie die Gliederung des Textes im einzelnen aufgeführt. Sie läßt die Struktur des Textes vor allem aufgrund der Ausdrucksseite gut erkennen.

4b. Die innere Struktur

Berücksichtigt man – ausgehend von der äußeren Struktur – nun verstärkt die Bedeutungsseite der sprachlichen Zeichen des Textes und integriert diese in die bislang vorliegende Struktur, so erhält man die innere oder Tiefenstruktur des Textes.

Exposition	10	Narrativ	Handlung	Jakob
Korpus 11–12.17–18.20–22*				
1. Abschnitt	11–12.17	Narrativ	Handlung	Jakob
			Traum	
			Handlung	Jakob
			Rede	
2. Abschnitt	18.20–22*	Narrativ	Handlung	Jakob
			Rede	

Die Einheit ist durch den Wechsel von Handlung und Rede, durch einen einzigen Eigennamen und Substantive für Ortsangaben und heilige Gegenstände charakterisiert. Die Einheit wird durch eine rahmende Exposition eingeleitet, welche die handelnde Hauptperson, Jakob, einführt und den weiteren geographischen Rahmen des Geschehens absteckt. Das Korpus gliedert sich in zwei Abschnitte, die durch Subjektwechsel mit Aufhören von unmittelbaren Rückverweisen voneinander getrennt sind. Die Handlungsinitiative liegt immer bei Jakob, auch wenn sie gelegentlich durch zwei Zustandsverben (12a.17a) etwas abgeschwächt wird. Die beiden Abschnitte sind jeweils durch die Abfolge Handlung-Rede bestimmt, wobei strukturell gesehen die Traumschilderung als Rede fungiert.

Der erste Abschnitt grenzt aus dem geographischen Rahmen der Exposition einen ganz bestimmten Ort aus, auf den Handlungen, Traum und Rede bezogen sind. Die den ersten Abschnitt abschließende Rede markiert die besondere Charakterisierung dieses Ortes, dessen Name nicht ausdrücklich erwähnt wird, sondern der Kenntnis des Hörers anheimgestellt ist. Der zweite Abschnitt berichtet – wieder in Handlung und Rede – die Konsequenzen des Geschehens für die handelnde Hauptperson. Der Höhepunkt der Einheit ist darum in der abschließenden Rede des ersten Abschnittes zu sehen. Ein weiterer, wenn auch nicht so gewichtiger Schwerpunkt findet sich in der abschließenden Rede des zweiten Abschnittes, der die Handlungsweise bzw. das Verhalten der Hauptperson in den Vordergrund stellt.

Zu bemerken ist schließlich noch, daß die Hauptperson in der Exposition der Einheit nicht näher charakterisiert wird, also dem Leser bekannt ist. Das weist entweder auf einen beim Leser vorausgesetzten Kontext oder, was wahrscheinlicher ist, auf einen weiteren literarischen Kontext hin.

5. *Ziel der Einheit*

Der fast ausschließliche Gebrauch von Narrativen und das Fehlen von Imperativen, Jussiven oder Adhortativen lassen zunächst ein informatives Ziel des Textes erkennen. Die Schwerpunkte des Textes, nämlich die Charakterisierung eines bestimmten Ortes und des Verhaltens der Hauptperson, spezifizieren das Ziel des Textes in zweifacher Weise: Charakterisierung eines Ortes als heiliger Ort einerseits und Beschreibung religiösen Verhaltens einer Person andererseits.

Daß die Texteinheit in einen weiteren literarischen Horizont eingebettet ist und nicht eine unabhängige literarische Einheit darstellt, kann durch zwei Beobachtungen deutlich gemacht werden. Einmal ist Jakob als Hauptperson des Textes nicht näher charakterisiert, was für ein Verstehen der Texteinheit nötig wäre. Es ist also die Person Jakobs als bekannt vorausgesetzt, was auf einen literarischen Zusammenhang verweist, der schon früher von Jakob berichtet. Um welchen literarischen Zusammenhang es sich handelt, soll in der Überlieferungs- und Redaktionskritik verhandelt werden. Zum anderen weist die eigentümliche Wortverbindung *mlʾkj ʾlhjm* (Satz 12d), die man vielleicht auch als geprägte Wendung bezeichnen könnte, auf Gen 32,2, das ebenfalls von Jakob und einem ähnlichen Geschehen berichtet, also in Zusammenhang mit 28,10–12.17–18.20–22* gesehen werden kann.

Der sozio-kulturelle Hintergrund, in den die Texteinheit eingebettet ist, läßt sich aufgrund des Fehlens von geprägtem Gut, soweit die sprachliche Analyse es erkennen kann, nicht erhellen. Weitere methodische Schritte mögen solches Gut erarbeiten. Dann ist die Frage nach dem sozio-kulturellen Hintergrund noch einmal zu stellen.

B. Gen 28,13–16.19

1a. Syntaktische Analyse

Der Text gliedert sich in die folgenden Sätze:

13a	whnh jhwh nṣb ʿljw
13b	wjʾmr:
13c	„ʾnj jhwh ʾlhj ʾbrhm ʾbjk wʾlhj jṣḥq
13d$_{1+2}$	hʾrṣ ______ lk ʾtnnh wlzrʿk
13e	ʾšr ʾth škb ʿljh
14a	whjh zrʿk kʿpr hʾrṣ
14b	wprṣt jmh wqdmh wṣpnh wngbh
14c	wnbrkw bk kl mšpḥt hʾdmh [wbzrʿk]
15a	whnh ʾnkj ʿmk
15b	wšmrtjk bkl
15c	ʾšr tlk
15d	whšbtjk ʾl hʾdmh hzʾt
15e	kj lʾ ʾʿzbk

15f ʿd ʾšr ʾm ʿśjtj
15g ʾt ʾšr dbrtj lk."
16a wjjqṣ jʿqb mšntw
16b wjʾmr:
16c „ʾkn jš jhwh bmqwm hzh
16d wʾnkj lʾ jdʿtj."
19a wjqrʾ ʾt šm hmqwm hhwʾ bjt ʾl
19b wʾwlm lwz šm hʿjr lrʾšnh.

Der Hauptteil der Sätze des Fragments B ist durch *waw* als Satzweiser gekennzeichnet. Das *waw* fehlt in den ersten Sätzen der direkten Reden 13c.16c, in den Relativsätzen 13e.15c.f.g, in dem Begründungssatz 15e und – besonders auffallend – in dem invertierten Verbalsatz 13d.

Das Fragment wird zwar durch Verbalsätze beherrscht, doch sind Nominalsätze und invertierte Verbalsätze ebenfalls vertreten. Die Nominalsätze stehen an Anfang und Ende des Fragments ferner jeweils zu Beginn der direkten Reden 13a.16c und 19b sowie innerhalb der ersten direkten Rede an markanter Stelle. Die invertierten Verbalsätze stehen wegen der betonten Hervorhebung eines Objekts 13d, wegen des Umstands der Begründung 15e und wegen der Hervorhebung des Subjekts 16d. Satz 15e und 16d markieren jeweils auch das Ende der direkten Reden.

Für die Satzreihengliederung können folgende Beobachtungen herangezogen werden: Die enklitischen Personalpronomina von 13a.c.d.14a.c.15a.b.d.e.g weisen allesamt vor 13a zurück und machen den fragmentarischen Charakter des Textes vollends deutlich; das enklitische Personalpronomen von 13e weist auf 13d zurück. Ebenso weisen aus dem vorliegenden Text die Demonstrativpronomina von 16c und 19a hinaus. Das Demonstrativpronomen von 15d scheint sich auf 13d zurückzubeziehen. Abgesehen von den Rückweisern in 13e und 15d sind die Rückweiser für die Satzreihengliederung des Fragments keine Kriterien, da sie einen größeren Zusammenhang voraussetzen, der aber nicht vorhanden ist. Für die Gliederung müssen also noch andere Kriterien aufgesucht werden. Gemeinsame Subjekte haben die Sätze 13a–d.14a–b.15a–g.16a–b.16d–19a, gemeinsames Objekt die Sätze 14c–15g. Objektaufnahme als Subjekt findet sich in 14a.16a und 19b jeweils aus 13d.15g.19a. Die Subjektwechsel des Textes sind dadurch in ihrer Trennerfunktion entsprechend neutralisiert, wenn man von 15a absieht, das innerhalb der direkten Rede einen kleinen Abschnitt markiert, und 16a ausnimmt, bei dem die unmittelbaren

Rückverweise aufhören, so daß auch hier ein kleiner Einschnitt zu erkennen ist. Durch *'mr* 13b.16b eingeleitete direkte Reden liegen in 13c–15g und 16c–d vor.

Die Gliederung des Textes macht seinen fragmentarischen Charakter deutlich. Der noch vorliegende Teil des Textes ist im wesentlichen nur durch die direkten Reden 13c–15g und 16c–d unterteilt, denen jeweils wenige andere Sätze zugeordnet sind.

Die Gliederung des Textes bestätigt sich auf der Wortebene, denn außerhalb der direkten Reden stehen die Verben im Narrativ, innerhalb der direkten Reden im Imperfekt und davon abhängigen Perfektum consecutivum bzw. im Perfekt. Als Modus wird vorwiegend der Indikativ gebraucht. An markanter Stelle, nämlich im ersten Verbalsatz der Rede 13c–15g, steht Imperfektum energicum, was einem verstärkten Indikativ gleichkommen könnte.

Die Verwendung der Substantive läßt fast ausschließlich direkten Gebrauch erkennen; wo sie allerdings gehäuft auftreten, sind sie indirekt als Apposition (13c) und als Umstandsbeschreibung (14b) verwendet. Am häufigsten sind vertreten: unbelebte Konkreta und menschliche Konkreta. Unter den unbelebten Konkreta (13d.14a.b.c.15d.16c.19a.b) sind besonders zahlreiche Ortsangaben und Ortsnamen vertreten (13d.14b.16c.19a.b.), die sich in 14b und 19a.b häufen. Unter den menschlichen Konkreta finden sich Gottesnamen und -bezeichnungen (13a.13c dreimal.16c), Eigennamen (13c zweimal.16a) und Verwandtschaftsbezeichnungen (13c.d.14a.c). Abstrakta sind selten (16a.19a.b). Gottesbezeichnungen und Eigennamen stehen jeweils in einleitenden Sätzen (13a.13c.16a.16c) der jeweiligen Abschnitte und kennzeichnen auf diese Weise ihre dominierende Stellung.

Unter den selbständigen grammatischen Morphemen sind am häufigsten Personalpronomina (13c.e.15a.16d) und Präpositionen vertreten (13a.e.14c.15a.b.f). Daneben finden sich noch Konjunktionen (15e.f), Demonstrativpronomina (15d.16c.19a) und Adverbia (15e.16d.19b) sowie eine Interjektion (16c). Die Personalpronomina stehen innerhalb der Reden und beziehen sich auf die Gesprächspartner. Die Präpositionen markieren lokale, temporale und instrumentale Relationen, ohne daß eine besonders auffallende Verteilung der Funktionen erkennbar wäre.

1b. Stilistische Analyse

Die Verwendung echter Handlungsverben im Narrativ ist in diesem Fragment selten (16a), so daß der Eindruck eines weitläufigen Stils entsteht. Der Eindruck verstärkt sich, wenn man berücksichtigt, daß an wichtigen Stellen des Textes Nominalsätze dominieren (13a.13c. 16c.19b). Der erzählende Charakter des Textes ist jedoch gewahrt. Ein endgültiges Urteil über den Satzstil des Textes ist wegen seines fragmentarischen Charakters nicht möglich.

Auf der Wortebene fällt auf, daß die Verteilung Substantiv-Verbum (29:17) eindeutig zugunsten der Substantive ausfällt. Der Stil neigt also zum Nominalstil hin; ein Eindruck, der durch den Gebrauch selbständiger Personalpronomina noch verstärkt wird.

Für den Stil des Textes sind weiter zwei Wendungen von Wichtigkeit, die im Satz 13c miteinander verbunden sind: a) *'nj jhwh* (*'lhjm* + Suffix), eine Wendung, die auch sonst im Alten Testament häufig belegt ist (besonders in Ez und im Heiligkeitsgesetz); da sie außerdem in mehreren literarischen Kontexten begegnet, kann man von einer Formel reden; b) *'lhj 'brhm 'bjk w'lhj jṣḥq* findet sich in ähnlicher Form noch in Gen 26,24; 31,42;31,53; Ex 3,6.15.16; 4,5; I Reg 18,36; Ps 47,10; I Chr 29,18 und II Chr 30,6 und ist eine feste Wortverbindung.

Schließlich ist noch die Formel *qr' 't šm hmqwm hhw'* ... (19a) zu erwähnen (Gen 19,22; 21,31; 31,47f.; Ex 17,7; Num 11,3; 21,3; Jos 5,9; 7,26; Jdc 1,17; 2,5; 18,29; II Sam 2,16; 5,20; I Reg 16,24 u.a.m.). Sie kommt nie selbständig vor. Meist begegnet sie am Ende von ätiologischen Erzählungen bzw. stellt ein ätiologisches Anhängsel an Erzählungen dar. Die Formel dient der Erklärung der Namen von Orten, die im entsprechenden Kontext eine wichtige Rolle spielen. Insofern ist es gerechtfertigt, von einer „ätiologischen Notiz" zu sprechen. Da jedoch anzunehmen ist, daß häufig die Erklärung des jeweiligen Namens aus ihm selbst herausgesponnen wurde, ist es zweckmäßig, gleichzeitig auch den „etymologischen" Charakter solcher Notizen zu unterstreichen.

2. Lautanalyse

Besondere hervorzuhebende lautliche Eigentümlichkeiten des Textes sind nicht zu beobachten. Man kann es dabei bewenden lassen, festzustellen, daß es sich um einen Prosatext handelt.

3. Semantische Analyse[152a]

'nj jhwh (13c): wird gewöhnlich die „Selbstvorstellungsformel" genannt. Sie ist im Alten Testament, aber auch im Alten Orient verbreitet. Sie wird syntaktisch unterschiedlich verwendet; entweder ist sie mit „ich bin Jahwe ..." oder „ich, Jahwe, bin ..." zu übersetzen. Für diesen Textzusammenhang trifft wohl die erste Form zu.

'lhj 'brhm ... (13c): Hinter dieser festen Wortverbindung steht die frühisraelitische Sippenreligion, die auf diese Weise die Götter der Sippen unter Nennung der Sippenahnen bezeichnet.

'rṣ, 'dmh (13d.14a.c.15d): Auffallend ist der unterschiedliche Gebrauch beider Ausdrücke innerhalb des Textes. *'rṣ* bedeutet in 13d ein ganz bestimmtes „Land" in 14a die „Erdkrume" oder den „Erdboden". *'dmh* wiederum bedeutet in 14c soviel wie „Welt", in 15d wie *'rṣ* in 13d ein bestimmtes „Land". Die Diskrepanz im Gebrauch der Ausdrücke erklärt sich wenigstens teilweise, wenn man die Ausdrücke in verwandten Zusammenhängen aufsucht. Es zeigt sich nämlich, daß offenbar auch in den Sätzen 13d und 14a.c geprägte Wendungen vorliegen[153], die den Gebrauch der Ausdrücke festlegen.

bjt 'l (19a): Heiligtum nördlich von Jerusalem, dessen Name auf die benachbarte Stadt Lus überging, die in diesem Text und in Jos 16,2; 18,13 noch deutlich voneinander getrennt sind.

4a. Die äußere Struktur

Die Zusammenordnung der einzelnen Beobachtungen vor allem der syntaktisch-stilistischen Analyse gehen aus der beiliegenden Tabelle II hervor. Die äußere Struktur des Textes, die sich aus der Zusammenordnung ergibt, läßt vor allem den fragmentarischen Charakter des Textes deutlich werden. Besonders auffallend ist auch die hervorragende Stellung der Redeabschnitte innerhalb des Fragments.

[152a] S. Anm. 152.

[153] Vgl. Gen 12,3; 12,7; 15,8; 26,4; 35,12; 13,16.

Abkürzungsverzeichnis

A	abstrakt
Adv	Adverb
App.	Apposition
E	Eigenname
ePP	enklitisches Personalpronomen
G	Gottesbezeichnung
gemO	gemeinsames Objekt
gemS	gemeinsames Subjekt
H	Handlungsverbum
hl	heilig
I	Imperfekt
IK	Infinitivkonstruktion
Ind	Indikativ
Intj	Interjektion
iVS	invertierter Verbalsatz
Km	konkret-menschlich
koll	kollektiv
Konj	Konjunktion
Ku	konkret-unbelebt
M	Modalverbum
Mod	Modus
N	Narrativ
NS	Nominalsatz
O	Objekt
	Ortsname in Ku(O)
P	Perfekt
Pc	Perfekt consecutivum
PK	Partizipialkonstruktion
Präp	Präposition
ProD	Demonstrativpronomen
ProI	Interrogativpronomen
ProP	Personalpronomen
Pt	Partizip
RS	Relativsatz
Rückw	Rückweiser
S	Subjekt
SW	Subjektwechsel
Temp	Tempus
US	Umstandssatz
VS	Verbalsatz
Z	Zustandsverbum

Tabelle II

Satzarten			Nebensätze				Aufnahmen				Verbinder	
VS	iVS	NS	PK	IK	RS	US	gemS	gemO	O→S	O→S	'mr	Rückw. ePP
		13a	13a				13a					13a
13b											13b	
		13c									13c	13c
	$13d_{1+2}$						$13d_2$			(13dO)		13d
		[13e]	[13e]		13e							13e
14a							14a			14a		14a
14b							14b		(14bS)			
14c								14c	14c			14c
		15a					15a					15a
15b												15b
[15c]					15c							
15d												15d
	15e											15e
	[15f]				15f							
[15g]					15g		15g	15g		(15gO)	15g	15g
16a							16a			16a		
16b							16b				16b	
		16c									16c	16c
	16d						16d				16d	
19a							19a			(19aO)		19a
		19b								19b		

Trenner SW	Temp. Mod.	Verben H Z M	Substantiva	selb. gram. Morpheme	App.
	[Pt]	Z	Km(G)	Präp	
	N Ind	H			
	—	H	Km(G) 3×, Km(E) 2×, Km	ProP	13c
	I energ	H	Km Ku(O)		
[13e]	[Pt]	[Z]		Präp ProP	
14a	Pc Ind	hjh	Km Ku		
	Pc Ind	H	Ku(O) 4×		
14c	Pc Ind	H	Km Ku	Präp	
15a	—	H		Präp ProP	
	Pc Ind			Präp	
	[I Ind]	H			
	Pc Ind	H	Ku	ProD	
	I Ind	H		Konj Adv	
	[P Ind]	H		Präp Konj	
	[P Ind]	H			
16a	N Ind	H	Km(E) A		
	N Ind	H			
16c	—		Km(G) Ku(O)	ProD Intj	
16d	P Ind	H		ProP Adv	
	N Ind	H	Ku(O) 2× A	ProD	
19b	—		Ku(O) 2× A	Adv	

4b. Die innere Struktur

Unter stärkerer Berücksichtigung auch der Bedeutungsseite des Textes ergibt sich für die innere Struktur folgendes Bild:

1. Abschnitt	13–15	NS + Narrativ	Umstandsschilderung + „Handlung" (*'mr*)	Jahwe
		NS	Rede (geprägte Wendung)	Jahwe→ Jakob
2. Abschnitt	16.19	Narrativ	„Handlung" (*'mr*)	Jakob
		NS	Rede	Jakob
		Narrativ	„Handlung" (*qr'*)	Jakob

Die innere Struktur des Fragments ist schwer zu beurteilen, weil der Anfang des Textes verlorengegangen ist. Zu erkennen ist, daß das Fragment von den Redeteilen beherrscht ist. Die „Handlungsteile" des Textes sind insofern in die Redeteile integriert, als sie im wesentlichen nur die Redeeinsätze markieren, so daß ein Handlungsfortschritt in die Rede selbst verlegt ist bzw. durch die Redeteile bewirkt wird. Die einzige Ausnahme bildet Satz 16a, der erkennen läßt, daß vor v. 13 einzelne Handlungen beschrieben worden sind.

Das Fragment ist weiter bestimmt durch die hervorgehobene Stellung der menschlichen Konkreta, insbesondere der Gottesbezeichnungen, sowie durch die an den Schluß gesetzten Ortsnamen. Die Handlungsinitiative liegt im ersten Abschnitt bei Jahwe, im zweiten Abschnitt bei Jakob.

Die Jahwerede des ersten Abschnitts ist durch Verheißungen an Jakob geprägt (Imperfekt + Perfekta consecutiva), die sicherlich den Höhepunkt auch des vollständigen Textes gebildet haben. Ein zweiter Schwerpunkt ist in der Benennung des Ortes des Geschehens zu erkennen, die den Abschluß des Textes bildet.

5. Ziel des Fragments

Das Ziel des Fragments und wahrscheinlich auch der dem Fragment vorgegebenen Einheit ist an den Schwerpunkten des Textes am ehesten zu erkennen, so daß von zwei Zielen geredet werden muß. Hauptziel des Textes ist die Herausstellung der Land- und Nachkommenverheißung an Jakob. Ein weiteres Ziel ist die Verknüpfung dieser Verheißung mit dem Ort Betel-Lus, was auf ein Interesse des Textes an der besonderen Dignität des Ortes hinweist.

Die in der stilistischen und in der semantischen Analyse erarbeiteten geprägten Wendungen und festen Wortverbindungen weisen mindestens auf einen literarischen, wenn nicht sogar religionssoziologischen Horizont des Fragments hin. Eine endgültige Antwort auf die Frage nach dem Horizont ist allerdings erst möglich, wenn die überlieferungs- und redaktionskritische Untersuchung gezeigt hat, welchen literarischen Zusammenhängen und religiösen Kontexten die geprägten Wendungen zuzuordnen sind. Erste vorläufige Hinweise finden sich ja bereits bei der stilistischen und semantischen Analyse.

C. Gen 28,21b

whjh jhwh lj lʾlhjm

Die Erweiterung ist ein Verbalsatz. Das Verbum steht nach seinem jetzigen Zusammenhang im Perfektum consecutivum. Das Verbum *hjh* stellt im Verein mit der Dativpartikel *l* eine Relation her zwischen dem Subjekt des Satzes und seinem Objekt. Das enklitische Personalpronomen weist auf das Subjekt des vorangehenden Satzes 21a zurück und verbindet die Erweiterung mit der einfachen Einheit A. Das Subjekt des Satzes *jhwh* wiederum verknüpft die Erweiterung mit dem Fragment B, da nur dieses den Ausdruck *jhwh* verwendet. Nach seiner jetzigen Position stellt die Erweiterung den ersten Folgesatz der Bedingungssätze 20b–21a dar.

D. Gen 28,22b

wkl ʾšr ttn lj ʿśr ʾʿśrnw lk

Die Erweiterung stellt einen zusammengesetzten invertierten Verbalsatz dar, der jetzt die einfache Einheit A abschließt. Das Verbum steht im Imperfektum energicum und ist verstärkt durch Infinitivus absolutus. Das Subjekt des Satzes bzw. das Objekt des Relativsatzes sind in der 1. Person gehalten und auf diese Weise mit den vorausgehenden Sätzen verbunden. Das Objekt des Satzes (= Subjekt des Relativsatzes) steht in der 2. Person, die sonst in der einfachen Einheit A nicht begegnet. Das Fragment B verwendet zwar die Form der Anrede, jedoch nicht in der Richtung Jakob→Jahwe/Elohim, wie das die Erweiterung voraussetzt. Insofern ist die Erweiterung nur lose mit der einfachen Einheit A verbunden.

Das Verbum *ʿśr* bezeichnet das „Zehnten", eine Abgabe an Heiligtümer, die hier mit der Person des Jakob verbunden wird. Auffallend an der Formulierung ist die starke Hervorhebung der Gewißheit der Aussage.

Das Ziel dieser Erweiterung ist, die kultische Abgabe des Zehnten an das Heiligtum Betel als Teil des Gelübdes Jakobs hinzustellen. Dahinter steht ein ätiologisches Interesse.

Formen- und Gattungskritik

Gegenstand der Untersuchung ist die literarkritisch bestimmte und sprachlich analysierte einfache Einheit A (Gen 28,10–12.17–18. 20–21a.22a). Das Fragment B (Gen 28,13–16.19) kann nur mit Vorbehalt formen- und gattungskritisch analysiert werden, da seine Struktur aufgrund des bruchstückhaften Charakters nicht abschließend bestimmbar ist. Die Erweiterungen C (Gen 28,21b) und D (Gen 28,22b) sind auf dieser methodischen Ebene ohne Belang und bleiben daher außer Betracht.

Nachdrücklich ist auf die in § 7 beschriebene Forschungslage hinzuweisen: Sie erlaubt nur bedingt ein Vorgehen, das an den dort aufgestellten methodischen Grundsätzen orientiert ist. Vorerst wird in der Praxis des wissenschaftlichen Alltags – zumal des Studenten – notgedrungen ein Verfahren geübt werden müssen, das von den vorliegenden Gattungsbestimmungen ausgeht und sie mit solchen Gattungsbeschreibungen vergleicht, die aufgrund der modernen Sprachwissenschaft entstanden sind. Zweckmäßigerweise wird dabei der methodische Schritt der Formenkritik mit dem der Gattungskritik verbunden.

A. Gen 28,10–12.17–18.20–21a.22a

1. Die Bestimmung der Gattung

a) *Strukturvergleich.* Die Gattung der vorliegenden Texteinheit wird in der wissenschaftlichen Literatur unterschiedlich bestimmt. Sie wird als Heiligtumslegende[154], kultische Sage[155], Kultgründungssage[156] oder

[154] So z.B. (E. Sellin–)G. Fohrer a.a.O. (Anm. 14) 99.
[155] So z.B. O. Kaiser a.a.O. (Anm. 83) 54.
[156] So z.B. K. Koch a.a.O. (Anm. 81) 187.

Kultgründersage[157] bezeichnet, ohne daß je formale Kriterien für die einzelne Bestimmung genannt würden. Vielmehr geschehen alle diese Gattungsbeschreibungen in (ausdrücklichem) Anschluß an H. Gunkel[158], dessen gattungskritische Ergebnisse mitsamt der verwendeten Terminologie aufgenommen und nur wenig modifiziert werden. In diesem Verfahren wird das Dilemma der gegenwärtigen Gattungsforschung deutlich, die den Mangel an Formalkriterien durch die Intuition der Wissenschaftler ersetzt[159]. Es ist allerdings festzuhalten, daß nach allgemeiner Übereinstimmung in Gen 28,10ff. eine *Erzählung* vorliegt. Dieses Ergebnis gilt es im folgenden auf seine Tragfähigkeit hin zu überprüfen und gegebenenfalls zu modifizieren bzw. zu spezifizieren. Dazu wird das Strukturmuster der vorliegenden Form daraufhin untersucht, ob es die für die Gattung der Erzählung typischen Elemente aufweist.

Folgende Kriterien, die für die Gattung der Erzählung konstitutiv sind[160], finden sich in der vorliegenden Form: a) Deutlicher Einsatz und Schluß: Während die einleitende Exposition die handelnde Hauptperson, Jakob, einführt und den weiteren geographischen Rahmen des Geschehens absteckt, ist der Schluß eine ätiologische Notiz. b) Deutliche Gliederung des Aufbaus, in diesem Fall durch den Wechsel von Handlung und Rede, wobei sich das Korpus in zwei Abschnitte (szenische Zweiheit) gliedert. c) Angabe von Umständen in der Gestalt von Nominal- bzw. Partizipialsätzen, nicht in Narrativen der Verbalsätze. d) Vorherrschen der Narrative: Der gedrängte verbale Stil vermittelt den Eindruck einer rasch voranschreitenden Handlung. e) Es mangelt an Formeln und kategorischen Aussagen.

Insofern diese Kriterien für die einfache Einheit A zutreffen, handelt es sich bei ihr um eine *Erzählung*. Doch andere – für diese Gattung ebenfalls typische – Elemente fehlen, so die Dreizahl der Personen und das Gespräch (dafür Rede). Statt dessen begegnen Strukturelemente der Gattung *Bericht*[161]: das Interesse an geographischer Fixierung und sachlichen Einzelheiten sowie die Konzentration auf die Hauptperson

---

[157] So z.B. C. Westermann, Arten der Erzählung in der Genesis, in: Forschung am Alten Testament, Gesammelte Studien, 1964, 83.

[158] H. Gunkel a.a.O. (Anm. 39) VIIff.; ders., Die israelitische Literatur, in: Kultur der Gegenwart I, 7, 1925, 15ff.

[159] Zur Kritik eines solchen Verfahrens s. W. Richter, Traditionsgeschichtliche Untersuchungen zum Richterbuch, 1963, 344–353.

[160] S. W. Richter a.a.O. (Anm. 6) 376–378.

[161] S. W. Richter a.a.O. (Anm. 6) 378f.

Jakob. So stellt die fragliche Einheit der Gattung nach eine Erzählung dar, die zum Bericht tendiert. Dieses Ergebnis entspricht dem in der sprachlichen Analyse erarbeiteten informativen Ziel des Textes.

b) *Gattungsbezeichnung.* Berücksichtigt man die Bedeutung der Einheit, so läßt sich die Gattung noch näher bestimmen. Bemerkenswert ist auf der einen Seite das häufige Vorkommen von religiösen Ausdrükken, die heilige Gegenstände o.ä. bezeichnen. Auf der anderen Seite fällt der Aufbau des Textes auf: Während der erste Abschnitt (v. 11f.17) aus dem geographischen Rahmen der Exposition einen ganz bestimmten (heiligen) Ort ausgrenzt, auf den Handlungen, Traum und Rede bezogen sind, berichtet der zweite Abschnitt (v. 18.20–22*) die Konsequenzen des Geschehens für die handelnde Hauptperson, eine Patriarchengestalt. Es erscheint daher berechtigt, die Gattung als *Heiligtumserzählung* (und *Vätererzählung*) zu bezeichnen.

c) *Rahmen- und Gliedgattung.* Untersucht man den vorliegenden Text näher, so lassen sich innerhalb der analysierten Rahmengattung „Heiligtumserzählung" die beiden Gliedgattungen α) „Traumschilderung" (v. 12) und β) „Gelübde" (v. 20.21a.22a) feststellen. Ohne diese Gattungen hier im einzelnen würdigen zu wollen, lassen sich doch folgende Kriterien angeben: α) In diesem Fall finden sich als Strukturelemente der kennzeichnende Ausdruck *wjḥlm* und die Partikel *whnh*, die in Verbindung mit Partizipien zur Einleitung der Traumschilderung folgt[162]; vgl. Gen 37,5–7; 37,9; 40,9b.10f.; 40,16f.; 41,1–7; Jdc 7,13; Jes 29,8. Bei einem Vergleich des Textes mit den anderen Traumschilderungen des Alten Testaments fällt auf, daß nur hier durch den Traum die Bedeutung eines Ortes ausgedrückt wird, während in den meisten anderen Fällen der Traum ein zukünftiges Geschehen im voraus abbildet. Diese Beobachtung unterstreicht das Ergebnis, daß bis v. 17 ein Ort im Mittelpunkt steht. – β) Diese Gattung weist folgende Kennzeichen auf: Die Wendung *ndr ndr*, die häufig in Verbindung mit einem *ʾmr*-Ausdruck steht, dient als Einleitung; den Haupteil bildet ein mit der Konjunktion *ʾm* eingeführter Bedingungssatz (im Imperfekt), der durch einen Hauptsatz – häufig im Perfektum consecutivum – fortgeführt wird; vgl. Jdc 11,30f.; I Sam 1,11; II Sam 15,8. Der Bedeutung nach richtet sich das Gelübde an Gott: Der Gelobende macht von dessen Handeln sein eigenes Verhalten abhängig.

---

[162] Die Partikel *whnh* leitet in Visionsberichten (z.B. Am 7,1.4.7; 8,1) ein, was Jahwe dem Propheten zeigt; in ähnlicher Funktion wird sie auch in den Traumschilderungen verwendet.

Formeln oder eine typische Phraseologie fehlen in der Einheit, so daß von da aus kein Schluß auf ihren sozio-kulturellen Hintergrund möglich ist. So kann allein der Vergleich von Ziel und Horizont anderer Einheiten, die dieselbe Gattung wie Gen 28,10ff.* aufweisen, Hinweise für die Bestimmung des Sitzes im Leben geben. Dieses Verfahren läßt eine doppelte *Funktion* der Gattung Heiligtums- (und Väter)erzählung erkennen: die Legitimation eines Ortes als heiliger Ort einerseits und die Beschreibung religiösen Verhaltens einer Patriarchengestalt andererseits[163]. Der Sitz im Leben kann damit in national-*religiösen Kreisen* gesucht werden: Sie setzen die legitimierende Heiligtumserzählung mit der Vätergestalt Jakob in Verbindung, um auf diesem Wege einerseits religiöse Traditionen zu begründen und andererseits nationale Geschichte zu erzählen. Der Vergleich von Sitz im Leben der Gattung und Ziel der fraglichen Form bestätigt schließlich, daß in dem vorliegenden Fall die Gattung funktionstypisch verwendet worden ist.

B. Gen 28,13–16.19

Der fragmentarische Charakter des Textes macht eine eindeutige Gattungsbestimmung unmöglich. Mit diesem Vorbehalt läßt sich das Fragment gattungsmäßig als *konstruierte*[164] *Erzählung* bezeichnen, die in großer Nähe zum konstruierten Bericht steht. Dieses Ergebnis beruht auf folgenden Beobachtungen: Die Gliederung des Korpus in Szenen ist kaum wahrnehmbar. Ebenso ist das Gleichgewicht zwischen Handlung und Rede / Gespräch gestört, das Fragment wird von den Redeteilen beherrscht. Im Vokabular finden sich relativ häufig Gottesbezeichnungen, die eine gewisse Theologisierung bedingen. Das Vorkommen von Formeln und kategorialen Aussagen weist in die Nähe des Berichts. Der eher nominale Stil wirkt weitläufig.

Der Sitz im Leben ist in dem Falle eines Fragments ebenso nur mit Vorbehalt zu bestimmen. Bemerkenswert ist das Hauptziel der Einheit: die Herausstellung der Land- und Nachkommenverheißung an eine Vätergestalt. Darin kommen auf der einen Seite nationale Interessen

[163] S. o. die Bestimmung des Ziels der Einheit.

[164] Zu diesem Terminus und zur Sache s. W. RICHTER a. a. O. (Anm. 6) 395f.: „... formaler Begriff ..., der angeben sollte, daß die betreffende Einheit für einen größeren Zusammenhang verfaßt wurde ... Konstruktion bedeutet also Funktion für den Zusammenhang." Vgl. dazu Jdc 6,11b–17.

zum Ausdruck. Die Verknüpfung der Verheißung mit dem Ort Betel-Lus, die auf das Interesse des Textes an der besonderen Dignität des Ortes hinweist, läßt auf der anderen Seite religiöses Interesse erkennen. Als sozio-kultureller Hintergrund sind damit wahrscheinlich *national*-religiöse *Kreise* anzunehmen, die das Fragment vor allem zur Begründung ihrer Ansprüche verfaßten.

Motiv- und Traditionskritik

A. Gen 28,10–12.17–18.20–21a.22a

1. Feststellung der geprägten Bedeutungssyndrome

In der einfachen Einheit A finden sich folgende geprägte Bedeutungssyndrome:

a) Furcht angesichts der Nähe des Göttlichen (v. 17); vgl. dazu z.B. Ex 3,6; Jdc 6,21f.

b) Aufrichtung einer Mazzebe (v. 18); vgl. dazu z.B. Gen 31,45; 35,14; Ex 24,4; I Sam 7,12.

c) Sollte die Überlieferungskritik zu dem Ergebnis führen, daß die Schilderung vom Traum in Betel schon vor der Entstehung der einfachen Einheit A existierte, so liegt auch in dieser Traumschilderung ein geprägtes Bedeutungssyndrom vor, da es sich bei ihr dann um eine Tradition handelt (Legitimationsinteresse).

Für die unter a und b genannten Bedeutungssyndrome ergibt sich die Geprägtheit daraus, daß sie in mehreren voneinander unabhängigen Einheiten auftreten. Falls sich das unter c genannte Bedeutungssyndrom als Tradition erweist, so ergibt sich daraus auch seine Geprägtheit, da alle Traditionen zugleich geprägte Bedeutungssyndrome sind.

2. Klassifizierung der geprägten Bedeutungssyndrome

a) Im augenblicklichen Stadium der Exegese läßt sich für keines der geprägten Bedeutungssyndrome der einfachen Einheit A feststellen, daß bereits vor Entstehung der einfachen Einheit A Überlieferungsinteresse eines Tradentenkreises an ihnen bestand, es sich also um eine Tradition handelt. Möglicherweise wird jedoch die Überlieferungskritik zeigen, daß das geprägte Bedeutungssyndrom „Aufrichtung einer Mazzebe“ in die einfache Einheit A schon in der konkreten Gestalt „Aufrichtung einer Mazzebe am Ort des späteren Heiligtums Betel" übernommen wurde. In diesem Fall wäre das genannte Bedeutungssyndrom schon vor der Entstehung der einfachen Einheit A Tradition gewesen.

Falls die Überlieferungskritik weiter zu dem Ergebnis kommt, daß die Schilderung vom Traum in Betel schon vor Entstehen der einfachen Einheit A existiert hat, liegt auch in ihr eine Tradition vor, da Überlieferungsinteresse eines Tradentenkreises wahrscheinlich ist (das Bedeutungssyndrom dient der Legitimation).

b) Motive finden sich unter den geprägten Bedeutungssyndromen der einfachen Einheit A nicht, da keines den für ein Motiv kennzeichnenden Hinweischarakter hat.

c) Erweist sich das geprägte Bedeutungssyndrom „Aufrichtung einer Mazzebe" in der einfachen Einheit A nicht noch durch Erhebungen der Überlieferungskritik als Tradition, so ist es als geprägtes Thema zu klassifizieren, da es auch selbständig existieren könnte. Dagegen tritt das geprägte Bedeutungssyndrom „Furcht angesichts der Nähe des Göttlichen" nicht selbständig auf. Es setzt voraus, daß von einer Gottesoffenbarung erzählt wurde, angesichts derer der Mensch in Furcht gerät. Es liegt also ein geprägter Zug vor.

3. *Funktion der geprägten Bedeutungssyndrome*

Mazzeben sind über ihre ursprüngliche Bedeutung als Steine, die eine Gottheit repräsentieren[165], hinaus Denksteine, die meist – aber nicht immer, vgl. II Sam 18,18 – an ein in religiöser Hinsicht bedeutsames Geschehen erinnern sollen: an eine Gotteserscheinung (Gen 28,18; 35,14), einen Sieg durch göttliche Hilfe (I Sam 7,12), ein Abkommen mit einem Menschen, dessen Zeuge Gott ist (Gen 31,45). Sie verknüpfen also ein denkwürdiges Ereignis mit einem bestimmten Ort. Die Mazzebe, die Jakob aufrichtet (v. 18), markiert den Ort, dessen besondere Bedeutung im Traum (v. 12) zutage getreten war. Zu beachten ist, daß in Gen 35,14 nochmals erzählt wird, daß Jakob in Betel eine Mazzebe aufgerichtet und gesalbt hat.

Der geprägte Zug „Furcht angesichts der Nähe des Göttlichen" beschreibt meist die erste Reaktion des Menschen auf eine Gottesoffenbarung (Ex 3,6; Jdc 6,22f.; vgl. auch Jes 6,5). In Gen 28,17 sprechen der geprägte Zug „Furcht angesichts der Nähe des Göttlichen" und

---

[165] S. o. 183.

die inhaltlich damit zusammenhängende Aussage Jakobs (*mh-nwr' hmqwm hzh ...*) zugleich aus, was das Traumerlebnis für die Bedeutsamkeit des Ortes besagt.

4. Bedeutung der geprägten Bedeutungssyndrome für die Bestimmung des sozio-kulturellen Hintergrundes

Für die genauere Bestimmung des sozio-kulturellen Hintergrundes ist bedeutsam, daß offensichtlich Mazzeben positiv eingeschätzt werden. Negative Beurteilung der Mazzeben findet sich im Alten Testament vor allem bei den Propheten (z.B. Hos 10,1f.), im Dtn (z.B. Dtn 7,5; 16,22) und in der vom Dtn beeinflußten Geschichtsschreibung (z.B. II Reg 17,10)[166]. Positive Einschätzung ist dort zu erwarten, wo man einer Beeinflussung des Jahweglaubens durch die kanaanäische Religion aufgeschlossen gegenüberstand und zu einer synkretistischen Durchdringung von Jahweglauben und kanaanäischer Religion tendierte. Eine solche Tendenz bestand in der Königszeit in den Kreisen, die einen in sich gefestigten israelitischen Staat in Palästina schaffen wollten, in den auch die kanaanäische Vorbevölkerung voll eingegliedert sein sollte. Es ist in diesem Zusammenhang interessant, daß an der oben (s. Abschnitt 3) genannten Stelle I Sam 7,12 das Wort „Mazzebe" vermieden ist, obwohl sachlich von einer solchen die Rede ist.

B. Gen 28,13–16.19

1. Feststellung der geprägten Bedeutungssyndrome

Im Fragment B finden sich die im folgenden genannten geprägten Bedeutungssyndrome, deren Geprägtheit aus ihrem Auftreten in mehreren voneinander unabhängigen Einheiten hervorgeht. Die Unabhängigkeit der Einheiten voneinander kann hier nicht jedesmal begründet werden. Sie wird als ein Ergebnis der bisherigen Forschung an diesen Texten übernommen.

a) Selbstvorstellung Jahwes mit der Wendung „Ich bin Jahwe", verbunden mit der Selbstbezeichnung „der Gott deines Vaters Abraham und der Gott Isaaks" (v. 13a). Vgl. dazu z.B. Gen 15,7; 26,24; 31,11;

---

[166] Vgl. dazu L. DELEKAT, Massebe, in: BHH II, 1169.

Ex 3,6; außerdem finden sich ähnliche Wendungen häufig in Ez, Dtjes und im Heiligkeitsgesetz[167].

b) Verheißung v. 13b–15, die eine Kombination mehrerer Verheißungen darstellt. Im einzelnen sind zu unterscheiden:

Landverheißung (v. 13b); vgl. Gen 12,7; 13,14f. (besonders eng mit Gen 28,13b verwandt); 15,7.18; 24,7; 50,24.

Verheißung großer Nachkommenschaft (v. 14a); vgl. Gen 12,2; 13,16 (besonders eng mit Gen 28,14a verwandt); 15,5; 16,10; 17,16.20; 22,17; 26,24.

Verheißung, ein Segensträger zu werden (v. 14b); vgl. Gen 12,4 (wörtlich mit Gen 28,14b identisch); 22,18.

Verheißung des Mit-Seins Jahwes (v. 15); vgl. Gen 26,3.24; Ex 3,12; Dtn 31,23; Jos 7,12; Jdc 6,12; Jes 43,2.5; u.ö.[168].

c) Vergleich einer großen Zahl von Menschen mit dem Staub (v. 14a); vgl. Gen 13,16; Num 23,10; I Chr 1,9.

d) Benennung eines Ortes (v. 19); vgl. z.B. Gen 16,14; 22,14.

2. *Klassifizierung der geprägten Bedeutungssyndrome*

a) Eine Tradition liegt in den Verheißungen vor, da sie der Legitimation dienen. Legitimiert werden der Landbesitz durch die Landverheißung und der national-religiöse Anspruch des Volkes durch die drei anderen Verheißungen. Da „Werte" des ganzen Volkes bzw. – falls die Verheißungen schon existierten, bevor die einzelnen Sippen und Stämme zu einem Volk zusammengewachsen waren – der ganzen Sippe oder des ganzen Stammes legitimiert werden, ist das ganze Volk bzw. die ganze Sippe oder der ganze Stamm der Tradentenkreis, dem an der Überlieferung dieser Tradition gelegen war. Dies wird durch Dtn 6,10 bestätigt.

b) Ein Motiv liegt vor im Vergleich einer großen Zahl von Menschen mit dem Staub (v. 14a). Das Motivthema, auf das das Motiv weist, ist die ungeheuer große Zahl der Menschen, in Gen 28,14a: der Nachkommen Jakobs. Dasselbe Motiv findet sich Gen 13,16.

c) In der Selbstvorstellung Jahwes und in der Benennung des Ortes liegen geprägte Züge vor, da diese im Alten Testament nicht selbständig vorkommen und auch kaum selbständig vorkommen können. Die

[167] Vgl. hierzu K. Elliger, Ich bin Jahwe – euer Gott, in: Kleine Schriften zum Alten Testament, 1966, 211–231; W. Zimmerli, Ich bin Jahwe, in: Gottes Offenbarung, 1963, 11–40.

[168] Vgl. hierzu H. D. Preuss, „... ich will mit dir sein!", ZAW 80 (1968), 139–173.

Selbstvorstellung leitet eine Rede dessen ein, der sich vorstellt. Die Benennung eines Ortes bildet den Abschluß eines Geschehens, das sich im Namen niederschlägt, der dem Ort beigelegt wird.

3. Funktion der geprägten Bedeutungssyndrome

Die Verheißungen bilden den Höhepunkt des Fragments. Ihre Funktion wird deutlich, wenn man sich vergegenwärtigt, wem sie gegeben werden: Jakob, auf der Flucht, von seiner Sippe getrennt und also in einer für den Kleinviehnomaden gefahrvollen Vereinzelung, in eine ungewisse Zukunft unterwegs, empfängt eine jedes Maß übersteigende Verheißung. Die Funktion der Verheißung im Fragment B dürfte darin liegen, daß sie das Ziel eines von Gott gelenkten Weges mit seinem Anfang konfrontiert, der an sich zu keinerlei Hoffnung berechtigte.

Die Selbstvorstellung und Selbstbezeichnung Jahwes sollen wohl die Zuverlässigkeit der Verheißung unterstreichen[169]. Die Ortsbenennung schließlich verknüpft Gotteserscheinung und Verheißung an Jakob und seine Nachkommenschaft mit dem Ort des späteren Heiligtums Betel und erklärt so, warum dieser Ort den Namen „Betel" erhielt. Es handelt sich also um einen ätiologischen Zug.

4. Bedeutung der geprägten Bedeutungssyndrome für die Bestimmung des sozio-kulturellen Hintergrundes

Die in den Verheißungen sich aussprechende Einstellung zu Land und Volk ist ein weiterer Hinweis auf den in der Formen- und Gattungskritik erhobenen sozio-kulturellen Hintergrund. Den übrigen geprägten Bedeutungssyndromen läßt sich nichts bezüglich eines bestimmten sozio-kulturellen Hintergrundes entnehmen.

C. Gen 28,21b und D. Gen 28,22b

Gen 28,21b und 28,22b sind keine geprägten Bedeutungssyndrome und enthalten auch keine solchen.

---

[169] Zur unterschiedlichen Gestalt und Funktion der Formel „Ich bin Jahwe" vgl. die in Anm. 167 genannten Arbeiten von K. Elliger und W. Zimmerli.

Überlieferungskritik, Kompositions- und Redaktionskritik, Zeit- und Verfasserfrage

A. Gen 28,10–12.17–18.20–21a.22a

1. Überlieferungskritik

Wegen des zweifachen Höhepunktes bzw. des zweifachen Zieles des Textes – Charakterisierung eines Ortes als heiligen Ort und Beschreibung religiösen Verhaltens einer Person – entspricht der Text der in der überlieferungskritischen Methodik unter 2b angegebenen Sachlage: Neben der Beziehung auf Jakob ist ein ätiologisches Element vorhanden. Dabei ist auch zu beachten, daß der Höhepunkt des Textes in v. 17 zu erblicken ist, der die Heiligkeit des Ortes feststellt. Die Erzählung soll erklären, wie das in Israel bekannte und berühmte Heiligtum Betel überhaupt zum Kultort wurde, auf welche Weise die Heiligkeit der Stätte erkannt wurde und welche Bewandtnis es mit der Mazzebe von Betel hat. Besonders deutlich ist die Anspielung auf den Namen des Heiligtums in v. 17 und 22 (*bêt ᵓᵃlohîm*), die ätiologischen Sinn hat. Demgemäß ist eine vorliterarische Geschichte der Erzählung anzunehmen.

Schon das geschichtliche Wissen um die Existenz eines vorisraelitischen Heiligtums Betel läßt die kanaanäische Herkunft der Erzählung vermuten. Ausdrücklich ergibt sie sich aus der Erwähnung des *ᵓel bêt-ᵓel* in Gen 35,7 und vielleicht auch in 31,3, wenn der Text dort nicht zu ändern ist; denn es ist weder ein unbekannter lokaler „Gott von Betel“ noch ein „El von Betel“ gemeint, sondern der auch anderwärts erwähnte und weithin bekannte und verehrte kanaanäische „Gott Betel“[170]. Außerdem steht hinter dem auffälligen Nebeneinander von Gotteshaus und Himmelstor in v. 17 die allgemeine altorientalische Unterscheidung zwischen dem irdischen Kultort als Erscheinungsstätte der Gottheit und ihrem eigentlichen, himmlischen Wohnsitz, von dem eine Rampe oder Treppe nach unten führt. Letzteres ist jedoch keine israelitisch-alttestamentliche Vorstellung, verkörpert sich vielmehr in den babylonischen Tempeltürmen, so daß in der Erwähnung in der Erzählung wieder ein Hinweis auf eine nichtisraelitische Form der Darstellung vorliegt. Aus der Erwähnung der Mazzebe läßt sich kein Schluß

---

[170] Vgl. im einzelnen O. Eissfeldt, Der Gott Bethel, ARW 28 (1930), 1–30 (= Kleine Schriften, I 1962, 206–233).

ziehen, da Mazzeben zeitweilig auch in Israel gebräuchlich waren.

Eine jüngere israelitische Betel-Jakob-Form der Erzählung läßt sich aufgrund einer Redewendung annehmen, die an ein oder zwei anderen Stellen verwendet wird. Da diese zu derselben Quellenschicht zu rechnen sind, der nach der geltenden Auffassung auch die Erzählung von Jakobs Traum in Betel angehört, kann man sie ohne Bedenken heranziehen. Wenigstens in Gen 35,1 ist in bezug auf Jakob und Betel die Rede von dem „Gott, der dir erschienen ist". Vielleicht ist so auch in 31,3 an Stelle von „Gott Betel" zu lesen. Die daraus zu erschließende Redewendung von „dem Jakob erschienenen Gott" scheint stereotyp zu sein und möglicherweise „auf eine alte festgeprägte kultische Formel" zurückzugehen, „die speziell in Bethel gebraucht worden sein dürfte".[171] Dann bezeugt sie die in Betel erfolgte Übertragung der kanaanäischen Erzählung auf die Person Jakobs, die eine Neufassung der Darstellung nach sich ziehen mußte.

Ob die Erzählung noch weitere Stadien durchlaufen hat, bevor sie ihre endgültige Form erhielt, läßt sich aus ihr nicht erheben. Die Antwort auf die Frage danach hängt davon ab, wie man den Werdegang des Gesamtkontextes der Erzählung, d.h. der Quellenschicht des Pentateuchs / Hexateuchs, beurteilt, zu der die Erzählung gehört. Auf jeden Fall aber ist festzustellen, daß sie die kanaanäische Form in größerem Maße bewahrt hat als das Fragment B.

2. *Kompositions- und Redaktionskritik*

Die Fragestellung betrifft nur die zu exegesierende Einheit, nicht die anzunehmenden Vorformen. Die kanaanäische Vorform war eine Einzelerzählung, die keiner Sammlung oder Komposition angehörte und die wahrscheinlich auch nicht schriftlich niedergelegt war und nicht redaktionell bearbeitet werden konnte. Die israelitische Betel-Jakob-Form ist ähnlich zu beurteilen.

a) Nach der endgültigen schriftlichen Niederlegung ist die Erzählung redaktionell um die Zusätze v. 21b und 22b erweitert worden. Die erste Erweiterung sollte wahrscheinlich dem Ausgleich mit dem Fragment B dienen, in dem der Gottesname Jahwe verwendet wird. Daher ist es möglich, daß v. 21b von der Hand dessen stammt, der die beiden Texte A und B zusammengefügt hat. Die zweite Erweiterung v. 22b

---

[171] M. Noth, Überlieferungsgeschichte des Pentateuch, 1948, 87 Anm. 232.

ist von einem ätiologischen Interesse getragen: Sie soll durch die Herleitung von Jakob eine kultische Abgabe begründen und ihre Entstehung erklären; die Abgabe wird in Am 4,4 vorausgesetzt, ist aber wesentlich älter als die Zeit des Amos.

b) Die Erzählung A von Jakobs Traum in Betel ist anders als die kanaanäische Vorform keine Einzelüberlieferung mehr, sondern steht in einem umfassenden literarischen Zusammenhang. Darauf weist hin, daß Jakob nicht neu eingeführt, sondern als bekannt vorausgesetzt wird und daß auf die Beziehung Jakobs zu Betel wiederholt zurückgegriffen wird. Nun wird der Hauptteil der Überlieferung des Pentateuchs/Hexateuchs mehreren Quellenschichten zugewiesen. Die vorliegende Erzählung hat zu der Quellenschicht des Elohisten gehört, wie allein schon die Gottesbezeichnung Elohim, aber auch die Rolle des Traums in der Erzählung zeigen. Innerhalb dieser großen Komposition hat die Erzählung einen festen Platz und eine bestimmte Funktion erhalten: Sie dient der Verknüpfung des Jakob-Esau- und des Jakob-Laban-Zyklus. Sie mußte auch in irgendeiner Weise eingebaut werden, weil wenigstens ein Teil der Jakobüberlieferung an Betel haftete.

c) Die Quellenschicht des Elohisten als die Schrift, der die Einheit A angehört, ist redaktionell bearbeitet worden. Diese Bearbeitung fand statt, als sie mit der Quellenschicht zusammengefaßt wurde, der das Fragment B angehört. Dabei wurde die Erzählung auseinandergerissen und in der jetzigen Weise aufgeteilt, so daß wie üblich Teile der zu vereinigenden Texte abwechselnd aufeinander folgen konnten. Vielleicht ist bei dieser Gelegenheit die Erweiterung v. 21b hinzugefügt worden (s.o. a).

3. Zeit- und Verfasserfrage

Über die kanaanäische und israelitische Vorform läßt sich in dieser Hinsicht nichts sagen. Für Zeit und Verfasser der endgültigen schriftlichen Niederlegung aber gilt, was sich aus dem Gesamtkontext der Quellenschicht des Elohisten ergibt; die vorliegende Erzählung trägt nichts Eigenes dazu bei.

B. Gen 28,13–16.19

1. *Überlieferungskritik*

Anders als bei A ist nicht das ätiologische Element der wirkliche Höhepunkt der Erzählung. Vielmehr gilt dies für die verheißende Jahwerede – sowohl im jetzigen Fragment als auch im vollständigen Text –, während die Benennung des Ortes des Geschehens am Schluß des Textes nur einen zweiten Schwerpunkt bildet. Immerhin muß von zwei Zielen der ursprünglichen Einheit bzw. des jetzigen Fragments gesprochen werden, wie die sprachliche Analyse ergeben hat: Während das Hauptziel des Textes das Zusprechen der Land- und Nachkommenverheißung an Jakob ist, macht daneben die Verknüpfung der Verheißung mit Betel außerdem das Interesse des Textes an der Heiligkeit der Stätte deutlich. Diese Doppelheit entspricht wie bei A der Sachlage, die in der überlieferungskritischen Methodik unter 2b angegeben ist: Neben der Beziehung auf Jakob, dem die Verheißung gegeben wird, findet sich ein ätiologisches Element. Es ist die neue Benennung der Stätte – Betel an Stelle von Lus – aufgrund der Erscheinung und Verheißung Jahwes. (Bei der Zeit- und Verfasserfrage muß auf die Umbenennung nochmals zurückgegriffen werden.)

Daß auch das Fragment B an die alte kanaanäische Erzählung anknüpft, die bei A festzustellen war, ergibt sich aus der Spannung zwischen v. 16 und 19. Ungeachtet dessen, daß die kanaanäische Gottheit von Betel der gleichnamige Gott war, besteht zwischen dem Namen des dem Jakob erscheinenden Gottes *Jahwe* und dem daraufhin der Stätte verliehenen Namen *Betel*, den man auch als El-haltig verstehen konnte, keine Übereinstimmung. Sonst hätte der Name der heiligen Stätte Bet-Jah(u/we) lauten müssen. Vorgegeben aber war der Name Betel, der mit einer Erscheinung des Gottes Betel erklärt worden sein muß. An seine Stelle trat später Jahwe, während der Name des Heiligtums nicht mehr geändert werden konnte.

Ist aus der kanaanäischen Erzählung nur mehr die Erkenntnis von der Gegenwart der Gottheit an der Stätte beibehalten worden, so bezeugt die Land- und Nachkommenverheißung eine tiefreichende israelitische Umformung der Überlieferung, die viel weiter geht als bei A. Diese Jakob-Form ist wegen der Existenz der Betel-Jakob-Form wohl an einer anderen Stelle als in Betel entstanden, erinnert in der Erwähnung des Vätergottes an die frühisraelitischen Sippenreligionen und führt die – wenn nicht im Wortlaut, so doch in der Sache ebenso alten – Verheißungen von Landbesitz und Nachkommenschaft an, die zum Kernbestand der Patriarchenüberlieferung gehören. Jedoch läßt sich nicht erkennen, ob dies bereits in einem Zwischenstadium vor der endgültigen Bearbeitung oder bei dieser selbst geschehen ist.

Man hat auch angenommen, daß die Land- und Nachkommenverheißung mit anderen Jakobüberlieferungen im Zusammenhang mit der aus unbekannten Gründen erfolgten Verlegung bestimmter Kulthandlungen von Sichem nach Betel gleichfalls dorthin übertragen und mit der Erzählung von der Legitimation der heiligen Stätte verbunden worden sei[172]. Jedoch gehört B wahrscheinlich der judäischen Überlieferung an, A dagegen der nordisraelitischen, die der kanaanäischen Form näher steht. Es ist wenig wahrscheinlich, daß gerade die judäische Überlieferung die „Wallfahrt von Sichem nach Betel" voraussetzen sollte und nicht die Überlieferung aus Nordisrael, wo die Wallfahrt praktiziert wurde.

2. *Kompositions- und Redaktionskritik*

Die Fragestellung betrifft nur das zu exegesierende Fragment B, nicht die anzunehmenden oder möglichen Vorformen. Für die kanaanäische Vorform gilt das zu A Gesagte. Bei der israelitischen Jakob-Form ist nicht sicher, ob es eine Vorform gegeben hat.

a) Nach der endgültigen schriftlichen Niederlegung ist die Erzählung um das letzte Wort von v. 14 erweitert worden; darüber ist in der literarkritischen Analyse das Notwendige gesagt worden. Wichtiger war die einschneidende Verkürzung am Anfang der Erzählung, durch die ihre Einleitung wegfiel. Dadurch sind die näheren Umstände der Erscheinung Jahwes unkenntlich geworden, zumal sich das Wort *ʿalâw* in v. 13a ebenso auf die in der Erzählung A erwähnte Rampe oder Treppe wie auf Jakob selbst beziehen kann, bei oder über dem Jahwe unmittelbar erschienen wäre.

b) Genauso wie die Erzählung A ist das Fragment B nicht mehr ein Teil einer Einzelüberlieferung. Vielmehr steht es bzw. stand der frühere vollständige Text wie A in einem umfassenden literarischen Zusammenhang; das bei der Besprechung von A Gesagte gilt analog. Nur ist als der literarische Zusammenhang die Quellenschicht des Jahwisten anzunehmen. Darauf weist die Verwendung des Gottesnamens Jahwe in v. 13 und 16 in Zusammenhang damit hin, daß eine Analyse von Gen 27–29 eine Aufteilung auf die Quellenschichten des Jahwisten

[172] So A. Alt, Die Wallfahrt von Sichem nach Bethel, in: In piam memoriam Alexander von Bulmerincq, 1938, 218–230 (= Kleine Schriften zur Geschichte des Volkes Israel, I 1953, 79–88). M. Noth a.a.O. schließt sich dem an.

und Elohisten ergibt – mit Ausnahme des der Priesterschrift zuzuschreibenden Abschnitts 27,46–28,9.

c) Die Quellenschicht des Jahwisten als die Schrift, der das Fragment B angehört, ist redaktionell bearbeitet worden. Diese Bearbeitung fand statt, als sie mit der Quellenschicht des Elohisten zusammengefaßt wurde, der die Erzählung A angehört. Dabei wurde B am Anfang verkürzt und der Rest in der jetzigen Weise aufgeteilt, so daß wie üblich Teile der zu vereinigenden Texte abwechselnd aufeinander folgen konnten.

3. Zeit- und Verfasserfrage

Über die kanaanäische und die mögliche israelitische Vorform läßt sich in dieser Hinsicht nichts sagen. Für Zeit und Verfasser der endgültigen schriftlichen Niederlegung gilt, was sich aus dem Gesamtkontext der Quellenschicht des Jahwisten ergibt. Ein gewisser zeitlicher Anhaltspunkt im Text ist die Benennung der Stadt Lus nach dem Heiligtum Betel. Die Stadt hat erst in israelitischer Zeit den Namen der heiligen Stätte angenommen. Wie Gen 12,8 und 13,3 noch von der räumlichen Trennung von Heiligtum und Stadt wissen, so unterscheiden Jos 16,2; 18,13 und Jdc 1,2ff. zwischen Betel und Lus. Die Notiz in Gen 28,19 stammt also nicht aus der kanaanäischen oder der frühisraelitischen Patriarchenzeit, so daß die Umbenennung in diesen Perioden erfolgt wäre. Da die Stadt erst in der israelitischen Richter- oder Königszeit den Namen des Heiligtums angenommen hat, rührt die Notiz über die Umbenennung gleichfalls aus ihr her; allerdings lag die Umbenennung zur Zeit der Abfassung schon so lange zurück, daß der Verfasser sie bedenkenlos Jakob zuschreiben konnte. Die Notiz wird daher eher aus der mittleren als aus der frühen Königszeit stammen.

Einzelauslegung und zusammenfassende Exegese

Die eingehend dargelegten Voruntersuchungen bedeuten für den Umfang der Einzelauslegung und der zusammenfassenden Exegese eine merkliche Entlastung, da vieles bereits hinreichend ausgeführt ist und nun ohne neuerliche Nennung vorausgesetzt werden kann, andere Punkte lediglich in ihren Ergebnissen aufzunehmen sind. Dennoch reicht der zur Verfügung stehende Raum nicht aus, allen noch anstehenden Fragen bis ins einzelne nachzugehen; manches könnte – vor allem bei der Einzelauslegung – noch viel ausführlicher behandelt werden, als es hier möglich ist. Allerdings ist neben der Berücksichtigung des zur Verfügung stehenden Raumes auch zu fragen, wieweit ein weiteres Verfolgen der Einzelheiten für das Verständnis des Textes noch notwendig ist.

Die praktische Ausführung von Einzelauslegung und zusammenfassender Exegese läßt sich an den Beispielen der einfachen Einheit A (Gen 28,10–12.17–18.20–21a.22a) und der Erweiterung D (Gen 28,22b) hinreichend deutlich machen. Eine Behandlung der beiden übrigen Texte Gen 28,13–16.19 (B) und Gen 28,21b (C) würde für das methodische Vorgehen keine neuen Gesichtspunkte ergeben, so daß darauf aus Raumgründen verzichtet werden soll.

A. Gen 28,10–12.17–18.20–21a.22a

1. Einzelauslegung

V. 10: Die Exposition v. 10 liefert den geographischen Rahmen, in dem die Handlung spielt, deren Hauptperson Jakob ist. Jakob wird nicht näher charakterisiert; er ist dem Hörer bzw. Leser bereits aus dem größeren literarischen Zusammenhang der elohistischen Quellenschicht als Sohn des Isaak und Enkel des Abraham bekannt. Sein Name, der wahrscheinlich ursprünglich „(Gott) möge schützen“ bedeutet[173], erfährt in Gen 27,36 (jahwistische Quellenschicht) eine volksetymologische Erklärung als Betrüger (von *ʿqb*), die im gegebenen Zusammenhang freilich ebensowenig von Belang ist (zumal sie der jahwistischen Quellenschicht angehört) wie die eigentliche Bedeutung. Auf das Problem der Jakob-Überlieferung, die wahrscheinlich aus einem ostjordanischen Jakob-Israel-Komplex und aus einer westjordanischen Jakob-Überlieferung zusammengewachsen ist, kann hier lediglich hingewiesen werden[174]. Zu Beerseba und Haran s.o. in der sprachlichen Analyse[175]. *ḥaranā* ist Bildung mit h-locale und gibt hier die Wegrichtung an, so daß zu übersetzen ist: „... und ging Richtung Haran“.

V. 11: V. 11 betont die Zufälligkeit des Ortes, auf den dann nachfolgend Handlungen, Traum und Reden bezogen sind: Jakob macht auf

[173] S. M. NOTH a.a.O. (Anm. 130) 197.

[174] Vgl. dazu G. FOHRER, Das Alte Testament. Einführung in Bibelkunde und Literatur des Alten Testaments und in Geschichte und Religion Israels, I 1969, 70.

[175] 181.

seiner Reise an der Stätte halt, zu der er bis Sonnenuntergang gelangt ist, um zu übernachten. Es ist für ihn ein Ort wie jeder andere, und auch der Stein, den er aus den herumliegenden auswählt und sich zu Häupten legt (um den Kopf darauf zu legen bzw. daran anzulehnen?), hat für ihn keine weitere Bedeutung, als daß er fürs Nachtlager geeignet erscheint. „Die Pointe der Erzählung besteht also darin, daß Jakob *zufällig* das Heilige trifft."[176] Der Name des Ortes ist nicht erwähnt; es heißt lediglich: „er gelangte an die Stätte", wobei die Determination des Nomens zu verschiedenen Deutungen Anlaß gegeben hat: „... auf *den* zum Übernachten passenden oder den rechten Ort; doch wäre auch Beziehung auf *die* nachmals so gefeierte und allbekannte *Kultstätte* von Bethel möglich."[177]

V. 12: Der Traum als Offenbarungsmittel ist bezeichnend für die elohistische Quellenschicht (vgl. Gen 20,3.6; 31,11.24), die im Unterschied zur jahwistischen Quellenschicht den Abstand zwischen Gott und Welt stärker betont und die „Unmittelbarkeit Gottes zu den Menschen, seine Erscheinungen, sein Verkehren auf Erden ... stark eingeschränkt" hat[178]. Entsprechend dieser Tendenz sieht Jakob im Traum die *mălʾ^{a}kê ʾ^{ä}lohîm*[179] „Gottesboten", die nicht geflügelt vorgestellt sind, als Mittler auf einer steinernen Treppe oder Rampe[180] zwischen Himmel und Erde herab- und hinaufsteigen; vgl. demgegenüber die jahwistische Darstellung in v. 13. Die Vorstellung einer Treppe bzw. Rampe zwischen Himmel und Erde ist nicht spezifisch israelitisch-alttestamentlich, sondern altorientalisch und hatte sichtbare Gestalt z.B. in den babylonischen Tempeltürmen (Zikkurat).

V. 17: Die Erfahrung des Heiligen bewirkt das religionsgeschichtlich häufig belegte numinose Erschauern und Erschrecken. Als heilige Stätte kann der Ort somit gleichzeitig als *nwr*ʾ „schauerlich" bezeichnet werden, weil er kraft seiner heiligen Qualität jenes numinose Erschauern hervorruft. In exilisch/nachexilischer Zeit begegnet *nwr*ʾ dann auch häufig als ein Jahwe bzw. seinem Namen beigelegtes Attribut[181]. Die auffällige doppelte Konsequenz aus dem Traumerlebnis, nämlich „dies muß Gottes Haus sein" und „dies ist das Tor des Himmels", hat sich weder als literarkritisch relevant erwiesen noch konnte sie überliefe-

---

176 H. GUNKEL a.a.O. (Anm. 39) 317.
177 G–K § 126r.
178 G. VON RAD, Das erste Buch Mose. Genesis (ATD), 1961^{6}, 18.
179 S. o. 181.
180 S. o. 183.
181 Vgl. THAT I, 769.

rungskritisch geklärt werden; sie scheint mit der altorientalischen Unterscheidung zwischen irdischem Kultort als Erscheinungsstätte der Gottheit und ihrem eigentlichen himmlischen Wohnsitz zusammenzuhängen. Allerdings bleibt bei dieser Erklärung eine auffällige Unschärfe, da Jakob eigentlich nur über die irdische Stätte seines Nachtlagers und Traumes spricht und nicht über einen Ort im Himmel. Deutlich ist, daß die erstgenannte Konsequenz aus dem Traumerlebnis („dies muß Gottes Haus – *bêt 'ælohîm* – sein") eine Anspielung auf den Namen des Heiligtums ist.

V. 18: Der nach v. 11 lediglich unter dem Gesichtspunkt des Nachtlagers aus den herumliegenden Steinen ausgesuchte Stein wird nun von Jakob als heiliger Stein, als Mazzebe[182], aufgerichtet und mit Öl übergossen, wobei wohl in der vorliegenden Gestalt der Erzählung weniger an eine Speisung des durch den Stein repräsentierten Gottes gedacht sein dürfte als an die erstmalige „Heiligung" des Steins zum kultischen Gebrauch durch Salbung (vgl. z.B. Ex 29,36; 40,9ff.)[183]. Die Erzählung stellt die Mazzebe deutlich als das eigentliche Heiligtum von Betel heraus; von der späteren negativen Einstellung zu Mazzeben (vgl. z.B. Hos 10,1f.; Mi 5,12; Dtn 7,5; 16,22) ist hier noch nichts zu spüren.

V. 20–21a.22a: nädär „Gelübde" ist seinem Wesen nach ein bedingtes Versprechen (vgl. z.B. auch Num 21,2; Jdc 11,30ff; I Sam 1,11), das im Alten Testament häufig begegnet und offensichtlich während der ganzen alttestamentlichen Zeit positiv eingeschätzt wurde. V. 20–21a nennen die – mannigfachen – Bedingungen, unter denen das Versprechen v. 22a gelten soll: Gott soll dem Jakob Schutz und Hilfe auf der Reise und eine wohlbehaltene Rückkehr in sein Vaterhaus gewähren, wobei bezüglich der Rückkehr in das Vaterhaus auch an die Schutz- und Rechtsfunktion der Sippe zu denken ist, die dem Fremden im fernen Land abgeht. Das Versprechen lautet, daß die von Jakob aufgestellte Mazzebe ein Haus Elohims werden soll. Die Anspielung auf den Namen der Kultstätte ist wie bereits in v. 17 deutlich. Welche Vorstellungen aber im vorliegenden Zusammenhang genau mit dem Versprechen verbunden sind, ist nicht mehr ganz klar zu ersehen. Weil Jakob die Stätte seines Nachtlagers als „Gottes Haus" und „Tor des Himmels" erkannt hat, richtet er nach v. 18 den Stein zu seinen Häupten als Mazzebe, als einen die Gottheit repräsentierenden Stein, auf. Dies liegt dem Versprechen bereits vor, so daß es zumindest im gegebe-

---

[182] S. o. 183.

[183] Vgl. E. KUTSCH, Salbung. II. Im AT, in: RGG V, 1331f.

nen Zusammenhang nicht bedeuten kann, daß Jakob den Stein erst nach Erfüllung der Bedingungen als Wohnung Gottes, d.h. als einen die Gottheit repräsentierenden Gegenstand, anerkennen, ja gar dazu machen will, wie v. 22a zunächst nahelegt. Vermutlich hängt die aufgezeigte Schwierigkeit damit zusammen, daß die vorliegende Einheit auf eine Überlieferungsgeschichte zurückblickt, in deren Verlauf Änderungen zu inhaltlichen Spannungen geführt haben, ohne daß sich dies überlieferungskritisch noch genauer fassen ließe. Im gegebenen Zusammenhang jedenfalls scheint das Versprechen auf den Bau des Heiligtums von Betel anzuspielen, zu dem die genannte Mazzebe als kultischer Mittelpunkt gehört.

2. *Zusammenfassende Exegese*

Die Erzählung mit dem doppelten Interesse an dem Heiligtum von Betel und der Gestalt des Jakob ist in den weiteren literarischen Horizont der elohistischen Quellenschicht eingebettet und schließt darin direkt an die Erzählung von Jakobs Betrug an Esau und den folgenden Rat der Rebekka an Jakob an, vor den Nachstellungen Esaus nach Haran zu fliehen. Jakob, der dem Hörer bzw. Leser bereits bekannt ist und darum in der Exposition der Erzählung v. 10 nicht mehr näher charakterisiert wird, übernachtet auf jener Flucht zufällig an dem Ort, wo sich das Haus Gottes und das Himmelstor befinden und wo die Stiege endet, auf der die Gottesboten vom Himmel auf die Erde gelangen und umgekehrt. Allerdings weiß Jakob zunächst nichts von der Bedeutung jenes Ortes; sie wird ihm erst durch einen Traum offenbart. Die Betonung der durch den Sonnenuntergang bedingten zufälligen Ortswahl sowie auch der Wahl des Steines für das Nachtlager soll natürlich beim Hörer bzw. Leser die göttliche Führung signalisieren. Die im Traum offenbarte Heiligkeit des Ortes löst bei Jakob ein numinoses Erschauern aus. Mit der in der Rede Jakobs (v. 17) gegebenen Charakterisierung des Ortes (ohne ausdrückliche Namennennung, aber mit einer Anspielung auf den Namen Betel) ist das Ende des ersten Erzählabschnittes (v. 11–12.17) und gleichzeitig der Höhepunkt der ganzen Erzählung erreicht.

Der zweite Erzählabschnitt (v. 18.20–21a.22a) zeigt die Konsequenzen auf, die sich für Jakob aus der im Traum erkannten und in v. 17 ausgesprochenen Bedeutung des Ortes ergeben: V. 18 berichtet von der Aufrichtung und Salbung des ihm während des Traumes zu Häupten liegenden Steines als Mazzebe und damit von der Begründung des

Ortes oder eigentlich genauer: des Steines als Heiligtum durch Jakob. Als eigener und weiterer Akt erscheint im vorliegenden Zusammenhang dann, daß „dieser Stein, den ich als Mazzebe aufgestellt habe, ein Haus Gottes werden soll" – vorausgesetzt, Gott erfüllt die in v. 20–21a gestellten Bedingungen[184]. Wahrscheinlich ist im gegebenen Zusammenhang jener zweite durch ein Gelübde in Aussicht gestellte Akt auf den Bau des Heiligtums von Betel (mit dem kultischen Mittelpunkt der Mazzebe) bezogen; „Haus Gottes" ist dabei eine Anspielung auf den Namen jenes Heiligtums. Für den Hörer bzw. Leser der Erzählung ergibt sich aus dem Bestehen des Betel-Heiligtums sowie auch aus den weiteren Jakobgeschichten, daß Gott die Bedingungen des Gelübdes erfüllt hat – eine implizite Bekräftigung der bereits durch die Traumschilderung gegebenen Legitimation des Heiligtums Betel, die beabsichtigt sein dürfte. Allerdings hat der zweite Erzählabschnitt durchaus auch Eigengewicht, indem er das religiöse Verhalten des Jakob hervorhebt.

Die Frage nach der Intention der Heiligtums- und Vätererzählung Gen 28,10–12.17–18.20–21a.22a kann nicht abschließend beantwortet werden, da praktisch nichts über den Situationshintergrund jener Erzählung bekannt ist und da auch der weitere literarische Zusammenhang der elohistischen Quellenschicht nicht auf seine Gesamtintention hin untersucht ist – ein Unterfangen, das hier nicht zu leisten ist. Die kompositorische Funktion der Erzählung zur Verknüpfung des Jakob-Esau- und des Jakob-Laban-Zyklus in der elohistischen Quellenschicht ist bestenfalls eine Nebenabsicht, die allein mit der Notiz Gen 28,10 zu erfüllen gewesen wäre. Trotz der anfänglichen Einschränkung lassen sich aber mit der gebotenen Vorsicht doch einige Gesichtspunkte zur Intention der Erzählung aufgrund der bisherigen Beobachtungen anführen.

Deutlich ist, daß die Erzählung über die Entstehung und außerordentliche Bedeutung des Heiligtums von Betel und auch speziell darüber, welche Bewandtnis es mit der dort aufgestellten Mazzebe hat. informieren und die Legitimation jenes Ortes als heiligen Ort nachweisen will. Daß dahinter die Absicht steht, bei den Lesern bzw. Hörern der Erzählung eine der Bedeutung des Heiligtums entsprechende Einstellung und Verhaltensweise zu bewirken, ist anzunehmen. Das eben Gesagte gilt wohl auch bereits für die kanaanäische Vorstufe der Erzäh-

---

[184] Auf das Problem, das das Nebeneinander von v. 18 und v. 22a aufgibt, wurde bereits in der Einzelauslegung zu v. 22a hingewiesen.

lung, die dann allerdings durch die Übertragung auf die Gestalt Jakobs als handelnde Hauptperson einen neuen Akzent erhalten hat, indem Betel als von Anfang an israelitisches Heiligtum hingestellt wird. Als Nachkommen Jakobs sollen die Israeliten durch ihren Kult in Betel gleichsam das Gelübde des Patriarchen fortsetzen.

D. Gen 28,22b

Der Halbvers erweitert das Gelübde des Jakob (v. 20–21a [.b].22a) um das Versprechen, Gott alles genau zu verzehnten, was er ihm geben wird. Die kultische Abgabe des Zehnten war im Laufe der Geschichte Wandlungen unterworfen, die sich allerdings nur mehr andeutungsweise abzeichnen[185]. Genauere Regelungen finden sich erst im Dtn und in nachexilischen Texten. Vorausgesetzt wird die Abgabe aber bereits in Am 4,4, und sie ist sicher noch wesentlich älter als die Zeit des Amos. In Gen 28,22b soll die Zehntabgabe an Betel als auf ein Gelübde des Erzvaters Jakob zurückgehend legitimiert werden.

Die auffällige Betonung der Gewißheit bzw. Genauigkeit des Verzehntens in v. 22b (*ʿăśśer ʾaʿăśśerännû*) läßt annehmen, daß der Verfasser jenes Halbverses mit der Praxis der kultischen Abgabe an Betel nicht einverstanden war und somit die Intention jener Ergänzung darin zu sehen ist, die Leser zur regelmäßigen und genauen Zehntabgabe an Betel zu bewegen. Diese Absicht liegt gewissermaßen als Erweiterung in einem speziellen Punkt ganz auf der Linie der für die einfache Einheit A erkennbaren Intention.

Theologische Kritik

1. Standort des Auslegers

Das allgemeine Vorverständnis und die Fragestellung, die im Zusammenhang der theologischen Kritik an Gen 28,10ff. herangetragen werden, brauchen im einzelnen nicht mehr entfaltet zu werden. Sie sind einmal ausführlich in § 11, I beschrieben worden, so daß der Leser in der Lage ist, den Standort des Exegeten in bezug auf die Fragestellung

---

[185] Vgl. im einzelnen H.-F. Weiss, Zehnte, in: BHH III, 2208f.; W. Schmidt, Zehnten. 2. Im AT, in: RGG VI, 1878f.; O. Eissfeldt, Erstlinge und Zehnten im Alten Testament, 1917.

auszumachen. Zum anderen ist das Vorverständnis des Auslegers von Gen 28,10ff. durch die abgeschlossene Exegese des Textes geprägt, die einen Zugang zum Verständnis seiner Sprache und Struktur, seiner Entstehung und seines Inhalts eröffnet hat. Die Ergebnisse dieser Auslegung werden hier selbstverständlich als bekannt vorausgesetzt.

Um die folgenden Überlegungen nicht zu ausführlich werden zu lassen, soll die Frage nach dem Reden von Gott im wesentlichen an die einfache Einheit Gen 28,10–12.17–18.20–21a.22a (elohistische Quellenschicht = E) gerichtet werden, ohne daß dabei das eingearbeitete Fragment 28,13–16.19 (jahwistische Quellenschicht = J) ganz aus dem Blick gerät.

2. *Die Angemessenheit der Fragestellung*

Die Verwendung der Ausdrücke „Boten Elohims", „Haus Elohims" und „Elohim" in Gen 28 (E) bzw. der Ausdrücke „Jahwe", „Gott deines Vaters Abraham" und „Gott Isaaks" in Gen 28 (J) rechtfertigen es, die Frage nach dem Reden von Gott an den Text heranzutragen und die spezifische Weise, wie in diesen Texten von Gott geredet wird, zu untersuchen.

3. *Oberflächen- und Tiefenstruktur des Textes*

In Gen 28,10–22 liegt – oberflächengrammatisch gesehen – ein unterschiedlicher Gebrauch des Ausdrucks „Elohim" vor. In Gen 28 (E) wird „Elohim" als Eigenname verwendet, da für den israelitischen Hörer bzw. Leser eine Identifizierung von „Elohim" und „Jahwe" als selbstverständlich vorausgesetzt werden darf; dazu kommt, daß „Elohim" hier in der Form des Abstraktplurals gebraucht wird.

In Gen 28 (J) hingegen dient „Elohim" innerhalb einer Kennzeichnung (Elohim = Prädikator + Abraham, Isaak = Eigennamen) der Näherbestimmung des Eigennamens Jahwe.

Schließlich ist auch der Gebrauch von Elohim als Prädikator belegt: Die Erweiterung Gen 28,21b bestimmt den Eigennamen „Jahwe" näher, indem sie Jahwe der Klasse der „Elohim" zuweist.

In Gen 28,10ff. liegt also ein doppelter Gebrauch der Ausdrücke für „Gott" vor: Sie bezeichnen einmal einen singulären Gegenstand (Nominatoren) bzw. können mehreren Gegenständen zugesprochen werden (Prädikatoren).

Innerhalb der Erzählung Gen 28 (E) werden folgende Prädikatoren Gott zugesprochen:

„Gott“ hat Boten (vgl. Jdc 11,13; I Sam 11,7 u.a.m.)

„Gott“ hat ein Haus (vgl. I Reg 17,17; I Chr 15,1 u.a.m.)

„Gott“ Mitsein Jakob (vgl. Gen 13,1; 18,16; 24,54 u.a.m.)

„Gott“ beschützt Jakob (vgl. Gen 4,9; Lev 18,4f. u.a.m.)

„Gott“ gibt Essen, Kleidung Jakob (vgl. Gen 21,14; 47,17; Jdc 8,6 u.a.m.).

Bei diesen Prädikatoren handelt es sich um sogenannte mehrstellige Prädikatoren, da sie nicht einfach nur einem Gegenstand zugesprochen werden, sondern Relationen zwischen mehreren Gegenständen herstellen. Wie die oben angeführten Beispielstellen zeigen, sind die „Gott“ zugesprochenen Prädikatoren umgangssprachliche Prädikatoren, die sowohl Menschen als auch Gott/Göttern zugesprochen werden[186]. Eine Ausnahme könnte unter Umständen der Prädikator „Mitsein“ in der hebräischen Form *hjh ʿmd* + Suffix (v. 20b) bilden, da er nur noch an zwei Stellen (Gen 31,5 E; 35,5 E) vorkommt und dort ebenfalls jeweils „Gott“ zugesprochen wird. In der gebräuchlicheren hebräischen Lautgestalt *hjh ʿm/ʾt* + Suffix jedoch wird das „Mitsein“ häufig Menschen zugesprochen[187]. Gen 28 (E) redet also von „Gott“ wie von einem Menschen. Alles, was über ihn gesagt wird, ist nur verständlich, weil es auch von Menschen gesagt werden kann. Dieser Eindruck verstärkt sich, wenn man den Charakter des Gelübdes Jakobs mit ins Auge faßt. Die Bedingungen, die Jakob „Gott“ stellt und von denen er den Bau eines Heiligtums abhängig macht, lassen „Gott“ als menschlichen Vertragspartner erscheinen.

Die Relationen, die die Prädikatoren zwischen „Gott“ und Mensch herstellen, können folgendermaßen beschrieben werden: Für den Fall, daß „Gott“ Jakob beisteht und ihm hilft, sichert Jakob „Gott“ seine Verehrung zu.

Die bisherige Beschreibung des Redens von Gott läßt den Eindruck entstehen, als ob Gen 28 (E) mit dem Fragment Gen 28 (J) auf eine Stufe gestellt würde. Dies jedoch sollte man möglichst nicht tun. Denn:

---

186 Ein Gegenbeispiel zu diesen Prädikationen stellt der Prädikator *brʾ* „schaffen“ dar, der im Alten Testament ausschließlich „Gott“ zugesprochen wird; s. THAT I, 338.

187 S. H.D. Preuss a.a.O. (Anm. 168) 154f.

In Gen 28 (J) tritt Jahwe selbst redend vor Jakob hin, handelt also selbst wie ein Mensch. Dagegen tritt Elohim in Gen 28 (E) nicht mehr selbst auf; daß Elohim mit im Spiel ist, ergibt sich nur indirekt aus der Traumschilderung und der damit verbundenen Erkenntnis der Heiligkeit des Ortes. Der Verlust der Unmittelbarkeit Gott-Mensch, wie sie in Gen 28 (J) noch vorausgesetzt ist, ist für Gen 28 (E) festzuhalten. Damit bringt aber der Text zum Ausdruck, daß von Gott nicht einfach wie von Menschen geredet werden kann, sondern eine Distanz zwischen beiden besteht, was durch den Hinweis auf Jakobs Furcht noch deutlicher gemacht werden soll. Diese Distanz läßt aber gerade Jakobs Gelübde vermissen, das ja ebenfalls zur Erzählung Gen 28 (E) hinzugehört, so daß eine leichte Spannung innerhalb des Textes von E festzuhalten ist. In der sprachlichen Analyse, in der Formen- und Gattungskritik und in der Überlieferungskritik ist auf eine Unterscheidung zwischen einer Heiligtums- und einer Vätererzählung bereits hingewiesen worden. Diese leichte Differenzierung innerhalb des Textes bestätigt sich nun auch in der theologischen Kritik.

Diese Differenz zwischen den beiden Abschnitten von Gen 28 (E) bestätigt sich, wenn man das indirekte Reden von Gott mit berücksichtigt. Es findet sich nämlich nur im ersten, stärker am Heiligtum orientierten Abschnitt der Erzählung. In der zusammenfassenden Exegese von Gen 28,10ff. ist ein Aspekt herausgestellt worden, der bei der Frage nach dem Reden von Gott nicht außer acht gelassen werden darf: „Die Betonung der durch den Sonnenuntergang bedingten zufälligen Ortswahl sowie auch der Wahl des Steines für das Nachtlager soll natürlich beim Hörer bzw. Leser die göttliche Führung signalisieren." Dieses implizite Reden von Gott entspricht durchaus der Art und Weise, wie im ersten Abschnitt der Erzählung von Gott geredet wird. Ersetzt man den erzählerischen Ausdruck des Sachverhalts durch die Prädikation „Gott führt unsichtbar Jakob", dann wird deutlich, daß der Prädikator „führen" hier uneigentlich gebraucht wird. Der Prädikator stammt zwar aus der Umgangssprache und wird dort Menschen zugesprochen; daß aber ein Mensch einen anderen unsichtbar führt, wird von Menschen normalerweise nicht mehr ausgesagt. Ähnliches gilt für den den „Gottesboten" zugesprochenen Prädikator „auf einer Treppe ab- und aufsteigen", der im Zusammenhang der Traumschilderung uneigentlich gebraucht ist, da mit einem Ab- und Aufsteigen von Menschen auf einer Treppe, die Himmel und Erde miteinander verbindet, normalerweise nicht gerechnet werden kann.

Schon diese einfache Untersuchung der verwendeten Prädikatoren hat also gezeigt, daß in Gen 28,10–22 unterschiedliche Weisen des Redens von Gott vorliegen. So redet Gen 28 (E) wenigstens im ersten Teil seiner Erzählung nicht mehr so unbefangen anthropomorph von Gott wie Gen 28 (J), sondern benützt Traumschilderungen und implizites Reden vom Führen Gottes.

Überblickt man diese Beobachtungen, so wird deutlich, daß die Erzählung Gen 28 (E) keine situationsinvarianten Aussagen über „Gott" enthält. Es fehlen Wertungen und Aussagen allgemeineren Charakters. Dies entspricht durchaus dem Redestil von Erzählungen. Dennoch darf man annehmen, daß hinter dem situationsbezogenen Reden von Gott Vorstellungen und Erwartungen stehen von dem, was „Gott" kann, wie er sich verhält und wie sich der Mensch zu „Gott" zu stellen habe. So setzt doch das Gelübde Jakobs voraus, daß „Gott" Hilfe, Beistand und Führung zugetraut wird. Offen bleibt in der Erzählung nur, ob „Gott" sie auch dem Jakob zuwendet. Darauf bezogen ist die berechnende Haltung des Jakob, die wohl als eine für den Menschen typische Haltung herausgestellt, aber im Kontext der Vätererzählungen als der Gottheit gegenüber nicht angemessen angesehen wird[188]. Demgegenüber dürfte die Furcht Jakobs angesichts der Nähe des Göttlichen als ganz natürliche und selbstverständliche Haltung der Gottheit gegenüber hingenommen worden sein.

Situationsinvariantes Reden von Gott ist also direkt aus der Erzählung nicht zu erheben. Nur die Tatsache, daß Israel seinen Väterüberlieferungen nicht allein Legitimationswert, sondern darüber hinaus religiösen Aussagewert beigemessen hat, erlaubt es, ein implizites situationsunabhängiges Reden von Gott hinter der Erzählung zu vermuten.

Aus alledem ergibt sich für das Reden von Gott in der Oberflächenstruktur: Die Verwendung der Ausdrücke für „Gott" ist nicht problematisch und wird nicht in Frage gestellt. Das Dasein „Gottes" ist ebenso selbstverständlich wie das Dasein des Jakob zum Ausdruck gebracht. Der Text Gen 28 (E) setzt „Gott" und Jakob in Beziehung zueinander und beschreibt die Beziehung im wesentlichen wie eine Beziehung zwischen Menschen. Die Beziehung selbst besteht in der indirekt ausgesprochenen Führung Jakobs durch Gott, die von Jakob jedoch nicht selbstverständlich, sondern nur auf Bewährung hin akzeptiert wird. Daran zeigt sich, daß in Gen 28 (E) nicht das Dasein Gottes, sondern sein Handeln am Menschen problematisch ist. Als Daseinsorientierung

[188] (E. SELLIN–)G. FOHRER a.a.O. (Anm. 14) 104.

ist zumindest für Jakob eine religiöse *do ut des*-Haltung zu konstatieren. Daß diese vom Erzählungskontext nicht geteilt worden sein dürfte, darauf ist schon hingewiesen worden.

Auf der Ebene der Tiefenstruktur des Textes Gen 28 (E) ist zunächst festzustellen, daß ausschließlich deskriptive Redeweise vertreten ist. Normative, ideative oder andere Redeweisen fehlen. Weiter muß gefragt werden, ob die in der Oberflächenstruktur festgestellte Verwendung des Ausdrucks „Gott" als Eigenname zutreffend ist oder nicht. Diese Überprüfung ist möglich, wenn die Einführungsbedingungen des Ausdrucks mit berücksichtigt werden. Dabei ist wesentlich, daß die Einführungsbedingungen so gewählt sind, daß sie intersubjektiv verständlich sind. Sie dürfen also nicht von Vorbedingungen abhängig gemacht werden, die ein Gesprächspartner nicht akzeptieren kann.

So reicht es nicht aus, darauf hinzuweisen, daß die Selbstverständlichkeit des Daseins Gottes für den Altorientalen und damit den Israeliten im Rahmen seines Weltbildes die Verwendung des Ausdrucks „Gott" als Eigenname verständlich mache. Das mythische Weltbild, in welchem für Götter ein fester Platz vorgesehen war, ist zerbrochen. Die Einführung des Ausdrucks „Gott" über die Klasse „Götter" kann vom heutigen Ausleger nicht mehr einfach hingenommen werden, es sei denn, er beschränkt sich auf die Verwendung der Ausdrücke als religionsgeschichtliche Termini zur distanzierten Beschreibung religiöser Phänomene.

Ebenso scheitert die Einführung des Ausdrucks „Gott" – man kann ruhig sagen selbstverständlich – auf dem Wege über Zeigehandlungen: „Dies oder jenes ist Gott". Gegenbeispiele: „Dies oder jenes ist Gott nicht" reichen ebenfalls nicht aus. Sie führen höchstens zu dem Satz: „Gott ist ganz anders", der in der Einführungssituation jedoch das Verstehen auch nicht wirklich fördert.

Welche anderen Einführungsmöglichkeiten für den Ausdruck „Gott" bietet der Text Gen 28 (E) noch an, die einem Verstehen des Wortes näher bringen können? Für die Beantwortung dieser Frage ist es wichtig zu beachten, daß der Text „erzählt" bzw. „berichtet". Er berichtet von Widerfahrnissen, Geschicken, Haltungen und Handlungen eines Menschen. Dies weist darauf hin, daß hier andere Einführungsbedingungen für den Ausdruck „Gott" eine Rolle spielen könnten als die Bedingungen der beobachtbaren Gegenstandswelt. Um der Verwendung des Ausdrucks „Gott" näher zu kommen, und zwar so daß sie verständlich und mitteilbar wird, ist es ratsam, diese Erfahrungen und Haltungen von Menschen mit heranzuziehen. Wenn in diesem

Zusammenhang von „Gott“ die Rede ist, werden häufig bestimmte Daseins- und Handlungsorientierungen angezeigt. Für Gen 28 (E) bedeutet das: Menschen sehen ihr Geschick nicht einem blinden Zufall ausgeliefert, sondern finden sich in ihrem Ergehen geborgen und begleitet. Sofern das Reden von Gott diese Orientierung anzeigt, ist der Ausdruck „Gott“ als Indikator anzusehen, wird also über solche Orientierungen eingeführt.

Eine solche Daseinsorientierung gewinnt man – und dieser Auffassung ist offenbar auch der Text – u.a. aufgrund von Erfahrungen, die als Widerfahrnisse von Gott her ausgelegt werden. Der Text versteht Jakobs Traum als eine Gottesbegegnung. Er führt also den Ausdruck „Gott“ nicht nur über eine Daseinsorientierung, sondern auch über bestimmte Erfahrungen ein. Wie können aber solche Erfahrungen und damit das Reden von Gott in ihnen verständlich vermittelt werden? Welchen Stellenwert und welche Funktion haben in solchen Erfahrungen die Aussagen über Gott? Handelt es sich bloß um Fiktionen oder um Bilder? Selbst für Jakob war die Erfahrung, die er machte, nach der Erzählung jedenfalls, nicht so eindeutig, daß sie ihn zur sofortigen Annahme einer bestimmten Daseinsorientierung veranlaßt hätte[189]. Zur Verständigung über solche Erfahrungen gehört es, die Bedingungen anzugeben, unter denen solche Erfahrungen gemacht werden können. Hierzu könnten die folgenden Bedingungen gehören: Situationen, die zu solchen Erfahrungen führen, können nicht beliebig fingiert werden, um in der Distanz des Zuschauers ihre Zuverlässigkeit zu überprüfen; die Erfahrungen sind in einem engen Zusammenhang mit bestimmten Daseins- und Handlungsorientierungen zu sehen, wahrscheinlich sind sie überhaupt nur im Bemühen um die Verwirklichung solcher Orientierung zu machen; die Konsequenzen aus solchen Erfahrungen sind wiederum an bestimmten Daseins- und Handlungsorientierungen zu überprüfen. Ein Dialog und eine Verständigung über solche Erfahrungen setzt meist eine gemeinsame Praxis der Dialogpartner voraus.

Für den Erzähler scheinen die Bedingungen für eine solche Erfahrung erfüllt zu sein, in deren Zusammenhang von „Gott“ geredet wird. Jakob ist an seinem Traumerlebnis persönlich beteiligt; die Reaktion auf es entspricht den Erwartungen, die an eine solche Erfahrung gerichtet werden: Er fürchtet sich angesichts der Nähe des Göttlichen und voll-

---

189 Träume als „Offenbarungen“ Gottes werden später auch von Jeremia erheblich in Frage gestellt (Jer 23,25–32), offenbar weil die Kriterien dafür, daß sie von Gott kommen, nicht klar genug waren.

zieht einen entsprechenden kultischen Akt; schließlich läßt er sich – wenn auch zunächst nur mit Einschränkungen – auf eine bestimmte Daseinsorientierung ein. Die Traumerfahrung, als Offenbarung einer Gottheit im Alten Orient durchaus geläufig, wird dem israelitischen Erzähler erst durch ihre Bindung an eine bestimmte Daseinsorientierung zu einem zuverlässigen Widerfahrnis Gottes.

Wichtig ist für die Interpretation des Redens von Gott in diesem Zusammenhang, daß innerhalb der Sprachkonvention solcher Erfahrungen „Gott“ nicht nur als Indikator für bestimmte Daseins- und Handlungsorientierungen, sondern auch als Eigenname begegnet. Es wird in diesem Zusammenhang von „Gott“ geredet, weil er als „Gegenüber“ erfahren wird, das zu einer bestimmten Daseins- und Handlungsorientierung instandsetzt bzw. aus anderen Daseins- und Handlungsorientierungen herausholt.

Nach Gen 28 (E) ist ein solcher Umbruch aufgrund der geschilderten besonderen Erfahrung zumindest initiiert worden. Für den heutigen Ausleger ist damit wenigstens soviel verständlich, daß mit dem Reden von Gott in Gen 28 (E) eine Daseinsorientierung zum Ausdruck gebracht wird, deren Hauptaspekt das „Geführtsein“ ist, und daß mit dem Reden von Gott innerhalb bestimmter Erfahrungen auf denjenigen verwiesen wird, der zur Verwirklichung dieser Orientierung verhilft.

Mit diesen kurzen Überlegungen sind jedoch noch längst nicht alle Fragen beantwortet, die sich im Rahmen einer theologischen Kritik stellen könnten. Offen bleiben z.B. Fragen wie: Welche Daseinsorientierung steht hinter dem Text, wenn man seine Legitimationsfunktion für ein bestimmtes Heiligtum ins Auge faßt? Welche Einstellungen zum „Land“ sind zu erkennen, wenn man die Überlieferungsgeschichte des Textes (Übergang von kanaanäischer zu israelitischer Heiligtumserzählung) berücksichtigt? Welche theologische Bedeutung kommt der Erzählung als für Israel wichtige Väterüberlieferung zu? Schließlich sollte auch noch ein Vergleich mit anderen Daseins- und Handlungsorientierungen des Alten Testaments und der christlichen Tradition angestellt werden.

4. Die weiteren Bezüge des Redens von Gott

Es ist schon mehrfach darauf hingewiesen worden, daß der Text Gen 28,10ff. auch in seinem Reden von Gott dem altorientalischen Weltbild verhaftet ist. Besonders deutlich kommt dies in der Traumschilderung zum Ausdruck, die ohne Kritik und völlig selbstverständlich von der mythischen Sprache der Umwelt Gebrauch macht. In diesem Kontext gesehen hat das Reden von Gott geradezu „wissenschaftlichen" Charakter, indem es zur Erklärung der Welt herangezogen wird.

Die Selbstverständlichkeit, mit der die Traumschilderung überliefert worden ist, macht deutlich, daß menschliche Erfahrungen nie exklusiven Charakter tragen, sondern, indem sie zur Sprache gebracht werden, im Gewand bestimmter Sprachkonventionen erscheinen, die durch die Vorstellungswelt der jeweiligen Zeit geprägt sind. Mit der Änderung der Sprachkonvention, die sich meist aufgrund veränderten Umweltverstehens vollzieht, ändert sich auch das Sprachgewand berichteter Erfahrungen. Diese enge Verknüpfung von Erfahrung und Sprachkonvention macht ein Verstehen vergangener Erfahrungen besonders schwer. Um so wichtiger ist es darum, nach Kriterien für die Beurteilung von Erfahrungen zu fragen, ohne die eine Verständigung kaum erreicht werden kann. Für Gen 28 (E) ist das oben versucht worden.

5. Überprüfung und Korrektur des Vorverständnisses

Die theologische Kritik von Gen 28 hat das Vorverständnis insofern etwas zurechtgerückt, als die Selbstverständlichkeit, mit der Exegeten von Gott reden, erheblich in Frage gestellt ist. Die Komplexität der Problematik mahnt zur Vorsicht im Aufstellen theologischer Behauptungen. Vor allem dürfte es für den Exegeten nicht ganz einfach sein, sich in die Zeit des Erzählers zurückzuversetzen und zu behaupten, er verstünde z.B. vom Standpunkt des Jakob aus dessen Verhalten. Umgekehrt scheinen sich bestimmte Fragestellungen bewährt zu haben, so die Fragen nach Kriterien für die Verständigung über Erfahrungen oder nach den Einführungsbedingungen bestimmter Ausdrücke.

§ 13 Hilfsmittel und Literatur

I. Zum Text

1. Textausgaben, Übersetzungen, Textgeschichte

Biblia Hebraica, ed. R. Kittel, 1937[3] (BHK)
Biblia Hebraica Stuttgartensia, ed. K. Elliger-W. Rudolph, 1968ff. (BHS)
Biblia Sacra iuxta Vulgatam versionem, ed. R. Weber, I–II 1969
Septuaginta, Vetus Testamentum Graecum, Auctoritate Societatis Litterarum Gottingensis editum, 1931ff.
Septuaginta, ed. A. Rahlfs, I–II 1935 (1965[8])

Die Apokryphen und Pseudepigraphen des Alten Testaments, hg. von E. KAUTZSCH, I–II 1900 (Nachdrucke 1921, 1962)
Die Heilige Schrift des Alten Testaments, hg. von E. KAUTZSCH–A. BERTHOLET, I 1922⁴, II 1923⁴ (Nachdruck 1971)
Jüdische Schriften aus hellenistisch-römischer Zeit, hg. von W. KÜMMEL, 1973 ff.
B. J. ROBERTS, The Old Testament Text and Versions. The Hebrew Text in Transmission and the History of the Ancient Versions, 1951

M. NOTH, Die Welt des Alten Testaments. Einführung in die Grenzgebiete der alttestamentlichen Wissenschaft, 1962⁴, 267–321
E. WÜRTHWEIN, Der Text des Alten Testaments. Eine Einführung in die Biblia Hebraica, 1973⁴

2. *Lexika*

L. KÖHLER–W. BAUMGARTNER, Lexicon in Veteris Testamenti Libros, 1953 (1958, mit Supplementum)
W. BAUMGARTNER–B. HARTMANN–E. Y. KUTSCHER, Hebräisches und aramäisches Lexikon zum Alten Testament, Lieferung I, 1967
W. GESENIUS–F. BUHL, Hebräisches und aramäisches Handwörterbuch über das Alte Testament, 1915¹⁷ (Nachdruck 1962)
G. FOHRER–H. W. HOFFMANN–F. HUBER–J. VOLLMER–G. WANKE, Hebräisches und aramäisches Wörterbuch zum Alten Testament, 1971
E. VOGT, Lexicon Linguae Aramaicae Veteris Testamenti, 1971

3. *Grammatiken*

H. BAUER–P. LEANDER, Historische Grammatik der hebräischen Sprache des Alten Testaments. Mit einem Beitrag von P. KAHLE, I 1922 (Nachdrucke 1962, 1965)
H. BAUER–P. LEANDER, Grammatik des Biblisch-Aramäischen, 1927
K. BEYER, Althebräische Grammatik. Laut- und Formenlehre, 1969
W. GESENIUS–E. KAUTZSCH, Hebräische Grammatik, 1909²⁸ (gemeinsam mit der Hebräischen Grammatik von G. BERGSTRÄSSER, 1918, nachgedruckt 1962) (G–K)
R. MEYER, Hebräische Grammatik, I 1966³, II 1969³, III 1972³, IV 1972³

Einzelnes:
K. BEYER, Semitische Syntax im Neuen Testament, I 1962
C. BROCKELMANN, Hebräische Syntax, 1956
E. JENNI, Das hebräische Piel. Syntaktisch-semasiologische Untersuchung einer Verbalform im Alten Testament, 1968
P. KUSTÁR, Aspekt im Hebräischen, 1972
D. MICHEL, Tempora und Satzstellung in den Psalmen, 1960
K. OBERHUBER, Zur Syntax des Richterbuches: Der einfache Nominalsatz und die sog. nominale Apposition, VT 3 (1953), 2–45
W. RICHTER, Traditionsgeschichtliche Untersuchungen zum Richterbuch, 1966², 353–383
O. RÖSSLER, Die Präfixkonjugation Qal der Verba I^{ae} Nûn im Althebräischen und das Problem der sogenannten Tempora, ZAW 74 (1962), 125–141

4. *Konkordanzen*

E. Hatch–H. A. Redpath, A Concordance to the Septuagint, I–II 1897, Supplement 1906 (1954)
G. Lisowsky (–L. Rost), Konkordanz zum hebräischen Alten Testament, 1966²
S. Mandelkern, Veteris Testamenti Concordantiae Hebraicae atque Chaldaicae, 1896 (1937²/Nachdruck 1955)

II. Zur Exegese

5. *Kommentarreihen zum Alten Testament*

Biblischer Kommentar. Altes Testament, hg. von M. Noth–S. Herrmann–H. W. Wolff, 1955ff. (BK)
Commentaire de l'Ancien Testament, ed. R. Martin–Achard, 1963ff.
Handbuch zum Alten Testament, hg. von O. Eissfeldt, 1934ff. (HAT)
Handkommentar zum Alten Testament, hg. von W. Nowack, 1892ff. (HK)
The International Critical Commentary, ed. S. R. Driver–A. Plummer–C. A. Briggs, 1895ff. (ICC)
Kommentar zum Alten Testament, hg. von E. Sellin, 1913ff., neu hg. von W. Rudolph–K. Elliger–F. Hesse, 1962ff. (KAT)
Kurzer Hand-Commentar zum Alten Testament, hg. von K. Marti, 1897ff. (KHC)
Das Alte Testament Deutsch, hg. von V. Herntrich–A. Weiser, 1949ff. (ATD)
The Anchor Bible, ed. W. F. Albright–D. N. Freedman, 1964ff.
The Century Bible (New Edition), ed. H. H. Rowley–M. Black, 1967ff.
The Interpreter's Bible, 1952ff. (IB)
Die Schriften des Alten Testaments, hg. von H. Gressmann–H. Gunkel–M. Haller–H. Schmidt–W. Stärk–P. Volz, 1920ff. (SAT)
Zürcher Bibelkommentare, hg. von G. Fohrer–H. H. Schmid–S. Schulz, 1944ff.

6. *Methodik der Exegese*

H. Barth–O. H. Steck, Exegese des Alten Testaments. Leitfaden der Methodik, 1972³
H. Gunkel, Ziele und Methoden der Erklärung des Alten Testaments, in: Reden und Aufsätze, 1913, 11–29
O. Kaiser, Die alttestamentliche Exegese, in: Einführung in die exegetischen Methoden, unter Mitarbeit von O. Kaiser, W. G. Kümmel und G. Adam hg. in Verbindung mit dem Verband Deutscher Studentenschaften (Fachverband Evangelische Theologie), 1969⁴, 9–37
K. Koch, Was ist Formgeschichte? Neue Wege der Bibelexegese, 1967²
H.-J. Kraus, Geschichte der historisch-kritischen Erforschung des Alten Testaments von der Reformation bis zur Gegenwart, 1969²
W. Richter, Exegese als Literaturwissenschaft. Entwurf einer alttestamentlichen Literaturtheorie und Methodologie, 1971
J. Schreiner (Hg.), Einführung in die Methoden der Biblischen Exegese, 1971

7. *Wortexegese*

J. Barr, Bibelexegese und moderne Semantik. Theologische und linguistische Methode in der Bibelwissenschaft, 1965
E. Jenni–C. Westermann (Hg.), Theologisches Handwörterbuch zum Alten Testament, I 1971 (THAT)
Theologisches Wörterbuch zum Alten Testament, hg. von G. J. Botterweck–H. Ringgren, 1970ff. (ThWAT)
Theologisches Wörterbuch zum Neuen Testament, begründet von G. Kittel, hg. von G. Friedrich, I–VIII 1933–1969 (ThWNT)

8. *Hermeneutik*

R. Bultmann, Das Problem der Hermeneutik, ZThK 47 (1950), 47–69 (= Glauben und Verstehen, II 1952, 211ff.)
G. Ebeling, Hermeneutik, in: RGG, III 1959[3], 242–262 (mit weiteren Literaturangaben)
G. Fohrer, Theologische Grundstrukturen des Alten Testaments, 1972
H.-G. Gadamer, Wahrheit und Methode. Grundzüge einer philosophischen Hermeneutik, 1965[2]
H.-J. Kraus, Geschichte der historisch-kritischen Erforschung des Alten Testaments von der Reformation bis zur Gegenwart, 1969[2]
K. Lehmann, Der hermeneutische Horizont der historisch-kritischen Exegese, in: Einführung in die Methoden der biblischen Exegese, hg. von J. Schreiner, 1971, 40–80
O. Loretz–W. Strolz (Hg.), Die hermeneutische Frage in der Theologie, 1968
C. Westermann (Hg.), Probleme alttestamentlicher Hermeneutik. Aufsätze zum Verstehen des Alten Testaments, 1963[2] (mit weiteren Literaturangaben)
H. W. Wolff, Das Alte Testament und das Problem der existentialen Interpretation, EvTh 23 (1963), 1–17

III. Weitere Literatur

9. *Umwelt Israels*

A. Politische Geschichte

Fischer Weltgeschichte 2–4: Die Altorientalischen Reiche I–III, hg. von E. Cassin, J. Bottéro und J. Vercoutter, 1965–1967
Fischer Weltgeschichte 5: Griechen und Perser. Die Mittelmeerwelt im Altertum I, hg. von H. Bengtson, 1967
Fischer Weltgeschichte 6: Der Hellenismus und der Aufstieg Roms. Die Mittelmeerwelt im Altertum II, hg. von P. Grimal, 1967
K. Galling, Textbuch zur Geschichte Israels, 1968[2]
A. Goetze, Kleinasien, 1957[2]
H. Gressmann (Hg.), Altorientalische Bilder zum Alten Testament, 1927[2]
H. Gressmann (Hg.), Altorientalische Texte zum Alten Testament, 1926[2]
W. Helck, Geschichte des Alten Ägypten, 1968

H. Bonnet, Reallexikon der ägyptischen Religionsgeschichte, 1952
H. Gese–M. Höfer–K. Rudolph, Die Religionen Altsyriens, Altarabiens und der Mandäer, 1970
A. Goetze, Kleinasien, 1957²
E. Otto, Ägypten. Der Weg des Pharaonenreiches, 1953
J. B. Pritchard (Hg.), The Ancient Near East in Pictures Relating to the Old Testament, 1969²
J. B. Pritchard (Hg.), Ancient Near Eastern Texts Relating to the Old Testament, 1969³
H. Schmökel, Geschichte des Alten Vorderasien, 1957
A. Scharff–A. Moortgat, Ägypten und Vorderasien im Altertum, 1962³

B. Kultur- und Religionsgeschichte

Kulturgeschichte des Alten Orient, hg. von H. Schmökel, 1961
B. Meissner, Babylonien und Assyrien, I 1920, II 1925
S. Morenz, Ägyptische Religion, 1960
M. Noth, Die Welt des Alten Testaments. Einführung in die Grenzgebiete der alttestamentlichen Wissenschaft, 1962⁴
B. Spuler (Hg.), Religionsgeschichte des Alten Orients, 1964

10. Geschichte Israels (politische Geschichte, Kulturgeschichte und Religionsgeschichte)

A. Politische Geschichte

A. Alt, Kleine Schriften zur Geschichte des Volkes Israel, I 1959², II 1964³, III (hg. von M. Noth) 1968²
J. Bright, Geschichte Israels, 1966
K. Galling, Textbuch zur Geschichte Israels, 1968²
A. H. J. Gunneweg, Geschichte Israels bis Bar Kochba, 1972
A. Jepsen–R. Hanhart, Untersuchungen zur israelitisch-jüdischen Chronologie, 1964
M. Metzger, Grundriß der Geschichte Israels, 1963
M. Noth, Geschichte Israels, 1970⁷

B. Religionsgeschichte

W. Eichrodt, Religionsgeschichte Israels, 1969
G. Fohrer, Geschichte der israelitischen Religion, 1969
J. Maier, Geschichte der jüdischen Religion, 1972
H. Ringgren, Israelitische Religion, 1963
W. H. Schmidt, Alttestamentlicher Glaube und seine Umwelt, 1968

C. Kulturgeschichte

G. Dalman, Arbeit und Sitte in Palästina, I, 1 1928, I, 2 1928, II 1932, III 1933, IV 1935, V 1937, VI 1939, VII 1942 (Neudruck des ganzen Werkes 1964)
R. de Vaux, Das Alte Testament und seine Lebensordnungen, I 1963², II 1966²

11. Biblische Archäologie

W. F. Albright, Archäologie in Palästina, 1962
H. Bardtke, Bibel, Spaten und Geschichte, 1969
Biblisch-Historisches Handwörterbuch hg. von B. Reicke–L. Rost, I–III 1962–1966 (BHH)
H. J. Franken–C. A. Franken–Battershill, A Primer of Old Testament Archaeology, 1963
K. Galling, Biblisches Reallexikon, 1937
K. Kenyon, Archäologie im Heiligen Land, 1967
A. Negev, Archäologisches Lexikon zur Bibel, 1972
M. Noth, Der Beitrag der Archäologie zur Geschichte Israels, VT 7 (1960), 262–282 (= Aufsätze zur biblischen Landes- und Altertumskunde, I 1971, 34–51)
M. Noth, Hat die Bibel doch recht?, in: Festschrift G. Dehn, 1957, 7–22 (= Aufsätze zur biblischen Landes- und Altertumskunde, I 1971, 17–33)
M. Noth, Grundsätzliches zur geschichtlichen Deutung archäologischer Befunde auf dem Boden Palästinas, PJ 34 (1938), 7–22 (= Aufsätze zur biblischen Landes- und Altertumskunde, I 1971, 3–16)
M. Noth, Die Welt des Alten Testaments. Einführung in die Grenzgebiete der alttestamentlichen Wissenschaft, 1962^{4}
G. E. Wright, Biblische Archäologie, 1962^{2}

12. Realien, Geographie Palästinas

Biblisch-Historisches Handwörterbuch, hg. von B. Reicke–L. Rost, I–III 1962–1966 (BHH)
Die Religion in Geschichte und Gegenwart, hg. von K. Galling, I–VI (mit Register) 1957^{3}–1965^{3} (RGG)
K. Galling, Biblisches Reallexikon, 1937
The Interpreter's Dictionary of the Bible, I–IV 1962
M. Noth, Die Welt des Alten Testaments. Einführung in die Grenzgebiete der Alttestamentlichen Wissenschaft, 1962^{4}
Atlas of Israel, Published by the Department of Surveys, Ministry of Labour and the Bialik Institute, the Jewish Agency, 1970^{2}
L. H. Grollenberg, Bildatlas zur Bibel, 1965^{5}
Oxford Bible Atlas, ed. H. G. May, 1962
J. Simons, The Geographical and Topographical Texts of the Old Testament, 1959

13. Einleitung in das Alte Testament

O. Eissfeldt, Einleitung in das Alte Testament unter Einschluß der Apokryphen und Pseudepigraphen, 1964^{3}
(E. Sellin–)G. Fohrer, Einleitung in das Alte Testament, 1969^{11}
O. Kaiser, Einleitung in das Alte Testament. Eine Einführung in ihre Ergebnisse und Probleme, 1970^{2}

L. ROST, Einleitung in die alttestamentlichen Apokryphen und Pseudepigraphen einschließlich der großen Qumran-Handschriften, 1971
A. WEISER, Einleitung in das Alte Testament, 1966^{6}

14. Theologie des Alten Testaments

W. EICHRODT, Theologie des Alten Testaments, I 1968^{8}, II/III 1967^{6}
G. FOHRER, Theologische Grundstrukturen des Alten Testaments, 1972
E. JACOB, Théologie de l'Ancien Testament, 1955 (englisch: Theology of the Old Testament, 1967^{4})
L. KÖHLER, Theologie des Alten Testaments, 1966^{4}
O. PROCKSCH, Theologie des Alten Testaments, 1950
G. VON RAD, Theologie des Alten Testaments, I 1969^{6}, II 1968^{5}
R. SMEND, Die Mitte des Alten Testaments, 1970
TH. C. VRIEZEN, Theologie des Alten Testaments in Grundzügen, 1957
W. ZIMMERLI, Grundriß der alttestamentlichen Theologie, 1972

IV. Bibliographische Hilfsmittel

Biblisch-Historisches Handwörterbuch, hg. von B. REICKE–L. ROST, I–III 1962–1966 (BHH)
C. BURCHARD, Bibliographie zu den Handschriften vom Toten Meer, I 1959^{2}, II 1965
Einleitungswerke (s. § 13, III, 13)
Elenchus Bibliographicus (ursprünglich: Beilage zu Biblica, 1 ff. [1920 ff.]), als selbständiger Band veröffentlicht ab Biblica 46 (1965)
Internationale Zeitschriftenschau für Bibelwissenschaft und Grenzgebiete, 1 ff. (1952 ff.) (IZBG)
Orientalistische Literaturzeitung. Monatsschrift für die Wissenschaft vom ganzen Orient und seinen Beziehungen zu den angrenzenden Kulturkreisen, 1 ff. (1898 ff.) (OLZ)
Die Religion in Geschichte und Gegenwart, hg. von K. GALLING, I–VI (mit Register) 1957^{3}–1965^{3} (RGG)
Theologische Literaturzeitung. Monatsschrift für das gesamte Gebiet der Theologie und Religionswissenschaft, 1 ff. (1876 ff.) (ThLZ)
Zeitschrift für die alttestamentliche Wissenschaft, 1 ff. (1881 ff.) (ZAW)

Register

Das Register nennt nicht alle Stellen, an denen das jeweilige Stichwort im Text des Buches vorkommt, sondern nur solche, an denen Bedeutung und Verwendungsweise des Wortes erklärt wird.

Ernst Sellin/Georg Fohrer

Einleitung in das Alte Testament

11., durchgesehene und erweiterte Auflage
598 Seiten, Leinen DM 39,–

»Die Stärke des Buches von Fohrer liegt darin, daß er in einer umfassenden Weise das ungeheure Material darzustellen weiß, immer darauf bedacht, die eigene Meinungsbildung des Lesers zu fördern. Wer sich schnell orientieren will, bekommt präzise Auskunft über die gegenwärtige Forschungslage und kann sich an Hand der reichlich angeführten Literatur weiter informieren. Nach einer Einführung in die israelitische Literatur, den alttestamentlichen Kanon und die hier fortgesetzte Einleitungswissenschaft behandelt Fohrer zunächst die Entstehung der Geschichts- und Rechtsbücher. Eine vielfarbige Phänomenologie der Gattungen und ihrer Traditionen orientiert den Leser über die mehr oder minder gesicherten Ergebnisse der letzten Jahrzehnte. Ihr ist ein zusammenfassender Paragraph über Recht, Weisung, Erzählung und Bericht im Alten Orient vorgeschaltet . . . Das Bild der alttestamentlichen Geschichte, das der Verfasser auf Grund der Texte sorgfältig zu entwerfen versucht, ist nicht nur ein von außen, eben durch die Texte gewonnenes, sondern trägt auch die Züge dessen, der seine Vorstellungen miteinbringt, so daß eine sorgfaltige Reflexion über die eigene Verstehensweise allewege vonnöten sein wird. Damit rühren wir aber Fragen an, die zwar nicht mehr in einer ›Einleitung‹ verhandelt werden können, aber dennoch von einer eminenten Wichtigkeit für ihre Konzeption sind.«

(Herbert Breit in ›Lutherische Monatshefte‹)

Quelle & Meyer Heidelberg

Werner Georg Kümmel

Einleitung in das Neue Testament

17., völlig neubearbeitete Auflage der Einleitung in das Neue Testament von Paul Feine und Johannes Behm
XX/548 Seiten, Werkstoff DM 39,–

Die »Einleitung in das Neue Testament« von Paul Feine, seit der 8. Auflage neu bearbeitet von Johannes Behm, wurde in der 1963 erschienenen 12. Auflage neu bearbeitet von Werner Georg Kümmel. Nachdem der unveränderten 14. Auflage von 1965 nur ein Literaturnachtrag hinzugefügt werden konnte, handelt es sich bei der 17. Auflage um eine erneute völlige Neubearbeitung, die sich von der 12. Auflage in folgendem unterscheidet: 1. Die gesamte, sehr umfangreiche Literatur der Jahre 1963–1971 wurde eingearbeitet. 2. An zahlreichen Stellen wurden Ergänzungen angebracht und Unklarheiten beseitigt. 3. Die Lesbarkeit des Buches wurde dadurch verbessert, daß die zahlreichen Namen von Forschern und zusätzliche Literaturangaben aus dem Text entfernt und in Anmerkungen gesetzt wurden. 4. Die Anordnung der Literaturangaben in den Anmerkungen wurde einheitlich gestaltet, so daß der Benutzer jetzt eindeutig erkennen kann, worauf eine Literaturangabe verweist. 5. Der gesamte Text wurde durchgesehen, an zahlreichen Stellen verbessert und von vielen überholten Formulierungen befreit. 6. Die Abkürzungen wurden konsequent der heute weitgehend verwendeten Liste des Lexikons ›Die Religion in Geschichte und Gegenwart‹ angepaßt. Eine Neubearbeitung, die einerseits noch umfassender und eindeutiger als bisher über den Stand der Forschung auf den behandelten Gebieten unterrichtet, andererseits aber auch die wissenschaftlichen Anschauungen des Bearbeiters deutlich erkennen läßt.